中国消費財メーカーの成長戦略

李 雪 [著]

文眞堂

はしがき

　改革開放政策が実施されてから，すでに30年以上経過した。この間，さまざまなバックグラウンドを持つ企業は，中国社会の劇的変化に対応しながら，ダイナミックな成長戦略を展開し，国内市場の拡大に伴い急速な成長を遂げていった。また，計画経済から市場経済への移行という特殊な環境条件下で，中国企業は独特な成長プロセスを描いてきた。

　中国の現代企業について，これまでさまざまな角度から議論が展開されてきた。特に成功した企業の事例を取り上げ，その成長要因を分析する研究が多い。しかし，経営史のアプローチにより企業の成長過程を通して，経営者の意思決定や企業の経営行動を緻密に分析した研究がほとんど行われていない。

　本書は，これまで研究の蓄積が少ない中国の一般消費財メーカーに焦点を当て，衣料品，飲料，日用化学品産業の首位企業である雅戈尓（ヤンガー），娃哈哈（ワハハ），納愛斯（ナイス）の事例を取り上げている。計画経済から市場経済へ移行する中で，これらの企業がなぜ，どのようにして成長してきたのかを解明することによって，その成長戦略の内容および抱える問題点について検討することを目的とした。これによって，本書では中国の一般消費財メーカーの持つ経営的特徴や成長パターンを見出すことができるのではないかと思っている。

　中国の一般消費財産業では，他の産業とは異なり，民営企業が積極的に参入し，活発な経営活動を行ってきている。本書に取り上げた3社はいずれも民営企業であり，改革開放以降，経営資源が極端に不足した状況からスタートし，莫大な消費需要を背景にあらゆる市場機会をつかんで成長してきた。その一方，成長の初期段階から，中国進出を果たした強力なグローバル企業との激しい競争に引きずり込まれた。

　こうした厳しい環境条件の下で，上述の一般消費財メーカー3社は「戦略的行動」を取り，急速な規模拡大を進めた。その大規模化プロセスには，後発国

であり，同時に市場経済移行国である中国における企業経営の特徴として次の4点が見られた。第1に，企業の成長過程においては経済体制の転換，消費需要の急増，市場の開放に伴う中国国内市場でのグローバル競争の激化といったさまざまな環境条件が同時進行する中で，外部的刺激と圧力を受けたことによる急進的な成長プロセスである。第2に，企業経営者が市場的機会に敏感に反応する「企業者的」素質と，大規模化に伴う組織作りの「経営者的」能力を同時に持つことである。第3に，企業の大規模化のプロセスが，製品開発・生産・物流・販売などの企業機能，組織体制およびマネジメント制度の整備を中心に進められていることである。第4に，国内的・国際的競争に直面する3社が，国内の競合他社に対する競争優位をもたらす経営資源を持つと同時に，外資系企業に対する競争上の劣位と組織能力の弱さを持つことである。

本書は経営史研究の方法を採用している。経営史は，一定の経済的社会的環境に置かれた企業の経営行動や企業経営者の意思決定を対象に，史的考察を行う研究分野である。企業の成長過程を解明する経営史研究は，一般化・理論化を進めるための基礎研究である。経営史学は，現在中国においてほとんど未開拓の学問領域である。しかし，経済体制の移行期にあり，環境変化が激しい中国では，早期に企業史・産業史・一般経営史の研究に取り組む必要があると言える。

本書は中国現代企業を対象にした経営史研究として，一般消費財産業の首位企業3社の比較分析により，共通する成長パターンや経営的特徴，また移行経済に特有の競争と成長のメカニズムといったことを明らかにした。しかし，こうした研究結果がどのような一般的説明力を持つのか，今後他の産業分野における上位企業への経営史的分析を進め，結論を補足・修正し，より全体像に近づくことを目指したい。

中国における企業の発展は「改革」と「開放」の2つの流れに沿っている。すなわち，国内改革に伴う中国企業（内資）の成長と，対外開放に伴う多国籍企業（外資）の中国市場での拡大である。両者は，ときに棲み分け，ときに真正面から競争を繰り広げ，中国の産業および経済社会の発展に共に大きな影響を与えていった。中国経営史を展開するためには，内資のみならず，外資の中国展開への経営史的分析も進めるべきであると考えられる。

はしがき　iii

　本書は，早稲田大学大学院商学研究科に学位論文として提出した『移行経済における中国消費財製造企業の成長戦略―雅戈尔（Youngor），娃哈哈（Wahaha），納愛斯（Nice）の事例研究―』を基に，その他既に公表・出版されている論文に加筆・修正したものである。例えば，ヤンガーのケースは，「中国におけるアパレル企業の SPA 戦略―紳士服企業雅戈尔（ヤンガー）集団の事例―」（『流通情報』第 487 号，2010 年 11 月）に加筆・修正したものである。ワハハのケースは，「中国の製造企業における経営資源の構築とその課題―杭州娃哈哈（ワハハ）集団の事例研究―」（早稲田大学大学院商学研究科『商学研究科紀要』第 73 号，2011 年 11 月）を基にしている。また，ワハハとナイスのチャネル戦略については，すでに渡辺達朗・公益財団法人流通経済研究所編『中国流通のダイナミズム』（白桃書房，2013 年）に発表されている。

　本書は，多くの方々のご支援の賜物である。紙面を借りて感謝を申し上げたい。早稲田大学大学院商学研究科在学中の指導教授である川邉信雄先生（現早稲田大学名誉教授，文京学院大学学長）には，研究者としての道を導いていただいた。いつも貴重な時間を割いてくださり，暖かいご指導とご激励をいただいた。青山学院大学経営学部の三村優美子先生には，いつも暖かい励ましやご指導をいただき，学問から物事に対する考え方まで多く教えていただいた。

　学位論文の審査をしていただいた早稲田大学大学院商学研究科の厚東偉介先生，武井寿先生の両先生からは，貴重なご指導とご助言をいただいた。厚東偉介先生は，経営学の知識や学術研究の意義などを教えてくださり，挫けそうになった筆者を叱咤激励してくださった。また，商学研究科の井上達彦先生，坂野友昭先生，鵜飼信一先生，辻山栄子先生，嶋村和恵先生，宮下史明先生（早稲田大学名誉教授），藤原洋二先生，櫨山健介先生から貴重なコメントをいただいた。

　新潟経営大学経営情報学部在籍中の指導教官である森岡孝文先生（現中部大学経営情報学部教授）には，厳しいご指導やご激励をいただき，大学院での専攻分野として経営史を薦めてくださった。専修大学商学部の渡辺達朗先生は，中国流通に関してさまざまな共同研究の機会を与えてくださり，数々の有益なご助言やご指導をいただいた。中央大学商学部の久保文克先生，大阪市立大学商学部の加藤司先生には，ご多忙の中，筆者の論文に対する貴重なご意見をい

ただいた。経営行動研究学会会長，日本大学名誉教授の菊池敏夫先生には，いつも暖かいご指導をいただき，貴重な報告の機会を与えていただいた。

　これらの先生方には衷心より感謝申し上げたい。

　また，研究対象のヤンガー，ワハハ，ナイスの3社からは，資料収集や聞き取り調査にご支援・ご協力いただいた。深く感謝を申し上げる。資料・情報調査の不徹底や事実の不一致など，ありうべき誤謬はすべて筆者に帰するものである。

　本書は，公益財団法人日本証券奨学財団の2013年度出版助成を得て刊行されたものである。心より感謝の意を表したい。また，出版を快く引き受けくださった図書出版（株）文眞堂と前野隆氏に厚くお礼を申し上げる。

2014年1月

李　　雪

目　　次

はしがき ……………………………………………………………… i

第1章　中国消費財メーカーの成長戦略分析 …………………… 1
1　中国における一般消費財メーカーの登場 ……………………… 1
2　先行研究 …………………………………………………………… 6
3　分析の枠組み ……………………………………………………… 10
4　資料と本書の構成 ………………………………………………… 17

第2章　中国における一般消費財産業の発展 …………………… 22
1　衣料品産業 ………………………………………………………… 22
　1.1　規制撤廃と構造変化 ………………………………………… 22
　1.2　産地の形成とブランド化 …………………………………… 25
　1.3　成長方式の転換 ……………………………………………… 28
2　飲料産業 …………………………………………………………… 30
　2.1　飲料市場の形成 ……………………………………………… 30
　2.2　業界再編と製品構造の変化 ………………………………… 33
　2.3　競争の激化 …………………………………………………… 37
3　日用化学品産業 …………………………………………………… 43
　3.1　産業の形成と制度改革 ……………………………………… 43
　3.2　構造変化と外資の参入 ……………………………………… 45
　3.3　新たな産業構造の形成 ……………………………………… 49
4　中国一般消費財産業の発展の特徴 ……………………………… 52

第3章　雅戈尓集団（ヤンガー）………………………………… 55
1　下請工場の時代（1979－1987年）……………………………… 56

		1.1	青春工場の設立 ·································	56
		1.2	製造技術の取得 ·································	58
	2	企業グループの形成（1988－1997 年）················	60
		2.1	合弁，多角化と株式会社化 ························	60
		2.2	スーツ事業の展開 ······························	64
		2.3	戦略転換と販売組織の整備 ························	67
	3	垂直統合化（1998－2006 年）·······················	70
		3.1	小売事業の展開 ·································	70
		3.2	商品開発，生産機能の強化 ························	73
		3.3	国内市場でのブランド構築 ························	75
		3.4	紡織事業の展開 ·································	78
		3.5	地域別販売体制の導入 ····························	82
		3.6	情報システムの整備 ······························	85
	4	戦略転換（2007 年以降）···························	90
		4.1	新素材の開発と海外事業の買収 ····················	90
		4.2	製品構造と生産体制の調整 ························	93
		4.3	多ブランド化 ···································	98
		4.4	サプライチェーン管理の強化と問題点 ···············	100
		4.5	組織体制と経営モデルの確立 ······················	104
	5	まとめ ···	109

第 4 章　杭州娃哈哈集団（ワハハ） ····················· 115

1	初期の成長（1987－1993 年）·······················	116
	1.1	設立と健康食品の発売 ····························	116
	1.2	乳酸菌飲料の展開 ································	119
2	生産と販売の全国化（1994－1998 年）················	122
	2.1	保証金制度の導入と西部進出 ······················	122
	2.2	清涼飲料市場への参入 ····························	125
	2.3	販売チャネルの系列化 ····························	127
	2.4	コーラの発売 ···································	131

3　総合飲料メーカーへの成長（1999-2004年）……………………132
　　　　3.1　環境変化と戦略調整 ……………………………………132
　　　　3.2　販売チャネルの調整 ……………………………………136
　　　　3.3　都市市場への進出 ………………………………………139
　　　　3.4　情報システムの導入 ……………………………………142
　　4　さらなる事業拡大（2005年以降）………………………………146
　　　　4.1　差別化商品戦略の導入 …………………………………146
　　　　4.2　生産規模の急拡大 ………………………………………148
　　　　4.3　各機能の調整と強化 ……………………………………153
　　　　4.4　集権的組織体制の維持 …………………………………156
　　5　まとめ ………………………………………………………………159

第5章　納愛斯集団（ナイス）……………………………………165

　　1　横向連営の時代（1985-1990年）…………………………………166
　　　　1.1　国営企業としてのスタート ……………………………166
　　　　1.2　経営困難と対応策 ………………………………………168
　　2　ブランドの確立（1991-1999年）…………………………………170
　　　　2.1　自社ブランドの構築 ……………………………………170
　　　　2.2　株式会社化と規模拡大 …………………………………173
　　　　2.3　商品展開の失敗と戦略調整 ……………………………176
　　3　急躍進と競争激化（2000-2005年）………………………………180
　　　　3.1　洗剤分野での急成長 ……………………………………180
　　　　3.2　生産・販売・物流体制の整備 …………………………182
　　　　3.3　成長鈍化 …………………………………………………186
　　　　3.4　戦略調整 …………………………………………………190
　　4　迎えた転換期（2006年以降）………………………………………194
　　　　4.1　新ブランドの開発 ………………………………………194
　　　　4.2　情報システムの導入 ……………………………………197
　　　　4.3　シャンプー市場への参入 ………………………………200
　　　　4.4　販売体制の調整 …………………………………………203

　　　　4.5　組織体制の確立 ………………………………………205
　5　まとめ ……………………………………………………………208

第6章　3事例の比較分析 …………………………………………213

　1　経営者の意思決定 …………………………………………………214
　2　製品・市場・事業の展開 …………………………………………218
　3　サプライチェーン機能 ……………………………………………222
　4　組織体制・マネジメント制度 ……………………………………225
　5　中国消費財メーカーの成長パターン ……………………………229

第7章　結論 …………………………………………………………232

　1　移行経済における競争と成長のメカニズム ……………………232
　2　中国経営史研究の展開 ……………………………………………237

事項索引 …………………………………………………………………242
人名索引 …………………………………………………………………249
企業名・組織名索引 ……………………………………………………250

第 1 章
中国消費財メーカーの成長戦略分析

1 中国における一般消費財メーカーの登場

　改革開放以降，計画経済から市場経済への転換に伴い，中国の経済的社会的環境が凄まじく変化していった。国内総生産は 1978 年の 3,645 億元から 2001 年に 10 兆元を突破したが，これ以降もさらに拡大し，2010 年には 40 兆 1,202 万元に達した。急速な経済成長に伴い，国民消費水準は 1978 年の 184 元から 2010 年には 9,968 元に増加した。莫大な消費需要に支えられ，社会消費財小売総額は 2010 年には 15 兆 6,998 億元に達した（表 1-1）。

　消費需要の量的拡大と生活の質的変化に伴い大衆消費社会が形成される中，生活必需品として衣料品や食品，日用品の需要が近年急速に拡大している。都市部 1 人当たりの年間消費支出は 1995 年の 3,538 元から 2010 年に 1 万 3,471 元へと約 3 倍に拡大した。その内訳をみると，食品は 1,766 元から 4,805 元，衣料品は 479 元から 1,444 元，家庭用設備・用品・サービスは 297 元から 908 元にそれぞれ増加した。家庭用設備・用品・サービスには，耐久財，日用雑貨，インテリア用品，寝具，家具料，ホーム・サービスが含まれる。このうち，耐久消費財は 176 元から 395 元に増加するとともに，日用雑貨も 65 元から 340 元へと上昇した（表 1-2）。

　農村部 1 人当たりの年間消費支出も，1995 年に 1,310 元から 2010 年の 4,382 元へと 3 倍強の増加となった。しかし，この間都市部との消費支出の格差は 2,227 元から 9,089 元に拡大した。農村部の消費支出のうち，食品は 1995 年の 768 元から 2010 年に 1,801 元，衣料品は 90 元から 264 元，家庭用設備・用品・サービスは 68 元から 234 元にそれぞれ増加した（表 1-3）。

第1章 中国消費財メーカーの成長戦略分析

表 1-1　中国の経済成長と消費市場の拡大（1978－2010 年度）

年度	国内総生産（億元）	総人口数（万人）	国民消費水準（元）	社会消費財小売総額（億元）
1978	3,645	96,259	184	1,559
1980	4,546	98,705	238	2,140
1985	9,016	105,851	446	4,305
1990	18,668	114,333	833	8,300
1995	60,794	121,121	2,355	23,614
2000	99,215	126,743	3,632	39,106
2001	109,655	127,627	3,887	43,055
2002	120,333	128,453	4,144	48,136
2003	135,823	129,227	4,475	52,516
2004	159,878	129,988	5,032	59,501
2005	184,937	130,756	5,573	67,177
2006	216,314	131,448	6,263	76,410
2007	265,810	132,129	7,255	89,210
2008	314,045	132,802	8,349	108,488
2009	340,903	133,450	9,098	132,678
2010	401,202	134,091	9,968	156,998

出所：『中国統計年鑑』（1995－2011 年）より作成。

表 1-2　都市部における1人当たりの年間消費支出（1995－2010 年度）（単位：元）

年度	年間消費支出	食品	衣料品	家庭用設備・用品・サービス 全体	うち日用雑貨	うち耐久財
1995	3,538	1,766	479	297	65	176
2000	4,998	1,958	500	439	92	259
2005	7,943	2,914	801	447	138	213
2006	8,697	3,112	902	498	158	234
2007	9,997	3,628	1,042	602	196	286
2008	11,243	4,260	1,166	692	239	309
2009	12,265	4,479	1,248	787	265	359
2010	13,471	4,805	1,444	908	340	395

出所：『中国統計年鑑』（1995－2011 年）より作成。

表1-3　農村部における1人当たりの年間消費支出（1995－2010年度）（単位：元）

年度	年間消費支出	食品	衣料品	家庭用設備・用品・サービス
1995	1,310	768	90	68
2000	1,670	821	96	75
2005	2,555	1,162	149	111
2006	2,829	1,217	168	127
2007	3,224	1,389	193	149
2008	3,661	1,599	212	174
2009	3,993	1,636	233	205
2010	4,382	1,801	264	234

出所：『中国統計年鑑』（1995－2011年）より作成。

　国内需要が拡大する中で，中国企業は急速に発展し，大規模な製造企業がさまざまな産業分野に登場している。中国企業連合会・中国企業家協会が発表した2012年中国の製造企業上位500社ランキングによれば，最大規模の売上高を誇る中国石油化工集団は2兆5,519億元に達しており，最下位企業の売上規模が約64億元となっている。上位500社の総売上収入は21兆7,000億元に達し，前年より21.9％増加している。このうち，国有企業216社，民営企業284社がランクインし，売上規模において国有企業全体で14兆7,000億元に達しているのに比べ，民営企業全体ではその半分にも満たない7兆元程度である。一方，売上利益率を平均的に見ると，国有企業の2.7％に比べ，民営企業は3.4％となっており，資産利益率においても民営企業が4.8％であり，国有企業の2.7％を上回っている。また，産業別でみると，上位500社は37の産業に属しており，企業数が多い産業分野として冶金や圧延加工，化学原料及び化学品製造，電力電気などの機械設備加工，自動車および部品製造などがあげられる[1]。

　上位の製造企業の多くは，石油化学，鉄鋼などエネルギー関連の産業，および自動車，家電，通信機器などの耐久消費財分野に集まっている。一方，食品や衣料品，日用品などの一般消費財分野において，大規模化した企業の登場も注目される。例えば，食品分野では光明食品や雨潤，娃哈哈（ワハハ）など14社，アパレル分野では雅戈尔（ヤンガー），紅豆，海瀾など10社，日用品及び化粧品分野では納愛斯（ナイス），立白，隆力奇の3社が上位500社にランク

インしている。

　一般消費財分野は，産業政策など行政からの関与が比較的少なく，商品に多様性があり，参入障壁も比較的低いため，民営企業の参入が活発である。また，これらの企業の多くは改革開放以降に設立されており，当初から計画経済の枠に組み込まれず，極端に資源不足の状況の中であらゆるチャンスをつかんで成長してきた。企業経営者は常に「市場」を意識しながら，消費需要の量的拡大と質的向上に対応できる戦略を考案し，積極的に規模拡大に取り組んできている。こうした市場経済の導入とともに登場し，常に市場への対応に迫られて成長してきた一般消費財メーカーは「近代的企業」の要素を持つと考えられる。

　一方，中国の消費市場の拡大に注目したのは国内企業だけではなかった。1979年改革開放政策の実施，1992年鄧小平の南巡講話，2001年WTO加盟，さらに2004年海外小売業に対する市場の全面的開放といった段階的な開放政策により，世界の有力な企業は，次々と中国への進出を果たしていった。進出初期では格段にレベルの高い商品を中国市場に持ち込み，高度なマーケティング手法によりブランド力を高め，いち早く市場シェアを拡大した。特に食品や日用品の分野においては，寡占現象が見られていった[2]。国内の一般消費財メーカーにとっては，成長を遂げていくためには，初期からこうした強力なグローバル・ライバルとの厳しい競争に対応しなければならなかった。

　本書は，中国の移行経済といった特殊な経済環境の中で，外資系企業との激しい競争に直面しながら急成長してきた中国の一般消費財メーカーに焦点を合わせる。これらの企業がなぜ，どのようにして成長を遂げてきたのか，その成長過程の解明とともに，成長戦略の内容および抱える問題点について検討する。そのために，生活に密着した衣食住の各分野において首位企業を選定し，経営史的アプローチにより事例分析を行う。

　衣料品産業においては，現在最大規模である紳士服製造の雅戈尓集団（Youngor: ヤンガー）の事例を取り上げる。同社は浙江省寧波市に立地し，現在紳士用シャツ・スーツの企画・生産・販売を行い，紡織，不動産，金融，貿易など複数の事業を持つ企業グループに成長している。2011年度の売上高は360億3,107万元に達しており，主力商品のスーツとシャツは全国市場の

1～2割強のシェアを占めている。

　食品産業においては，特に清涼飲料・食品製造分野に注目し，最大規模の杭州娃哈哈集団（Wahaha：ワハハ）を取り上げる。浙江省杭州市に本社を立地するワハハは，子供向け乳酸菌飲料，純浄水，炭酸飲料，果汁飲料，茶飲料を主力商品とし，全国29省・市の58基地に約150の生産子会社を持ち，全国総生産量の1割強を占めている。2011年度の売上高は678億5,504万元に達している。

　住居関連の分野においては，日用化学品産業で最大規模の納愛斯集団（Nice：ナイス）の事例を取り上げる。同社は浙江省麗水市に立地し，石鹸，洗剤，歯磨剤，シャンプーなどを主力商品とし，全国に6つの生産基地と50以上の販売支社を持つ企業グループである。石鹸，洗濯（粉末）洗剤，台所洗剤などの商品分野ではトップシェアを持ち，2011年の売上高は122億7,332万元に達している。

表1-4　ヤンガー，ワハハ，ナイスの概要

	雅戈尓（ヤンガー）	娃哈哈（ワハハ）	納愛斯（ナイス）
事業分野	繊維・アパレル製造	飲料・食品製造	日用化学品製造
設立	1979年12月	1987年5月	1968年
本社所在地	浙江省寧波市	浙江省杭州市	浙江省麗水市
経営者	李如成	宗慶後	庄啓伝
主力商品	紳士用シャツ・スーツ	乳酸菌飲料，清涼飲料	石鹸，洗剤
売上高	360億3,107万元	678億5,504万元	122億7,332万元
中国民営企業順位	第39位	第16位	第227位
中国製造企業順位	第128位	第71位	第352位
従業員数	24,074	約3万	約1万
上場状況	上海証券取引所（A株）	未上場	未上場

注：売上高，従業員数，中国民営企業及び製造企業での順位はすべて2011年度のものである。
出所：各社のホームページなどおよび「2012中国製造業企業500強」「2012中国民営企業500強」の統計データを参考に作成。

　ヤンガー，ワハハ，ナイスの3社は，いずれも改革開放以降，零細規模からスタートし，20～30年間の短い成長スパンの中で，国内市場の拡大や外資

系企業との厳しい競争に対応しながら，業界の首位企業に成長した民営企業である。本書は，3社の成長プロセスの分析を通して，移行経済国である中国の一般消費財メーカーが持つ成長パターンや経営的特徴を見出すことを目的とする[3]。

2 先行研究

中国の産業および企業に関する研究は，これまで基本的に耐久消費財分野を中心に行われている。特に経済発展や産業政策の重点に置かれた家電，電子，自動車などの基幹産業，通信機器やITなどの新興産業，またこれらの産業分野の代表的な企業である海尔（ハイアール）や聯想（レノボ），華為などが注目を集めている[4]。

耐久消費財分野の研究の場合，主に後発国としてのキャッチアップの過程に注目し，雁行形態論や工業化論などの枠組みを用いて分析がなされている。キャッチアップ工業化論では，政府主導で先進国から技術や知識の体系を導入し，工業化を通じて所得水準の格差を縮めていくことを議論の中心に置いている（Gerschenkron, 1962；末廣 2000）[5]。また，その経済発展モデルとして，雁行形態論（Akamatsu, 1962）は，繊維や家電などの特定の産業が輸入—国内生産—輸出というプロセスを経て発展していくと論じている[6]。こういった枠組みを参考に，天野・範（2003）は，中国の家電産業は日本からの技術移転を受けながら，多様な分業関係を利用したローカル企業が成長し，後発国の産業が発展した典型的なケースと論じている[7]。また，湯（2009）は電子産業を取り上げ，キャッチアップ工業化論の観点から産業発展のプロセスを技術導入，学習・吸収による第1段階，次第に過剰生産と競争の激化から企業外部のR&D資源の活用や企業内部での基礎研究と応用研究の展開などによるイノベーション能力の構築といった第2段階に分析している[8]。

もう1つの流れは，技術構造を中心に，海外からの技術をいかに中国に定着させるのか，また中国の生産現場の技術構造がどのようなものなのかを中心に行った研究である。例えば，藤本・新宅（2005）はアーキテクチャ論により，

中国のオートバイ，家電，半導体，自動車といった産業分野の製造企業の技術構造と生産構造を分析している[9]。

一方，企業レベルでの研究について，安室（2003）はビジネスモデルとSWOT分析の枠組みにより家電業界の中国企業の競争力について分析している。ビジネスモデルの定義について，市場から得た情報を製品開発に結び付ける独特な方法，物作りの考え方と生産のアーキテクチャ，サプライチェーンのよく考えられた仕組み，人の働かせ方の方法（評価の方法・報酬の与え方など），資金回収の巧みな仕組みと決算状況の素早い把握などの一連のビジネスプロセスを論理的に結合したもの，つまり「ビジネスの仕組みの設計思想とそのデザイン」としている。それをSWOT分析と組み合わせて分析した結果，中国企業の強みとして，単純大量生産のマネジメント，全国規模の販売網，低賃金と厳格な労務管理など，国サイドの機会として政府の民族資本保護・優遇政策や継続的な経済成長などをあげている[10]。

また，今井（2004）は，華為，聯想，北大方正，華晶電子，海信，TCL，科龍，海尓，宗申オートバイ，雅戈尓，華源，希望，万向，吉利など14社の製造企業の事例を取り上げている[11]。これらの事例分析を通じて，中国企業の成長要因として，経営自主権の獲得・政府関与の縮小，意欲的で企業者精神に富んだ経営者が長期にわたり経営したこと，豊富・低廉な労働力の存在と優れた中・高級人材の活用，信賞必罰の人事・労務管理，厳格なコスト・コントロール，モジュラー型生産の習得，品質向上とブランドの確立で，効果的な販売・サービスの実施，政府の支援，需要・市場の急速な拡大といった10項目をあげている。

研究が盛んに行われている家電や自動車などの耐久消費財分野に比べ，衣食住関連の一般消費財の産業および企業に関する研究は限られている。衣料品産業の場合，かつて輸出のリーディング産業であったことから，輸出貿易やアパレル産地の形成（佐野 2005 ; 金 2008）などに関する研究は比較的多い[12]。また，業界首位のヤンガーに注目した研究（辻 2003 ; 苗 2013）もある[13]。飲料産業の場合，ビール産業に関する研究（井上 2005 ; 黄 2007）は比較的多いが，清涼飲料分野と首位のワハハに関する研究もいくつかあげられる[14]。特に，ワハハについては，コカ・コーラとの競争や，ダノンとの合弁事業におけ

る商標権紛争に注目したケース・スタディが多く行われている（Dai 2003；Zhang 2008；築場 2013）[15]。日用化学品産業の場合，中国市場におけるP&Gのブランディング戦略や顧客創造の観点からナイスの石鹸・洗剤の展開を取り上げた研究（肖 2009；2011），P&Gが中国市場で受けた競争としてナイスに触れた研究（Dyer & Dalzell & Olegario, 2003）がある[16]。

　このように飛躍的な成長を見せた一般消費財メーカーは，すでに研究の対象として注目され始めている。しかし，その研究の多くは，成功事例として紹介するか，企業経営の一側面を取り上げた議論にとどまっている。移行経済といった特殊な環境条件の中で，これらの企業がなぜ，どのようにして成長してきたのか，その成長要因を解明するには，企業の成長プロセスを緻密に分析する必要がある。こういった企業経営の史的研究はまだ行われていない。

　また，一般消費財メーカーが置かれた環境条件や直面していた問題は，家電や自動車など他の産業分野の企業と異なっており，その成長プロセスについて既存研究の理論的枠組みでは十分に説明がつかない点があると考えられる。具体的には，以下4つがあげられる。

　第1に，雁行形態論やキャッチアップ型工業化論の分析フレームでは，中国は後発国として，その産業発展のプロセスが海外からの技術導入と海外への市場依存を前提とし，外資との合弁や輸出振興などの国の政策のもとに，特に製造業が発展していくといったことが強調されている。その典型は，工業化初期のリーディング産業の衣料品産業であり，中国でも同様な現象が見られていることは言うまでもない。しかし，膨大な人口を擁し，需要が急増する中国市場に恵まれ，国内企業にとって成長の「場」を海外ではなく，国内市場に置くことが十分可能であった。その場合，中国の独特な消費習慣や地域性に対応しなければならない。しかし，それには，単なる海外から製造技術や設備を導入するだけでは不十分であり，自らその潜在的な需要を見出し，それに合致した商品の開発が必要である。すなわち，こうした企業行動を説明するには，中国の特殊性を考慮した分析の枠組みが必要である。

　第2に，裾野広く，産業政策に強く影響される自動車産業，あるいは技術革新のスピードが速く，グローバル・スタンダードを中心に動く家電，半導体などの産業においては，製品・工程アーキテクチャが競争力のカギとなる。しか

し，技術構造が比較的シンプルな一般消費財産業の場合，技術あるいは製造工程のあり方というよりも，消費者ニーズに対応できる商品の開発・企画，販促宣伝，販売チャネルのコントロールなどを含めたブランド作り，いわゆるマーケティング展開が競争上さらに重要な側面であると言える。また，一般消費財分野は，比較的産業政策などの行政的関与が少なく，新規参入しやすいため，民営企業が活発な活動を見せている。業界の上位にのぼった民営企業は，需要の急増に対し，積極的な規模拡大を行い，商品開発・生産・販売などの機能面への投資のみならず，大規模化に伴う制度と組織の整備にも取り組んだ。こうした拡大のプロセスは，比較的自由な市場環境の中で，経営者の意思決定のもとに行われている。このような経営者の意思決定を中心とした一連の仕組みづくりを分析するには，技術構造を越えたフレームワークが必要である。

　第3は，企業間競争の激しさ，特に後発の国内企業と強力な外資系企業との間に見られた「中国市場でのグローバル競争」という現象に対する分析の不十分さである。中国の対外開放という基本政策のもと，海外からの先進的な技術やマネジメント手法を求め，合弁方式を参入条件とした外資の誘致・導入は今日に至るまで進められていった。しかし，石油や電力，電信など一部の産業では制限が設けられていたが，一般消費財産業などの分野に関しては，ほとんど自由な進出が認められた。その結果，強いブランド力や高度なマーケティング手法を持つ外資系企業は，中国市場で一気にシェアを拡大することができた。一部の国有企業は当初外資系企業との合弁や提携を行ったものの，自社ブランドを失うことになるなど，期待した提携効果が得られなかった。一方，新たに登場した民営企業は，成長初期から外資系企業との厳しい競争に強いられ，その成長戦略の内容が外資系企業との競争に大きく影響されていった。また，後発であるゆえ，ブランド力の弱さや専門的なマネジメント手法の欠如などさまざまな問題が見られた。競争劣位に立たされながら成長を遂げていった国内消費財メーカーの成長過程を検討するには，競争構造の分析が必要であると考えられる。

　第4に，中国企業を分析する際に，環境変化が急激に起こるといった点を考慮し，「変化」の視点を取り入れる必要がある。安室（2003）は，中国企業のビジネスモデルとSWOT分析を精緻に行っている。しかしながら，その強み

としてあげられた要素はすでに大きく変化している。例えば，近年中国の労働人口の構造的変化や最低賃金の上昇により，単純大量生産や低賃金の維持が難しくなっている。急激に変化する環境条件に置かれた中国企業を分析するには，その成長を支える要素をモデル化するよりは，企業成長のプロセス，すなわち各成長段階における環境変化，それに対応する企業の戦略展開の変化を時間軸で分析する必要がある。また，単にさまざまな成長要因をポイントとしてあげるのでなく，全体の成長を通して一貫した分析の軸を定め，その成長戦略の内容，特徴及び抱える問題点を整理する，いわゆる経営史的分析を行うべきと考えられる。特に，現在中国企業の多くは社史などが整備されていない状況にあり，長期的な視野で経営者の意思決定や企業の経営行動を分析することが重要な意味を持つ。

以上のように，本書は衣食住関連の一般消費財産業の特性や企業を取り巻く特殊な環境条件を鑑み，これらの分野における企業の「成長」を分析するために，新たな理論的枠組みの提示を試みる。

3 分析の枠組み

中国の一般消費財メーカーの成長プロセスを分析するには，次の3つのことを考慮すべきである。第1に，移行経済といった特殊な環境条件である。計画経済から市場経済への体制転換に伴い，経済や社会においてさまざまな変化が起こり，そうした外部環境要因が経営者の意思決定や企業の経営行動に与える影響がきわめて大きい。そのため，企業の戦略展開を分析する前提として，外部環境要因分析を枠組みの一部として構築する必要が生じる。

外部環境の変化は，図1-1に示すように，主に制度環境と市場環境の2つの側面に分けられる。制度環境においては，「改革」の実施に伴う規制撤廃や生産・流通の構造的変化，「開放」による外資の導入といった制度的変化が取り上げられる。一方，市場環境においては，大衆消費社会の形成による市場の量的拡大と消費者ニーズの質的変化，グローバル経済への参与に伴う国内的・国際的企業間競争の拡大と市場の開放といった変化が取り上げられる。

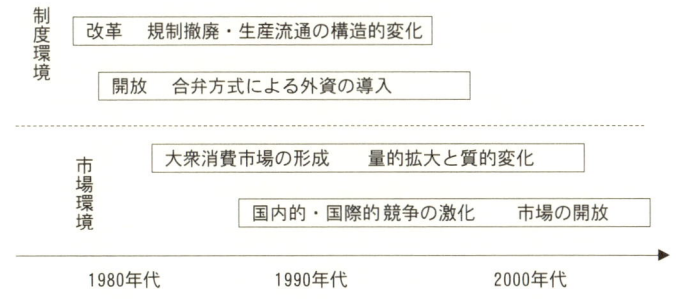

図1-1 改革開放以降における外部環境の変化

第2に，大規模化プロセスである。本書に取り上げられたヤンガー，ワハハ，ナイスの一般消費財3社は，いずれも零細規模からスタートし，その成長過程において技術取得や設備導入，ブランド開発，株式会社制度の導入，全国的な生産・流通体制の構築，消費需要の急増に対応した急速な規模拡大，大規模化に伴う組織体制・マネジメント制度の整備などといった一連の経営活動を経営者の意思決定のもとに短期間で取り組んできた。複数の機能や異なる業務単位を内包した大規模組織を整備し，生産・流通・マネジメントへの投資を行った3社は，Chandlerの言う近代産業企業的性格を持つと考えられる。

Chandler (1977; 1990) は，企業の大規模化プロセスにおいて，アメリカ，イギリス，ドイツにおける代表的な産業企業，いわゆる「一番手企業」は，技術のもつ潜在的な規模ないしは範囲の経済を十分に利用することができるほど大規模な生産設備への投資，全国的・国際的なマーケティング・流通網への投資，さらに増大した人員の管理，基本職能活動の監視・調整，計画の立案と資源配分などに必要とされる経営者の採用・訓練と経営組織の整備への投資，いわゆる生産・流通・マネジメントの3つ又投資によって，規模・範囲の経済を達成し，優位性を獲得することができたと指摘している[17]。こうして企業内部で組織された物的施設と人的集合を「組織能力」と呼び，企業成長の原動力であると論じている。

中国の一般消費財メーカー3社は，こうした一番手企業の3つ又投資に類似した戦略を展開し，近代産業企業的性格を持つと考えられることから，本書は

Chandlerが提示した分析枠組みを参考にしたい。

第3に,競争構造の問題である。業界の首位企業に成長したヤンガー,ワハハ,ナイスの3社は独特な戦略を取り,とりわけ他社の追随を許さない生産や販売などへの大規模投資,全国的な生産・販売ネットワークの構築によるナショナル・ブランドの確立,全国展開に伴う組織体制やマネジメント制度の整備により,国内の競合他社に対し競争優位を獲得することができた。しかし,外資系企業との競争の中で,後発企業としての競争劣位,すなわちブランド力の弱さや専門性の高いマーケティング手法の欠如,マネジメントや組織管理の未熟さなどさまざまな問題が顕在化し,ときには存続が脅かされるほど熾烈な競争も見られた。

国内的・国際的二重の競争構造に直面した3社は,国内競合他社に対する競争優位と外資系企業に対する競争劣位を同時に持つと言える。こうした競争構造を分析するためには,3社が展開した戦略の内容を明らかにしなければならない。また,成長要因および抱える問題点を考える際にして,経営資源と組織能力の概念を用いるべきであると考えられる。なお,ここで言う経営資源は,一般的に言われているヒト,モノ,カネ,情報であり,また組織能力はこれらの経営資源を有効に動員し,活用する力である[18]。具体的に,次の3つの問題を中心に分析する。

第1の問題は,企業成長と経営資源との関係である。Penrose (1959) は,経営資源の観点から,企業の成長を理論的に検証している。企業を1つの管理の枠組みの中に集められた資源の集合体とし,それまで経済学者に無視されてきた組織としての企業の制度に注目し,自ら成長を促進する,つまり内部で蓄積された未利用の生産的サービスや資源や特殊な知識の蓄積は拡張への内部的誘因であると論じている[19]。しかし,企業の内部資源による累積的成長は一般的であるが,中国の一般消費財メーカーの場合,需要の急増による刺激,激しい競争への対抗のため,短期間に急速な規模拡大を進めていった。その過程では,拡大のスピードに追い付かない経営資源をいかに整備するかといった問題が生じている。こうした急成長と資源不足の矛盾関係にどのように理解し,資源制約の問題が企業の成長にどのような影響を与えるのかといったことについての分析が必要である。

第2の問題は，競争と経営資源との関係である。Porter（1980）の「市場でのポジションが競争優位性を生じさせる」といった主張に対し，資源ベース論（Resource Based View: RBV）は，同一業界内，同一戦略グループの企業間の収益格差を生じさせる原因が企業内部の経営資源にあり，特に模倣や移転されにくい特異な資源の蓄積が競争優位の源泉であり，企業の持続的な成長を支えると論じている（Wernerfelt, 1984; Rumelt, 1986; Barney, 1991）[20]。一般消費財メーカー3社は，当初資源の極端に不足する状況からスタートしていたため，参入しやすく，潜在的需要があり，かつ競争が激しくない製品・市場分野（あるいはポジション）に経営資源を特化し，成長してきた。この段階において，自国企業としての利点を活かし，消費者ニーズの察知とそれに合致した商品展開を行ったり，農村地域を中心に中国的取引慣習・風土に基づいた卸売商チャネルを構築するといった独特な経営資源の蓄積が見られている。しかし，次第に規模拡大や都市市場へ進出するにつれ，強力な外資系メーカーと真正面から競争するようになると，別次元の経営資源が要求されるようになり，これまで蓄積してきた資源は優位性が発揮できなくなるという問題も生じた。つまり，市場構造などの競争条件が変化する際，経営資源の有効性や優位性をどのように維持するのか，新たに獲得する経営資源と既存の経営資源をどのように調整し，融合させていくのかといった問題を検討することが必要である。

第3の問題は，変化に対応できる組織としての能力（コンピタンス，ケイパビリティ）の構築である。第2の問題とも関連し，ストックされた資源を重視する資源ベース論に対し，Prahalad & Hamel（1990）は経営資源を組み合わせる組織メンバーの相対的能力，組織内における集団的学習を競争優位の源泉となるコア・コンピタンスとしている[21]。また，Leonard-Barton（1995）は，経営資源やコア・ケイパビリティの外部環境との適合性に焦点を合わせ，コア・ケイパビリティを強化するとかえって優位性を喪失させ，環境変化に適応できない組織の逆機能現象が起きるというコア・リジディティを指摘している[22]。さらに，環境条件が急激に変化する今日の技術や競合環境の中で，ダイナミック・ケイパビリティのアプローチが提唱されている（Teece & Pisano & Shuen 1997）[23]。Teece（2007）は，企業内部のケイパビリティを外部の環境に適応させ，外部の資源を利用してイノベーションを実現することで優位性

を維持し，進化論的な観点からケイパビリティを変革させるための組織学習の重要性を強調している[24]。

移行経済にある中国は，まさに劇的に変化する環境にあった。前述のように，改革開放以降，制度・市場・競合環境が大きく変化し，中国の一般消費財メーカーが成長を遂げていくには，常にそれらの対応に迫られている。実際，この30年間環境変化に適応できず，競争の舞台から姿を消したかつての有力な国営企業や民営企業が数多くあった。では，現在首位に成長した3社は，外部環境の変化に対応する仕組みがどのようなものなのか，経営者の意思決定や企業内部の組織・マネジメント体制について分析する必要がある。

以上のような問題意識に基づき，本書は中国の一般消費財メーカーのヤンガー，ワハハ，ナイスの3社の事例分析において，図1-2に示す分析の枠組みを提示したい。すなわち，中国の移行経済や市場環境，競合環境といった外部環境要因の変化，またそれに対応する経営者の意思決定，そしてその意思決定に基づく企業の製品・市場・事業の展開，これらを実現するためのサプライチェーンにおける機能の組み合わせ，さらに各機能を有効に連結させる組織体制・マネジメント制度の整備といったことを軸に，中国の一般消費財メーカーの成長プロセスを分析する。

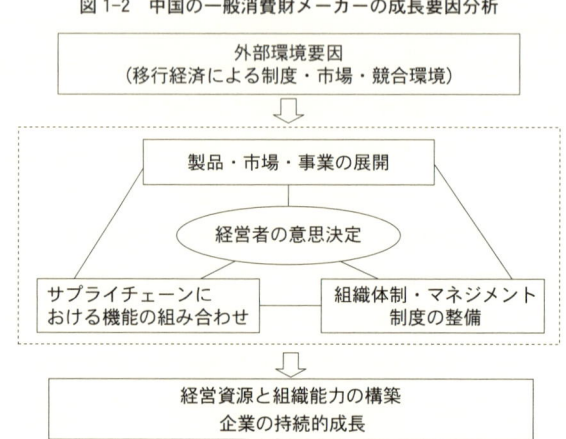

図1-2　中国の一般消費財メーカーの成長要因分析

こうした枠組みは，Chandlerの言う生産・流通・マネジメントの3つ又投資を参考にしている。経営者の意思決定を中心に位置づけたのは，初期から経営に携わっている3社の経営者は現在にわたって経営を続けており，上述の3つの側面における戦略展開はほとんど彼らの意思決定によるものであったからである。3つの側面に関する意思決定の内容は以下の通りである。

第1に，製品・市場・事業の展開について，経営資源が限られていた状況の中，どういった顧客や市場セグメントをターゲットとし，どのような製品やブランドを展開するのかは，成長の可否に関わる重要な意思決定である。3社の経営者は市場的機会に敏感に反応し，参入する製品や事業分野を決定し，積極的な投資行動を起こした。外資系企業との競争に対抗するために，当初外資系企業がまだ参入していない底辺の製品分野からスタートし，後に自国消費者ニーズに合致した付加価値の高い差別化製品の開発へ移行するといった戦略展開も見られている。

第2は，商品開発（企画）から調達，製造，販売など，いわゆるサプライチェーンにおける機能の組み合わせである。改革開放以降，計画経済に基づく統一生産・統一販売の体制が徐々に撤廃されていたが，新たな企業間ネットワークや全国的な流通システムがまだ十分に形成されていない状況にあった。多くの製造企業は，原材料調達や中間流通などの機能をいかに整備していくのかといった問題に直面するようになった。また，中国のように，広大な国土に地域間の異なった消費習慣や消費水準の格差，都市市場と農村市場の二重構造が存在しており，全国市場をカバーする販売チャネルの確保，またチャネルへの有効な管理が困難であった。さらに，消費需要の拡大や競争の激化につれ，大規模な生産体制の構築や柔軟な研究開発体制も要求されるようになった。つまり，一般消費財メーカーにとって，商品企画・開発から調達，製造，販売などサプライチェーンの諸機能を調整し，それらを有効に連携させていくことが重要な成長課題となっている。

第3は，マネジメント制度と組織体制の整備・調整である。本書に取り上げる一般消費財3社は，郷鎮企業もしくは国有企業としてスタートし，当初企業経営への行政的関与が若干見られたものの，1990年代に株式制度が導入されて以降，3社の経営者はほとんど自主的経営権を握るようになった。一方，市

場の急拡大に伴い，3社は非常に速いスピードで規模の拡大に取り組んだ。調達，開発，生産，販売など複数機能の内部化や関連・非関連事業への多角化により，数十社から百社以上の子会社を抱える企業グループに成長した。こうした急成長の過程において，ヒト，モノ，カネ，情報などの経営資源の効率的な配分・動員，本社と子会社，また子会社間を有効に連携させる組織体制やマネジメント制度の整備と意思決定の分権化が必要となっている。2000年前後，3社は最新の情報システムを導入し，業務間の情報連携や情報の共有化，またそれによる経営の効率化を図った。しかし，短期間での急成長と事業内容の複雑化により，組織体制の整備やマネジメントの確立にゆっくりと時間をかけて行うことができず，さまざまな問題が生じている。

本書は企業の成長過程を分析の焦点とするため，経営史的研究方法を採用している。すなわち，企業が取り巻く環境の変化，それに対応する新たな戦略展開や事業転換を成長の分岐点とし，段階ごとに成長プロセスを検討する。3社の成長スパンには若干ずれが見られるが，それぞれ4つの段階に分けることができる（表1-5）。

表1-5 3社の成長段階の区分

	ヤンガー	ワハハ	ナイス
第1段階	下請工場の時代 (1979－1987年)	初期の成長 (1987－1993年)	横向連営の時代 (1985－1990年)
第2段階	企業グループの形成 (1988－1997年)	生産と販売の全国化 (1994－1998年)	ブランドの確立 (1991－1999年)
第3段階	垂直統合化 (1998－2006年)	総合飲料メーカーへの成長 (1999－2004年)	急躍進と競争激化 (2000－2005年)
第4段階	戦略転換 (2007年以降)	さらなる事業拡大 (2005年以降)	迎えた転換期 (2006年以降)

こうした時間軸により，3社がそれぞれの産業において(1)どのような制度，市場および競合環境に直面したのか，(2)どのような商品・ブランドを展開したのか，(3)そのために商品開発・企画，調達，生産，物流，販売などのサプライチェーンの諸機能をどのように取り入れたのか，(4)ヒト，モノ，カネ，情報などの経営資源をどのように動員し，マネジメントと組織体制をどのよう

に整備・調整したのか，といった4つの問題を中心に議論を展開していく。

4　資料と本書の構成

　研究対象のヤンガー，ワハハ，ナイスの3社は，成長の歴史が短いこともあり，いずれも社史が未整備の状況にある。事例研究に使用される資料やデータは，社内報（公開・未公開），事業報告，聞き取り調査，新聞・雑誌記事，論文・ビジネス書などである。本書は，可能な限り各社の経営者や企業の経営活動に関連する資料を収集し，これらの断片的な資料を時間軸につなげてその成長の歴史を描いてみた。

　ヤンガーの場合，1998年に上海証券取引所に上場しているため，2001年度以降は公開されている年度報告を使用することができた。また，近年の動きについては，未公開の社内報『雅戈尓報』2008～2010年を主な資料源とした。それ以外の年度については，本社が数回にわたる移転で一部の資料が紛失したこともあり，基本的に公開された新聞や雑誌の記事に基づいている。

　ワハハは未上場であるため，主に公開されている社内報『娃哈哈集団報』（2003年7月以降）を使用した。また，同社が成功企業として国内で大きく注目され，経営者や社内の広報部門が国内のいくつかの雑誌に自社の経営状況を紹介した記事を掲載したりしていたため，それらを1つの重要な資料源とした。そのほか，経営者の伝記，ビジネス書なども参考にしている。

　ナイスも未上場の企業であるが，経営者が1986年以降毎年の従業員大会において年度報告を発表しており，その内容は一部の経営業績を除いて公開されている[25]。また，社内報『納愛斯報』（1995年1月～2004年8月の未公開分と2004年9月以降の公開分）を参考にしながら，同社の成長経緯を整理した。不足の業績データについて，『中国企業管理年鑑』（2003～2005年）や『中国企業発展報告』（2005～2009年）の製造企業上位500社のデータを使用した。その他の情報について，新聞・雑誌の記事も参考にしている。

　また，筆者はヤンガーに4回，ワハハやナイスにそれぞれ1回の聞き取り調査を実施しており，本社の広報担当，営業担当，子会社の責任者，店舗責任者

などの関係者に対するインタビューを行った。フィールドワークの実施により，現在，企業が抱えている問題点を窺えることができ，また文献から得た情報，文脈から読み取った「推測」などを直接確かめることができた。ただ，インタビューによって収集できる情報はかなり限られているため，事例研究は基本的に企業の内部資料（社内報など），新聞・雑誌などの二次資料を使用することにした。二次資料の欠点として，ときには数字（業績データなど）や事実関係の不一致があったり，執筆者の主観的な意見が散見されることもある。これについて，数字の不一致が生じる場合，基本的に企業が直接発表したもの（例えば，事業報告および社内報）を使用することにした。また新聞や雑誌の記事の利用も，できるだけ客観的に記述されている記事のみとしている。

本書は以下の構成からなる。第1章の問題提起に続き，第2章では，移行経済という特殊な環境要因が企業の経営行動に与える影響を明確にするために，産業発展の視点から衣料品産業，飲料産業，日用化学品産業における産業・市場の特性，制度・構造・競合など産業全体の発展状況や産業構造の変化について分析を行う。

第3章は，中国最大の紳士服メーカーのヤンガーの事例を扱っている。郷鎮企業として設立された同社がなぜ，どのようにして業界の首位企業に成長に至ったのかを論じている。同社の成長段階を青春工場の時代，企業グループの形成，垂直統合化，戦略調整と組織体制の整備といった4つに分け，ヤンガーが直面した問題，それに対応する戦略がどのようなものであったのかについて考察する。

第4章は，中国最大の飲料メーカーのワハハの事例を扱っている。当初子供向けの健康食品を展開していた同社が，なぜ，どのようにして乳酸菌飲料や清涼飲料を中心とした事業に転換し，そして中国最大の飲料メーカーに成長したのかが分析されている。その成長プロセスを初期の成長，生産と販売の全国化，総合飲料メーカーへの成長，さらなる事業拡大がどのように進められているのかに分けて論じる。

第5章は，中国最大の日用化学品メーカーのナイスの事例を扱っている。国営化学工場として1960年代に設立された同社は，改革開放以降零細規模からスタートしたが，全国市場において自社ブランドをどのように確立させ，特に

強力なグローバル大手企業との競争の中でいかに成長してきたのかを論じている。その成長プロセスを横向連営の時代，ブランドの確立，急躍進と競争激化，迎えた転換期の4段階に分けて分析する。

第6章では，これまで個別に論じてきた一般消費財メーカーのヤンガー，ワハハ，ナイスの3社の事例への比較分析を行い，3社の戦略展開における共通点や相違点を明らかにする。比較分析は，(1)経営者の意思決定，(2)製品・市場・事業の展開，(3)サプライチェーンにおける機能の組合せ，(4)マネジメントと組織体制の整備・調整といった4つの側面を中心に行う。最後に中国の一般消費財メーカーの成長プロセスおよび経営的特徴をまとめる。

第7章では移行経済における中国の一般消費財メーカーの成長と競争のメカニズムを明らかにし，特にその成長戦略の内容，競争優位と競争劣位をもたらす経営資源と組織能力について議論する。また，中国経営史研究の現状を論じたうえで，本書で行われた一般消費財メーカーの事例研究が持つ意義，さらに今後中国の現代企業への史的研究に取り組む必要性について考察する。

注
1 中国企業連合会・中国企業家協会・中企聯合網 http://www.cec-ceda.org.cn より。
2 例えば，コカ・コーラやペプシコは1981年にそれぞれ北京や深圳に合弁工場を設けた後，各地の国有企業との合弁，または買収により全国的な生産体制を築きながら，コーラ市場の8割以上のシェアを占め続けている。また，1988年に広州の国営石鹸メーカーとの合弁により進出を果たしたプロクター・アンド・ギャンブル (P&G) は，進出してわずか3年で黒字化を実現し，特にシャンプー市場においては約6割のシェア（近年では約4割に低下）を持っている。
3 3社はともに浙江省に立地する企業である。この地域は，古くから商人的活動が活発であり，文化構造の観点から企業の成長と地域性との関係を分析することも可能であると考えられる。ただ，これについては，別稿に譲りたい。
4 中国の産業および企業に関する研究は数多くある。ここでは，いくつかの研究を取り上げる。産業に関する研究について，例えば，井上隆一郎編『中国の企業と産業―21世紀への展望と戦略―』日本経済新聞社，1996年，佐々木信彰『現代中国経済の分析』世界思想社，1997年，今井健一・丁可編『中国産業高度化の潮流』アジア経済研究所，2008年，苑志佳『現代中国企業変革の担い手―多様化する企業制度とその焦点―』批評社，2009年がある。有力製造企業の事例について，次のものがあげられる。例えば，王曙光『海爾集団（ハイアール）』東洋経済新報社，2002年，凌志軍『聯想―中国最強企業集団の内幕』上下巻，日経BP，2006年，汪志平「中国民営ハイテク企業の成長戦略―トップ通信機器メーカー華為のケース・スタディー」『経済と経営』第35巻2号，2005年3月，217-238頁。
5 Alexander Gerschenkron, *Economic Backwardness in Historical Perspective*. Cambridge: Harvard University Press, 1962.（絵所秀紀訳『後発工業国の経済史―キャッチアップ型工業化論―』ミネルヴァ書房，2005年）。末廣昭『キャッチアップ型工業論―アジア経済の軌跡と展

望』名古屋大学出版会，2000年．
6 Kaname Akamatsu, "A Historical Pattern of Economic Growth in Developing Countries," *The Developing Economies*, No.1, March-August 1962, pp.3-25.
7 天野倫文・範建亭「日中家電産業発展のダイナミズム（上）（中）（下）」『経営論集』，2003年第58号，123-144頁，第59号，59-78頁，第60号，93-114頁．
8 湯進『東アジアにおける二段階キャッチアップ工業化―中国電子産業の発展―』専修大学出版局，2009年．
9 藤本隆宏・新宅純二郎編『中国製造業のアーキテクチャ分析』東洋経済新報社，2005年．
10 安室憲一『徹底検証 中国企業の競争力―「世界の工場」のビジネスモデル』日本経済新聞社，2003年，14，214頁．
11 今井理之編『成長する中国企業その脅威と限界』リブロ，2004年．
12 佐野孝治「中国のアパレル輸出の特徴と課題―EUと北米における輸入クォータ制廃止を迎えて―」『商学論集』福島大学経済学会，第73巻3号，2005年3月，3-39頁．金志明「中国アパレル産業の発展史―華東地域と香港経済圏のアパレル産業の分析―」『高千穂論叢』，43巻3号，2008年11月，151-175頁．中国の衣料品産業に関する研究は，ほかにもいくつかがあげられる．例えば，康賢淑「中国アパレル産業における企業集団化―日本企業の直接投資と輸出産業化―」『経済科学』，第49巻2号，2001年9月，23-43頁．佐野孝治「中国アパレル産業の現状と課題―『縫製工場』から『アパレルメーカー』へ―」『福島大学地域創造』，第16巻2号，2005年2月，5304-5342頁．
13 辻美代「雅戈尓集団（ヤンガーグループ）の発展―「企業家」李如成の足跡―」『成長する中国企業その脅威と限界』国際貿易投資研究所，2004年．苗苗「中国アパレル企業のブランド構築におけるSPAの役割―ヤンガーグループの事例を中心に―」『立命館ビジネスジャーナル』，2013年1月，49-74頁．そのほか，ヤンガーを紹介した雑誌記事もある．例えば，高橋要「世界市場を目指すヤンガーグループ―中国最大手アパレルの21世紀戦略―」『繊維トレンド』，2003年2月号，22-25頁，小島末夫「雅戈尓（ヤンガー）―中国最大手のアパレルSPA企業―」『ジェトロセンサー』，2004年2月号，40-43頁．
14 井上葉子「中国ビールメーカーのブランド戦略分析（上）（下）―青島ビールをケースとして―」『世界経済評論』，2005年9月号，60-66頁，同年10月号，57-66頁．黄孝春「ビール産業の急成長・業界再編と外資の役割」今井健一・丁可編『中国高度化の潮流―産業と企業の変革』調査研究報告書，アジア経済研究所，2007年．中国清涼飲料市場について，白石和良『中国の食品産業―その現状と展望―』社団法人農山漁村文化協会，1999年，山下裕子・一橋大学BICプロジェクトチーム『ブランディング・イン・チャイナ―巨大市場・中国を制するブランド戦略―』東洋経済新報社，2006年を参照．ワハハについて，日本経済研究センター編『大解説中国経済―巨大経済の全容と未来―』日本経済新聞社，2005年を参照．
15 Dai Nancy, "Cola Wars in China: The Future is Here", *Richard Ivey School of Business*, The University of Western Ontario, 2003. Jinxuan Zhang, "Danone & Wahaha: A Bitter-Sweet Partnership", IMD, 2008. 築場保行「ダノンと娃哈哈の争いと中国リスク―市政府と職員の株式所有権の突然の出現の考察を中心に―」『政経研究』，第49巻4号，2013年3月，229-256頁．
16 肖栄「中国P&Gのブランディング」『立命館経営学』，第47巻5号，2009年1月，389-413頁，「トイレタリー業界における顧客創造―納愛斯の事例を中心に」『立命館経営学』，第50巻2・3号，2011年9月，153-173頁．Dyer D., F.Dalzell and R.Olegario, *Rising Tide: Lessons from 165 Years of Brand Building at Procter & Gamble*, Harvard Business School Press, 2003.
17 Chandler, Alfred D., *The Visible Hand: The Managerial Revolution in American Business*,

The Belknap Press of Harvard University Press, 1977.（鳥羽欽一郎・小林袈裟治訳『経営者の時代　上・下』東洋経済新報社。）Chandler, Alfred D., *Scale and Scope: The Dynamics of Industrial Capitalism*, Harvard University Press, 1990.（安部悦生・工藤章・日高千景・川辺信雄・西牟田祐二・山口一臣訳『スケール・アンド・スコープ―経営力発展の国際比較―』有斐閣，1993年。）

18　藤田誠「経営資源と組織能力」『早稲田商学』，第375号，1997年，39-68頁。
19　Penrose, E. T., *The Theory of the Growth of the Firm*, Wiley, 1959.（日高千景訳『企業成長の理論』ダイヤモンド社，2010年，108頁）。
20　ポジショニング論について，以下を参照。Porter, M. E. *Competitive Strategy: Techniques for Analyzing Industries and Competitors*, Free Press, 1980. 資源ベース論について，以下を参照。Wernerfelt, B., "A Resource-Based View of the Firm", *Strategic Management Journal*, Vol.5 No.2, 1984, pp.171-180. Rumelt, R.P., "Towards a Strategic Theory of the Firm", In R. B. Lamb (ed.), *Competitive Strategic Management*, New Jersey: Englewood Cliffs, 1984. Barney, J. B., "Firm Resources and Sustained Competitive Advantage", *Journal of Management*, Vol.17, No.1, 1991, pp.90-120. Barney, J. B., *Gaining and Sustaining Competitive Advantage*, Prentice Hall, 2002.（岡田正太郎訳『企業戦略論』ダイヤモンド社，2003年。）
21　Prahalad C. K., G. Hamel, "The Core Competence of the Corporation", *Harvard Business Review*, Vol.68 No.3, 1990, pp.79-91.（坂本義実訳「コア競争力の発見と開発」『ダイヤモンド・ハーバード・ビジネス』第15巻5号，1990年，4-18頁）。また，Stalk, G., P. Evans, L. E. Shulman, "Competing on Capabilities: The New Rules of Corporate Strategy", *Harvard Business Review*, Vol.70 No.2, 1992, pp.54-66（八原忠彦訳「戦略行動能力に基づく競争戦略」『ダイヤモンド・ハーバード・ビジネス』17巻4号，1992年，pp.4-19を参照。
22　Leonard-Barton, D., "Core Capabilities and Core Rigidities: A Paradox in Managing New Product Development", *Strategic Management Journal*, Vol.13, Special Issue, Summer, 1992, pp.111-125. *Wellsprings of Knowledge: Building and Sustaining the Source of Innovation*, Harvard Business School Press, 1995.（阿部孝太郎・田畑暁生訳『知識の源泉―イノベーションの構築と持続―』ダイヤモンド社，2001年，46頁）。
23　Teece, D. J., G. Pisano, and A. Shuen, "Dynamic Capabilities and Strategic Management", *Strategic Management Journal*, 18(7), 1997, pp.509-533.
24　Teece, D. J., "Explicating Dynamic Capabilities: the Nature and Microfoundations of (sustainable) EnterprisePerformacnce", *Strategic Management Journal*, 28(13), 2007, pp.1319-1330. また，渡部直樹編『ケイパビリティの組織論・戦略論』中央経済社，2010年を参照。
25　ナイスの年度報告はすべて経営者の庄啓伝によって執筆されており，2005年までの年度報告と他の関連資料を二冊の本『什么是納愛斯人前進的力量　第1, 2巻』庄啓伝著，黒竜江省出版社，2006年にまとめられ，出版されている。

第 2 章
中国における一般消費財産業の発展

　個々の産業における事例研究に入る前に，本章では中国における一般消費財産業の発展経緯についてみることにしよう。生活必需品を提供する衣食住関連の一般消費財産業は，20世紀初頭から登場した。イギリスなどの外国製品が中国市場に流入し，それに触発され中国の近代工業がスタートしたと言われている。1949年以降，政府による接収や国営化が進められ，一般消費財産業は統一生産・統一分配の計画経済に置かれることになった。一方，改革開放以降，計画経済から市場経済への移行に伴い，統一的な生産・分配体制が撤廃され，一般消費財メーカーが自ら全国的な生産・流通の仕組みを構築し始めた。また，開放の基本国策のもと，外資系メーカーが中国市場への参入を加速し，内資系メーカーとの間で厳しい競争が繰り広げられるようになった。
　本章は，計画経済から市場経済への移行に伴い，衣料品産業，飲料産業，日用化学品産業がどのように発展してきたのか，制度・市場・競合環境の変化を中心に分析する。

1　衣料品産業

1.1　規制撤廃と構造変化
　改革開放の実施により，過去29年間実施された「布票」（切符）による定量配給制度が1983年12月に撤廃された。長い間灰色，青，緑の「中山装」（人民服）や軍服を着ていた人々は，流行を取り入れた多様なスタイルの洋服を大いに歓迎した。1980年代は，家庭縫製が主流であったが，繊維製品や衣料品売買の自由化により，既製服が徐々に普及するようになった。また，1983年

まで，全国各地に約 50 の服装研究所が設立された[1]。

　計画経済に基づいた衣料品の生産・流通体制は 1980 年代後半までに続いた。図 2-1 に示すように，アパレル工業の主管機関は国務院軽工業部に直属する軽工業局である。第二軽工業局は省級及び省轄市級の地方政府，県（市）級の地方政府に主管部門を設け，また各地のアパレル企業に対する業務上の指導を行うために，1984 年に中国服装工業総公司を設立した。同社は素材および副資材の輸入，ミシン等加工機械の輸入に対する許可証の発行，商品検査局と協力しての輸出品生産許可証の発行，人材の養成，軽工業部系統服装企業に対するマクロ計画管理などの業務を担い，独立採算の性格を持たない行政的企業である。各レベルの地域に 150 社の服装工業公司を設立し，各地の服装工業企業の業務指導を行った[2]。

　この時期，アパレル商品の流通は中央，省・自治区・直轄市，市・県別の三段階の「批発站」（卸売配給所）といった単一な流通チャネルを維持していた[3]。各級の卸売国営商業を通じて，都市の百貨店や農村の「供銷合作社」（購入販売協同組合）で販売を行った。このほか，アパレル工場が直販部門を設け，直接販売するケースもあった。

　改革の進展に伴い，都市部を中心に可処分所得が増加し，これを背景に衣料品の販売総額は 1980 年の 413 億元から 1987 年の 882 億元に上昇した。1980

図 2-1 服装工業（軽工業部系統）管理体制

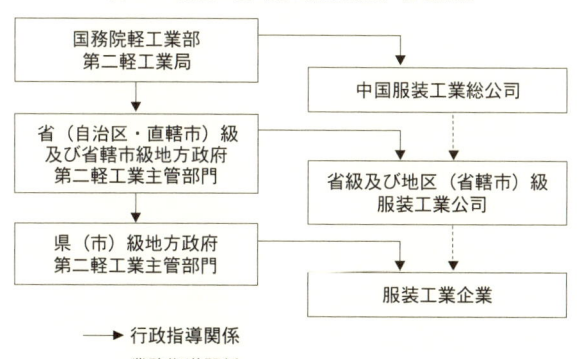

──→ 行政指導関係
┈┈→ 業務指導関係

出所：日中経済協会（1987）『中国のアパレル産業』，8 頁。

年代前半にかけて，国内では全般的な供給不足が見られた。百貨店の衣料品売場では，ウールスーツやジャケット，オーバーコートなどが好調であり，下着や靴下，タオルなどの綿製品の供給不足が見られた。

しかし，1986年頃になると，衣料品の供給不足状況が徐々に改善され，高級ファッションを見聞した消費者は次第にデザインの悪い粗悪品に満足できず，より品質の良いものを追求するようになった。1985年，ピエール・カルダンは北京や上海でのファッションショーや各地での商品展示会を通じて，ファッションの概念を持ち込み，中国の消費者に大きな刺激を与えた[4]。ファッション化と個性化を追求する動きが現れ，衣料品に対する消費観念は変化し始めた。

一方，アパレル製品の生産においても大きな変化が見られた。改革開放以前では，繊維・アパレル製品の輸出は，基本的に対外経済貿易部傘下の国営貿易会社の1つである中国紡織品進出口総公司及び各地の37社の服装工場の貿易代理商を通じて行われた。1978年以降，短期の外貨貸付，委託加工（加工賃による導入技術装備代金の支払い），補償貿易（製品輸出による導入費用の清算）などを利用し，大連，天津，上海を中心に生産ラインと単体機械を含む外国の技術や設備の導入が多く行われた[5]。

1988年には原材料と販路を外国に依存する「両頭在外」政策が繊維産業にも採用された。低賃金による生産コストの優位性を利用し，外資が提供した原料，設計，部品による生産方式の「来料加工，来様加工，来件加工」と補償貿易，いわゆる「三来一補」の委託加工生産は急速に拡大した[6]。1986年，その輸出額は4億3,000万ドルに達し，アパレル製品輸出全体の27.5％を占めた。また，同年政府は紡績品やアパレル製品の輸出拡大が繊維・アパレル産業を発展させる牽引力として，免税・減税，資金供給，輸出奨励などの優遇政策を公布し，実施した[7]。

アパレル製品の輸出の担い手となったのは郷鎮企業であった。1984年，従来の人民公社に所属された「社隊企業」が「郷鎮企業」に改名し，農村の過剰労働力の問題を解消するために，政府がさまざまな助成政策を講じ，郷鎮企業の活性化を図った[8]。1980年代中期から工場請負制が郷鎮企業にも実施されるようになり，経営者への大幅な権限付与が行われた。こうした郷鎮企業の多く

は，比較的初期投資が少なく，技術レベルが低い，アパレル分野に集中し，特に棉，ウール，麻などの原材料産地の農村地域では郷営・鎮営の紡績・アパレル企業が多く現れた。

1986年までには，アパレル製品の加工生産を行う郷鎮企業数は2万4,300社となり，従業員数は約130万人に達した。総生産高は64.87億元となり，このうち輸出額が9.69億元で，郷鎮企業輸出総額の約1割を占めていた[9]。

1.2 産地の形成とブランド化

急速な経済発展に伴い，国民の生活水準が上昇し，アパレル商品に対する消費需要が拡大し続けた。既製服の普及率は1980年の25%から1991年に45%，90年代末に約70%へと上昇した[10]。衣料品の消費総額は1990年の1,182億元から1995年の3,200億元に増加した。1人当たり年間消費額を見ると，1996年に都市では530元，農村では114元となり，それぞれ消費支出の13.4%，7.4%を占めた[11]。

消費支出の拡大に伴い，商品を選別する消費者の目が鋭くなった。1993年以降，「中国国際服飾博覧会（CHIC）」が開催されるようになり，多くの海外ブランドが名を上げ，消費者は次第に知名度の高い商品，いわゆる「名牌商品」を追求するようになった。

一方，旺盛な消費需要，ショッピング環境への改善要求と既存商業施設の不足といった状況の中，1990年代前半百貨店への投資がブームとなった。既存の百貨店は改装や増床を行い，特に大都市では高級百貨店が急増した。1995年まで，年間販売額が1億元を超えた百貨店は180社に増加した[12]。

国内消費が拡大する一方，アパレル製品の輸出も急速に増加した。繊維産業育成政策及びその後の輸出振興政策により，アパレル製品の輸出額は1980年の6億7,400万米ドルから1994年の355億5,000万米ドルに増加し，紡績品全体に占める割合は18.8%から66.8%に拡大した（表2-1）。中国の紡績品の輸出総額は1995年に379億7,000万ドルに達し，同年世界全体の12.3%を占め，中国は最大のアパレル輸出国となった[13]。

アパレル製品の輸出が拡大した中で，先進国から生産拠点の移転が進み，それを受けて国内ではアパレル産地が徐々に形成されていた。広東は主に香港の

表 2-1　紡績品輸出総額の推移

年度	紡績品全体（億米ドル）	アパレル製品（億米ドル）	割合（％）
1980	35.90	6.74	18.8
1985	55.30	11.66	21.1
1986	70.80	15.61	22.0
1987	91.60	20.03	21.9
1988	102.90	23.70	23.0
1989	111.10	27.43	24.7
1990	124.58	34.25	27.5
1991	151.80	46.93	30.9
1992	246.30	156.40	63.5
1993	260.67	160.04	61.4
1994	355.50	237.32	66.8

注：1991年までは紡績工業系統統計，1992～1994年は税関統計による。
出所：『中国紡績工業年鑑』（1980－1995年）より作成。

繊維・アパレル企業の投資先であり，福建は台湾企業からの委託生産を多く扱った。一方，浙江や江蘇，天津のアパレル企業は，委託生産や合弁などの形で，日本からの生産シフトを受けた。また，山東や遼寧，吉林，黒竜江の東北三省は，韓国企業の主力生産拠点となった[14]。

郷鎮企業は海外からの委託業務を行うと同時に，積極的に外資企業と合弁会社を作り，設備導入と技術改善を行い，アパレル産業の発展をリードするようになった。特に流行やファッションの変化が緩やかなメンズウエア分野において，サイズの規格化と標準化により，量産体制を整備し，大規模なアパレル・メーカーが次々と登場した。また，この分野でも，スポーツウエアやジーンズの生産を中心とする広東省，ジャケットなどのカジュアルウエアを中心とする福建省，シャツやスーツを中心とする浙江省といった地域集積が見られた。

紳士服の製造には，比較的高度な縫製技術が必要である。浙江省寧波市に集中したのは，同地域が近代中国において，最も早く紳士服の仕立て技術を習得した職人（「紅幇裁縫」と呼ばれる）の発祥地であるからと言われている。19世紀後半から20世紀前半にかけて，彼らは高度な仕立て技術を蓄積し，それを家族や同郷者に伝達し，拡大させた[15]。しかし，1949年以降，スーツ・スタイルが資本主義のシンボルと見られ，ほとんど着用されなくなった。スーツ

が再び流行するようになったのは，改革開放以降であった。

　1990年から「西装革履」（スーツに革靴）が流行になり，紳士服の消費需要が高まった。ピエール・カルダンは1988年にイタリアのアパレル・メーカーのGFTと提携し，天津紡績集団との3社共同出資により，天津津達股份有限公司を設立し，1990年から「ピエール・カルダン」ブランドのスーツを生産・販売した。

　海外の有名ブランドが中国市場に導入されるにつれ，寧波には紳士服工場が次々と新設された。杉杉の前身である甬港服装廠は，1989年に「杉杉」というブランドのスーツを発売し，1990年に中国で初めて紳士服のテレビ・コマーシャルを打ち出し，一躍紳士服のトップ企業となった。羅蒙は1984年寧波鄞県の奉化に設立され，1980年代後半から紳士服を販売し始めた。そのほか，夏蒙，雅戈尓，報喜鳥，庄吉などの紳士服メーカーも次々と設立された。国内市場向けのブランド構築や輸出生産の拡大を同時に進めることで，これらの企業が急速に成長した。杉杉は1996年1月に上海証券取引所に上場し，雅戈尓も1998年10月に上場を果たした。

　しかし，1990年代中期以降，生産規模の拡大で成長してきた有力アパレル・メーカー各社は，販売面で2つの大きな課題に直面するようになった。第1は，1990年代に入り，従来の統一的流通体制や行政付属型の国営流通企業による独占状態は大きく崩れ，個人・私営商業企業が急増し，流通システムや流通形態が大きく変容したことである[16]。行政指導による生産と流通の仕組みが市場調整に取って代わられたが，その中間流通機能を担う卸売業者がまだ十分に育っていなかった。中国の地理的な広さや地域間発展の不均衡といった問題があり，アパレル・メーカーにとっては自ら中間流通を整備し，各地域市場に対応しなければならなかった。有力なメーカーは大・中都市に事務所や市場部などの販売部署を設置し，自ら販売組織を構築し始めたのである。

　第2は，百貨店は改装や増床，外資との合弁による新規出店が加速した一方，伝統的な自主的経営の手法を放棄し，ブランド・メーカーや代理商を誘致し，テナント経営を行うようになったことである[17]。メーカーにとって，直売コーナーやインショップの展開は，出店に伴うコスト増や販売リスクの負担など不利な面もあるが，一方で顧客と直接触れ合うことができ，迅速な情報収集

やマーチャンダイジングの実現によるブランドの構築が可能となった。

1.3 成長方式の転換

　2001年末，中国はWTOへの加盟を果たした。これにより，平均関税率の段階的引き下げやクォータの撤廃が進行し，外国投資への規制も緩和されることになった。これ以降，グローバル企業の中国進出が加速し，海外の最新情報を中国市場に持ち込み，消費の国際化が進められた。特に，沿岸地域の大・中都市では，海外ブランド専門店が急増した。これにより，ブランド力がまだ弱い国内アパレル・メーカーは，厳しい競争に立たされた[18]。

　消費市場にも大きな変化が見られた。衣料品消費は，必需品という時代が終わり，消費者の多様化・個性化の傾向とブランド志向が同時に高まった。特に，ブランドが象徴する内在的価値やライフスタイルの提案などが重視されるようになった。これに対し，アパレル・メーカーはブランドに文化的要素を持ち込み，商品力を高めるとともに，企業のイメージ向上をトータルに図るようになった。また，ブランドの構築において，広告宣伝やイメージ・キャラクターの使用だけでは十分でなく，品揃え形成や接客サービスなどを含むトータルな売場作りも重視した。

　こうした状況の中，国内のアパレル・メーカーはブランド作りに向けて，直営店または「特許経営」（フランチャイズ）を展開するようになった。直営店は，百貨店やショッピングモールのインショップ店舗，都心の商店街の路面店，または情報発信を目的とした「旗艦店」（フラッグシップ・ショップ）といったタイプがある。直営店の展開には，出店に伴う大きな投資や販売人材の育成が必要であるが，一部の企業は店舗の内装や品揃えの強化などを他社との差別化を図ることを重要な手段とした。一方，フランチャイズ店舗は，メーカーから商標，店名の使用権，マニュアル，売場設計の指導などを受け，信用保証金を払う加盟店である。加盟店の展開は出店コストを大きく削減することができるが，当時加盟店舗の多くが小規模でマネジメント力が弱い個人経営の店舗であり，陳列や販売ノウハウの不足といった問題があった。

　店舗だけでなく，商品力を高めるために，アパレル・メーカーは素材・生地による差別化も図るようになった。しかし，繊維・紡織産業における設備の老

朽化，技術の遅れ，生産性や操業率の低下は，アパレルにとって成長のボトルネックとなった。国内市場向けのシャツやスーツの国産生地使用量比率は70％であるが，輸出向けでは40％にとどまっている。輸入生地は年間51億メートルで，輸入額は30億ドルにのぼった[19]。

　2000年頃，国家紡績工業局は中国を「繊維大国」から「繊維強国」へ転換し，繊維産業の技術開発力，競争力，生地自給率を高め，繊維や紡績品の輸出を拡大するという方針を発表した[20]。また，中国紡績工業協会が2004年10月に発表した「紡績工業科技進歩発展綱要」にも，繊維・アパレル企業におけるERP（Enterprise Resource Planning）システム，電子商取引及び企画，生産，販売を一体化したCIMS（Computer Integrated Manufacturing System）の導入，省エネ，環境にやさしい新技術や新製品の開発を促進することが明記された。その政策措置として，紡績科学技術への投資を誘導し，企業の研究開発費用は総収入の2～10％を占めることを規定した[21]。

　国内市場での成長を図る一方，アパレル・メーカーはWTO加盟以降徐々に進めてきた繊維貿易の自由化により，これまで厳しい輸入制限が設けられていた欧米市場に向けた輸出の拡大を図った。紡績・アパレル製品の輸出は2001年の534億8,000万ドルから2003年に789億6,000万ドルまで増加し，世界全体の20％を占めるようになった[22]。

　しかし，アメリカやEUは，中国繊維製品の輸入の急増と価格の下落を受け，セーフガードの発動や一般特恵関税制度の不適用などの措置を実施した。さらに，2008年の「リーマン・ショック」といわれる金融危機以降，アメリカをはじめ国際市場の低迷は中国の輸出向けアパレル企業に大きな影響を与えた。

　多くのアパレル企業は，付加価値の低いOEM生産を行い，自社ブランドを持っておらず，輸出税の還付を主な利益源としていた。輸出の増加を図るために，政府は2009年に輸出税還付率の引き上げを実施したが，国内における労働人口構造の変化や人件費の上昇，原材料価格の高騰，人民元の切り上げの加速などの影響を受けて，コストが大きく上昇している。これまでの低賃金・低コスト，低付加価値商品の大量生産による輸出依存の成長モデルはすでに限界に達している。かつて輸出のリーディング産業とされた中国のアパレル産業は，中国の経済成長方式の転換に伴い，大きな構造的変革に迫られているのである。

2 飲料産業

2.1 飲料市場の形成

　アルコールが含まれない飲料は，中国では「軟飲料」（ソフトドリンク）と呼ばれ，その製造は20世紀初期に遡る。当時，上海，天津，瀋陽，広州，青島などの沿岸地域では，「汽水」（サイダー）と呼ばれた炭酸飲料を生産する小規模な工場が現れた。また，コカ・コーラは1927年に上海と天津，1930年に青島にボトリング工場を設立し，特に上海工場はコカ・コーラの海外工場のうち最大規模であった。1949年，これらの飲料工場はすべて政府に接収され，国営化された。計画経済体制のもと飲料生産が拡大し，全国生産量は1950年から約5,000トンから1978年の約20万トンに増加していた。

　改革開放以降も，飲料生産が急増した。表2-2に示すように，全国年間生産量は1978年の20万トンから1984年に80万トンに増加した。製品別で見ると，炭酸飲料は最も多く，全体の約8割を占めていた。1984年，飲料の総生産高は約13億元に達し，企業数は3,038社に達した。

　需要の拡大には，既存の生産体制が対応できなくなり，特に夏場は大都市の多くでは供給不足となった。1982年，飲料は中央軽工業部管轄の計画製品に指定された。軽工業部は産業全体の発展計画，製品基準の制定，技術導入など

表2-2　製品別飲料生産量の推移（1978-1984年度）（単位：万トン）

年度	全国 生産量	%	炭酸飲料 生産量	%	果実・野菜飲料 生産量	%	固体飲料 生産量	%	その他 生産量	%
1978	20.0	100.0	17.0	85.0	2.4	12.0	0.4	2.0	0.2	1.0
1980	28.8	100.0	23.2	80.5	4.1	14.0	0.6	2.5	0.8	3.0
1981	40.0	100.0	30.7	78.5	5.7	14.0	1.8	4.0	2.0	4.7
1982	44.0	100.0	32.0	72.7	4.8	11.0	3.0	6.8	4.2	9.5
1983	50.0	100.0	38.7	77.3	4.4	8.8	3.9	7.8	3.0	6.0
1984	80.0	100.0	63.0	78.8	6.0	7.5	6.0	7.5	5.0	6.3

出所：『中国軽工業年鑑』（1985年），180-181頁より作成。

で指導的な役割を持つようになった[23]。

　政府指定の固定価格のもと，国営飲料メーカーはある一定量以上の製造が義務づけられていた[24]。供給状況を改善するために，1984年末から北京，天津，上海などにある44社の国営飲料メーカーは，ドイツや日本，ルーマニア，チェコなどから49ラインを導入した。

　一方，この時期以降，飲料産業に大きな影響を与えたのは，コカ・コーラとペプシコの中国進出であった。1979年1月の中米国交正常化を機に，コカ・コーラは3万ケースのコーラ製品を中国に持ち込み，広州や上海，北京などの都市の百貨店やホテルで委託販売を始めた。当初，直接投資を認めなかったが，1981年に設備提供を条件に，ようやく北京でボトリング工場を設けるようになった[25]。一方，ペプシコも1981年に合弁方式により深圳にボトリング工場を設立した。

　表2-3に示すように，1986年末まで，コカ・コーラは北京，広州，アモイ，珠海の4工場，ペプシコは深圳や広州の2工場を持つようになり，両社の投資額が合わせて1,625万米ドルにのぼった。当初国内市場が外資に対し，まだ完全に開放していなかったため，コカ・コーラは中国に滞在する外国人客を中心に販売を行い，ペプシコの深圳工場は輸出も行った。

表2-3　外資系コーラ企業の経営状況（1986年度）

	合計	コカ・コーラ小計	アモイ	北京広州	珠海	ペプシコ小計	深圳	広州
生産量（トン）	79,410	22,396	8,713	12,800	883	57,014	43,683	13,331
コーラ	69,002	20,756	7,556	12,800	400	48,246	38,219	10,027
その他	10,408	1,640	1,157	−	483	8,768	5,464	3,304
輸出量（トン）	31,573	−	−	−	−	31,573	31,573	−
国内販売（トン）	47,810	22,369	8,713	12,800	883	25,441	12,110	13,331
外国客向け（トン）	16,505	13,515	273	12,800	442	2,990	−	2,990
国内一般販売額（万元）	31,322	8,881	8,440	−	441	22,441	12,110	10,341
利益額（万元）	1,681	831	300	531	−	850	700	150

出所：『中国食品工業年鑑』（1987年），286頁。

外資系メーカーの進出が加速する一方，国内メーカーによるコーラの生産も急増し，年間生産量は1984年の9,134トンから1989年に7万9,756トンに達した。この間，20種類以上のコーラのブランドが市場に現れたが，その入れ替えが激しく，生産規模1万トンに達したのは，「幸福可楽」，「天府可楽」，

表2-4 国内コーラ飲料の生産状況（1984-1989年度）（単位：トン）

ブランド名	企業名	1984	1985	1986	1987	1988	1989
幸福可楽	上海汽水廠	1,225	435	837	13,252	36,975	26,165
天府可楽	重慶飲料廠	323	1,735	10,305	25,000	42,401	20,925
崂山可楽	山東青島汽水廠	6,000	4,900	6,100	26,191	27,000	10,732
中国人参可楽	遼寧大連渤海啤酒廠	448	2	657	28	－	－
亜洲可楽	広州亜洲汽水廠	103	203	213	15	3,996	2,307
黄山可楽	安徽蚌埠果糖飲料廠	200	250	11,000	12,100	2,490	－
如意可楽	四川灌県獼猴桃公司	－	210	－	200	－	250
蜜桔可楽	江西南豊県罐頭廠	215	650	1,003	1,432	1,200	－
泰山可楽	山東泰安罐頭廠	212	247	300	250	－	－
逍遥可楽	安徽合肥好華食品廠	170	206	10	4	－	－
多力士可楽	湖南長沙酒廠	－	－	28	－	－	－
天堂可楽	浙江杭州啤酒廠	－	15	33	－	－	－
人参可楽	吉林長白山葡萄酒廠	240	8	2	－	－	－
深宝可楽	深圳罐頭食品公司	－	－	－	6,600	－	－
中国可楽	杭州可楽飲料総廠	－	－	－	4,029	－	－
少林可楽	漳州製薬廠	－	－	－	5,397	5,880	3,172
万事可楽	泉州万事可楽有限公司	－	－	－	－	4,356	7,500
美津可楽	広美食品有限公司	－	－	－	－	2,802	5,438
桂林可楽	桂林罐頭食品廠	－	－	－	－	3,260	－
可楽浸花	海口罐頭廠	－	－	－	－	461	2,382
好運可楽	南寧康楽食品廠	－	－	－	－	－	826
冰川可楽	北京飲料廠	－	－	－	－	－	59
合　計		9,134	8,861	30,488	94,497	130,821	79,756

注：1987年，四川灌県獼猴桃公司の商品名は「青城可楽」，山東泰安罐頭廠の商品名は「華可楽」に変更。1989年，広美食品有限公司の商品名は「津津可楽」に変更。
出所：『中国食品工業年鑑』（1985-1990年）より作成。

「崂山可楽」,「黄山可楽」の4ブランドだけであった。しかし,一時拡大した4社も,1989年に入りいずれも減産となった(表2-4)。

炭酸飲料のほか,疲労や体力回復の効果があるスポーツ飲料も人気商品となった。1984年,広東省三水県運動員飲料廠の「健力宝」飲料はロサンゼルス・オリンピック大会に出場した中国選手に提供された。これを機に,同社は年間生産量を1986年の1万7,321トンから1989年の10万929トンに拡大し,一躍国内最大の飲料メーカーとなった。

もう1つ新たに登場した製品は,ミネラル・ウォーターであった。1983年に,青島の「崂山」,広東の「龍川」,黒竜江の「五大連池」などの水源をブランド名としたミネラル・ウォーターが登場した。1987年まで,全国に約60カ所のミネラル・ウォーターの水源が開発されたが,生産の認可を受け,工場を建設したのは16カ所であった。1987年,ミネラル・ウォーターの8社の総生産量は前年より倍増の1万1,623トンに達し,このうち1,489トンが輸出された。

一方,ミネラル・ウォーターの開発ラッシュや偽物の出回りによる市場混乱を抑制するために,国家標準局の主導により軽工業部,地質礦産部,衛生部は共同で「飲用天然礦泉水国家基準」を制定し,1988年に公布した。これ以降,新たに発売するミネラル・ウォーターは技術審査や認可が必要となった。

2.2　業界再編と製品構造の変化

1990年代に入り,業界再編が始まった。1991年,全国の飲料メーカーは2,682社に達し,前年より82社減少した。コーラを生産する主要メーカー業39社の総生産量は23万5,500トンで,前年比5.8%増にとどまった。1位の「天府可楽」を生産する重慶天府可楽集団公司は4万881トンで,2位の「幸福可楽」を生産する上海汽水廠は1万4,689トンであった。

1990年,軽工業部はコカ・コーラの原液生産の集中生産と分散的ボトリング体制を製造コストの削減に有効な手法として,国内メーカーに普及させようとした。重慶の「天府可楽」を始めとする8社を重点的に支持・育成し,1995年までにボトラー方式による炭酸飲料の生産を全国市場3分の1に相当する150〜200万トンに引き上げると提唱した[26]。

しかし，飲料産業は軽工業部の政策と真逆の方向に進むことになった。ボトラー方式導入といった政策はほとんど効果が現れず，市場開発のマーケティング手法を持っていなかった国内飲料メーカーは，外資系メーカーの大規模な展開に圧倒されることになった。1980年代にかけて，コカ・コーラとペプシコは国内市場に向けて生産規模を拡大し，1991年にそれぞれ合弁会社12社，7社を設立し，生産量は36万4,366トン，14万968トンに達した。一方，国内飲料メーカーの大半は当初民族産業を守り，合弁を拒否する姿勢を堅持したが，次第に赤字経営に陥った企業が増え，外資系メーカーとの合弁で生き残りを図ろうとするようになった。

　こうして，コカ・コーラとペプシコはさらに進出を加速した。1993年に入り，コカ・コーラはまず6月に西安啤酒廠と60：40の出資率で西安工場を設立した後，7月に天府可楽と72.5：27.5の出資率で重慶工場を設立した。また，10月に青島工場を設立し，11月に現地企業との70：30の出資率で南寧工場を設立した。さらに，1994年5月に山西礦務局，中国糧油進出口公司と60：25：15の出資率で太原工場を設立し，鄭州食品総廠と60：40の出資率で鄭州工場を設立した。6月にハルビン工場を設立したほか，8月に雲南砂糖公司と60：40の出資率で昆明工場を設立した。一方，ペプシコは1993年6月に広州亜洲汽水廠，1994年1月に四川天府可楽公司，2月に北京北冰洋汽水廠とそれぞれ合弁工場を設立した。各合弁事業への出資額は1,800～2,800万米ドルで，いずれも60％以上の株式を保有した[27]。

　こうして，比較的大規模な国営飲料メーカーのほとんどは，外資と合弁事業を作り，実質上ボトリング工場になった。コカ・コーラの工場数は1991年の12社から1998年に22社となり，生産規模は36万4,366トンから201万8,784トンに急拡大した。ペプシコも7社から12社となり，生産規模は14万968トンから84万2,837トンに拡大した。1999年，両社の生産量は併せて319万7,200トンとなり，同年炭酸飲料の全国生産量450万トンの71.05％を占め，圧倒的な割合で寡占体制を確立した（表2-5，2-6）。

　一方，国内飲料メーカーにとって大きなチャンスとなったのは，飲料市場の製品構造の変化であった。1996年に改正された軟飲料分類では，酒精分0.5％未満の飲料をソフトドリンクとし，また原料や製品の性質により，炭酸飲料，

表 2-5 コカ・コーラの中国展開 (1991-1998 年度)

	1991	1992	1993	1994	1995	1996	1997	1998
ボトラー工場数	12	12	12	16	17	19	21	22
生産量（万トン）	36.44	45.41	56.39	84.62	105.18	142.81	180.08	201.88
コーラ	6.70	8.97	16.07	36.60	52.75	74.92	89.62	97.38
オレンジ	1.90	2.69	1.76	1.63	2.18	6.33	68.71	71.17
レモン	24.12	29.51	36.56	41.45	49.46	54.42	10.71	11.17
主要容器形態（万個）								
カン	6.82	10.68	16.60	28.12	41.82	58.82	66.42	67.80
ペットボトル	17.30	22.53	25.46	39.97	49.62	63.12	89.87	106.63
ガラス瓶	5.56	6.14	8.43	7.08	7.99	9.26	10.31	10.49

出所：『中国食品工業年鑑』(1992-1999 年) より作成。

表 2-6 ペプシコの中国展開 (1991-1998 年度)

	1991	1992	1993	1994	1995	1996	1997	1998
ボトラー工場数	7	7	7	7	12	12	12	12
生産量（万トン）	14.10	18.91	22.33	31.75	41.51	57.33	74.75	84.28
コーラ	9.00	11.82	14.00	22.18	28.92	34.51	46.75	56.93
オレンジ	1.43	1.84	2.30	2.88	4.24	6.80	9.18	7.57
レモン	3.62	4.35	5.31	6.22	6.53	8.10	10.80	11.45
主要容器形態（万個）								
カン	3.74	4.34	4.41	5.80	8.22	10.98	15.08	16.30
ペットボトル	5.91	7.35	11.43	16.26	22.10	27.04	39.31	46.11
ガラス瓶	4.36	6.44	5.83	8.19	8.03	8.18	8.97	10.41

出所：『中国食品工業年鑑』(1992-1999 年) より作成。

果汁・果実飲料，野菜飲料，乳性飲料，植物たんぱく飲料，飲料水，茶飲料，固体飲料，特殊用途飲料，その他飲料の 10 種類に規定された[28]。従来，炭酸飲料に大きく依存していた飲料市場は，商品種類が増え，ますます多様化が進んだ。

1990 年代の製品別生産量を見ると，炭酸飲料は 1992 年の 50.2％から 1999 年の 37.9％，果実・野菜飲料も 16.2％から 8.4％に低下した。ミネラル・

表 2-7　製品別生産量の推移（1992－1999 年度）（単位：万トン）

年度	総生産量	(%)	炭酸飲料	(%)	果実・野菜飲料	(%)	飲料水	(%)	その他	(%)
1992	476	100	239	50.2	77	16.2	49	10.3	111	23.3
1993	629	100	314	49.9	91	14.5	93	14.8	131	20.8
1994	1,128	100	554	49.1	145	12.9	170	15.1	259	23.0
1995	949	100	492	51.8	144	15.2	142	15.0	171	18.0
1996	884	100	429	48.5	122	13.8	146	16.5	187	21.2
1997	1,069	100	492	46.0	119	11.1	194	18.1	264	24.7
1998	951	100	-	-	-	-	-	-	-	-
1999	1,186	100	450	37.9	100	8.4	335	28.2	301	25.4

出所：『中国食品工業年鑑』（1993－2000 年）より作成。

ウォーターを含む飲料水は 10.3％から 28.2％に急増した（表 2-7）。

ミネラル・ウォーターの国家基準を満たす水源は，1991 年の 500 カ所から，1996 年末まで 1700 カ所以上に拡大し，企業数も約 200 社から 1,000 社以上に増加した[29]。特に，この時期から逆浸透膜（Reverse Osmosis: RO）による濾過技術を応用し，水道水を浄化した商品が普及した。商品名は「蒸留水」，「太空水」，「純浄水」などさまざまであったが，水源の立地に拘らず，どこでも生産可能であり，ミネラル・ウォーターより急スピードの展開が見られた。

表 2-8 に示すように，1998 年上位飲料メーカー 20 社のうち，11 社はコカ・コーラやペプシコの合弁会社であった。国内メーカーは，コーラ以外の分野で活路を見出そうとした。最大規模の広東健力宝はスポーツ飲料の「健力宝」を主力製品とし，売上高 30 億 9,591 万元に達した。一方，純利益が最も高いのは，子供向け乳酸菌飲料と飲料水を展開したワハハであり，5 億 221 万元に達した。また，茶飲料の河北旭日，乳酸菌飲料と飲料水の広東今日，植物たんぱく飲料の椰樹と河北露露，果実飲料の椰風と北京滙源も上位企業を占めていた。これらの企業はいずれも，炭酸飲料以外の 1～2 分野に特化し，消費需要の拡大に伴い成長してきたのである。

表2-8 軟飲料メーカー上位20社の経営状況（1998年度）

順位	企業名	売上高 （百万元）	税込利益 （百万元）	純利益 （百万元）	生産量 （万トン）
1	広東健力宝集団有限公司	3,095.91	424.45	234.84	68.68
2	杭州娃哈哈集団公司	2,669.71	715.65	502.21	93.01
3	河北旭日集団公司	1,682.30	69.82	40.17	30.54
4	広東今日集団有限公司	1,445.65	121.33	90.18	32.15
5	椰樹集団有限公司	1,409.13	149.58	30.24	26.97
6	上海申美飲料食品有限公司※	1,038.42	131.08	75.65	28.80
7	上海百事可楽飲料有限公司※	1,011.85	117.38	77.65	27.78
8	河北露露集団有限責任公司	882.10	91.83	48.00	11.52
9	広東太古可楽有限公司※	841.10	134.71	94.15	21.99
10	杭州中萃食品有限公司※	680.00	108.97	70.47	18.96
11	椰風（集団）有限公司	651.13	39.69	-	-
12	天津可口可楽有限公司※	579.94	61.7	39.11	16.49
13	北京可口可楽有限公司※	569.50	88.86	60.19	13.42
14	武漢可口可楽有限公司※	564.43	62.32	40.36	13.31
15	南京中萃食品有限公司※	495.70	45.52	25.51	13.69
16	上海梅林正広和（集団）有限公司	450.23	-	-	24.21
17	広州百事可楽飲料有限公司※	434.34	61.78	38.50	14.31
18	北京滙源果汁飲料集団公司	430.00	102.90	60.00	10.60
19	青島可口可楽有限公司※	422.91	-	-	11.41
20	大連可口可楽有限公司※	410.51	-	-	10.53

注：※は外資系企業の合弁会社である。
出所：『中国食品工業年鑑』（1999年）より作成。

2.3 競争の激化

　飲料製品は，重量当たりの低価格性から，広域に展開する際に輸送費用の削減が重要である。また，購買頻度が高く，時間をかけず手近で購入する最寄品として，いかに販売チャネルを確立させるかもきわめて重要である[30]。ボトラー方式を採用したコカ・コーラは，分散的生産体制により輸送コストの削減だけでなく，ボトラーが持つチャネル資源を活用している。商品開発やマーケティング展開を最も得意とする自社と，製造と販売に集中するボトラーとの間

で有効な機能分担構造を形成させたのである。

　一方，1990年代にかけて急成長してきた国内メーカーの多くは，2000年代に入り業績悪化が目立った。優れたマーケティング展開により成長ブームに乗り，一時的に拡大できたとしても，商品開発，生産，物流，販売などの機能調整やマネジメント体制の整備をきちんと行えなければ，持続的な成長を図るのは難しいのである。各社の全国的展開や製品ライン拡張により，商品分野を超えた競争が激化する一方であった。特に，炭酸飲料以外の分野においても，強力な外資系企業の相次ぐ参入が見られた。

　表2-9に示すように，2000年以降炭酸飲料のシェアが縮小し続け，2009年にはわずか15.5%となった。一方，飲料水は約4割を占めるようになり，ライフスタイルの変化に伴う外出の増加，健康意識の高まり，また水質汚染問題の拡大などがその背景にあった。ペットボトル入りの商品だけでなく，大型容器入りの宅配飲料水の消費も拡大した。また，栄養訴求や健康志向の飲料製品に対する需要の増加に伴い，果実・果実飲料も約2割を占めるようになった。その他，茶飲料や乳性飲料，コーヒー飲料なども増加していた。

表2-9　製品別ソフトドリンクの生産量の推移（2000－2009年度）（単位：万トン）

年度	総生産量	%	炭酸飲料	%	果汁・果実飲料	%	飲料水	%	その他	%
2000	1,491	100	462	31.0	97	6.5	554	37.2	378	25.4
2001	1,680	100	537	32.0	146	8.7	678	40.4	319	19.0
2002	2,025	100	603	29.8	213	10.5	810	40.0	399	19.7
2003	2,374	100	666	28.1	311	13.1	956	40.3	441	18.6
2004	2,912	100	671	23.0	500	17.2	1,206	41.4	535	18.4
2005	3,380	100	772	22.8	635	18.8	1,386	41.0	587	17.4
2006	4,220	100	877	20.8	860	20.4	1,579	37.4	904	21.4
2007	5,110	100	1,040	20.4	1,079	21.1	1,812	35.5	1,179	23.1
2008	6,415	100	1,107	17.3	1,183	18.4	2,476	38.6	1,649	25.7
2009	8,086	100	1,254	15.5	1,448	17.9	3,159	39.1	2,225	27.5

注：飲料水にはミネラル・ウォーターや逆浸透膜により濾過した水の飲料商品が含まれる。また，飲料水の容器形態においてペットボトル入り，また宅配の大型容器がある。
出所：『中国食品工業年鑑』（2001－2010年）より作成。

茶飲料の年間生産量は 1997 年には 20 万トン以下であったが，2000 年には約 185 万トンに急増した。早期に参入した台湾食品・流通大手の頂新や統一は，コーラ市場に匹敵する寡占体制を形成させた。「康師傅」即席麺により一躍中国全土でブランドを確立させた頂新は，1995 年に同ブランドで「檸檬茶」，「杭菊茶」，「大麦紅茶」，「酸梅湯」など 10 数種類の非炭酸飲料を発売し，1996 年に飲料水市場にも参入した[31]。統一は 1995 年に「冰紅茶」や「冰緑茶」を発売し，大規模な広告展開に伴い，急速に市場シェアを高めた。2001 年頃，茶飲料市場における両社の市場シェアを合わせて約 8 割となった。そのほか，日本飲料メーカーのサントリーやキリンビバレッジは，それぞれ「烏龍茶」，「生茶」を展開し，上海地域を中心に販売した。一方，茶飲料分野では国内唯一の有力メーカーであった旭日昇は外資との競争に敗北し，2001 年の市場シェアが最高時の 70%から 30%以下に低下した。

また，果実飲料において，統一は 2001 年 3 月に「統一鮮橙多」を発売し，頂新は「康師傅」ブランドで 2001 年 9 月に「鮮橙汁」，2002 年 1 月に「鮮の毎日 C」を発売した。さらに，コカ・コーラは果実飲料ブランドの「酷児 (Qoo)」の販売に力を入れるほか，2002 年に東莞太古飲料有限公司を 1 億 9,350 万元で買収し，非炭酸飲料事業を強化した。国内最大果実飲料メーカーの匯源は業界の 1 位を維持しているが，一部の地域においてはすでに統一や頂新にトップの座を譲ることになった。

結局，生産量や売上規模で外資系企業に対抗できるのは，杭州のワハハのみとなった。2001 年，ワハハの年間生産量が 250 万トンに達し，同年コカ・コーラの 232 万トンを上回った。国内需要の拡大に向け，各社は規模拡大に走った。

表 2-10 に示すように，飲料の年間生産量は 1986 年の 183 万 9,366 トンから 2008 年に 6,415 万 1,038 トンに増加し，2010 年にはさらに 1 億トンを突破し，1 億 1,762 万トンに達した。地域別でみると，2008 年で最も多いのは広東の 1,213 万 3,263 トンであり，2 位は浙江の 641 万 9,168 トンである。飲料消費は生活水準の高さ，夏季の気温などの気象条件に影響され，また消費地に工場が集中する傾向が見られる。一方，人口の多い河南，山東，四川などの省も経済成長に伴う需要増を背景に，生産量が増加していった。さらに，貴州，雲南，

寧夏，新疆，チベットなど比較的発展が遅れて，人口規模が小さい地域でも，近年生産量の拡大が見られるようになった。

また，飲料商品の販売チャネルは，1990年代後半では卸売商が大きなウェイトを占めていた。1998年に飲料類の全国卸売販売額が94億4,000万元に達

表2-10 地域別ソフトドリンクの年間生産量の推移（1986-2008年度）（単位：万トン）

地域	1986	1990	1995	2000	2005	2006	2007	2008
全国	183.93	330.32	1,128.23	1,490.83	3,380.42	4,219.74	5,110.11	6,415.10
北京	8.50	12.65	29.03	66.24	145.64	194.64	188.67	215.99
天津	2.87	9.26	41.76	41.69	81.35	123.78	96.10	169.86
河北	2.48	5.53	27.66	84.13	184.86	183.95	183.44	162.60
山西	0.35	2.70	5.07	26.10	19.06	26.94	34.76	39.15
内モンゴル	2.01	2.00	26.40	5.15	10.43	124.51	125.11	114.85
遼寧	27.03	35.87	108.20	47.18	143.12	156.50	251.48	321.50
吉林	10.22	13.58	25.99	24.67	101.51	111.09	128.53	304.88
黒竜江	12.68	14.07	36.78	10.80	44.03	72.44	102.72	119.48
上海	9.92	16.05	52.82	131.66	223.56	229.31	247.68	252.29
江蘇	10.82	13.94	53.87	92.24	159.49	191.46	240.19	225.53
浙江	7.87	15.71	170.49	291.94	331.25	336.55	537.16	641.91
安徽	2.16	7.30	20.55	12.41	24.43	35.60	51.70	89.23
福建	2.68	8.84	37.27	39.82	111.28	151.67	189.75	224.34
江西	2.17	3.63	11.19	10.11	39.18	50.43	52.47	95.25
山東	2.97	9.22	48.32	29.22	194.09	253.55	265.95	342.88
河南	4.12	7.05	23.50	24.92	138.12	193.48	322.41	491.15
湖北	14.28	18.90	54.87	64.47	134.54	173.32	219.51	292.97
湖南	2.01	3.55	7.68	12.40	61.91	72.45	65.59	48.82
広東	39.49	92.31	213.12	351.34	747.05	960.92	986.25	1,213.32
広西	2.07	11.21	34.18	17.89	77.04	85.83	87.90	129.21
海南	-	2.42	31.03	22.33	27.61	27.69	29.53	31.34
重慶	-	-	-	21.33	61.13	93.33	108.40	142.64
四川	11.13	14.87	43.47	35.92	120.40	156.42	209.56	246.88
貴州	0.33	0.98	3.54	2.64	16.06	20.44	24.51	31.22
雲南	1.75	2.62	7.83	3.60	4.91	76.14	94.71	119.64
チベット	-	-	0.09	0.20	0.39	0.83	1.19	3.84
陝西	2.45	3.12	6.82	11.81	103.73	130.52	167.25	180.64
甘粛	0.42	1.56	2.26	0.72	11.32	39.51	36.25	92.55
青海	0.26	0.31	0.38	1.61	0.28	0.23	0.04	27.00
寧夏	0.08	0.19	0.44	0.64	2.10	5.01	11.37	11.22
新疆	0.67	1.67	3.51	5.65	16.15	41.07	49.76	59.77

出所：『中国食品工業年鑑』（1987-2009年）より作成。

図 2-2 飲料類商品の年間卸売販売額と小売販売額の推移（1998-2008 年度）（単位：億元）

	1998	1999	2000	2001	2002	2003	2004	2005	2006	2007	2008
合計	157.9	173.9	228.7	243.1	272.8	326.2	424.7	512.6	556.7	743.0	1,140.4
卸売販売額	94.4	96.9	109.7	103.7	107.7	124.9	171.4	247.2	252.8	360.4	673.8
小売販売額	63.5	77.0	119.0	139.4	165.1	201.3	253.3	256.4	303.9	382.6	466.6

注：一定規模以上の卸売企業と小売企業の統計による。
出所：『中国統計年鑑』（1999-2009 年）より作成。

し，小売販売額の 63 億 5,000 万元より大きく上回った。しかし，都市市場での小売チェーンの普及により，メーカーと小売の直接取引が増加し，2000 年には小売販売額が 119 億元に達し，初めて卸売販売額を超過した（図 2-2）。

表 2-11 に示すように，2000 年代以降，チェーンストアが急速に拡大した。スーパーマーケットやハイパーマーケットの店舗数は，2002 年の 1 万 281 店から 2007 年の 2 万 5,185 店に増加し，小売販売額は 1,098 億 1,000 万元から 3,332 億 1,000 万元に増加した。一方，コンビニエンスストアの店舗数は 3,324 店から 1 万 7,126 店，小売販売額は 45 億 4,000 万元から 246 億 6,000 万元に増加した。

チェーンストアの普及には，外資系企業は大きな役割を果たしている。1999 年に実施された「外商投資商業企業試点弁法」により，外資の進出可能地域が拡大し，合弁による卸売業への参入も許可された[32]。国内の流通近代化を図るために，流通業の開放がいっそう進められた。こうして，外資系小売企業は 2002 年の 140 社から 2007 年の 422 社に増加し，特に外資独資企業は 19 社から 171 社に急拡大した。

外資系小売企業は，基本的にメーカーとの直接取引を中心とする。国内中小規模のメーカーに対してバイイング・パワーを行使し，「進場費」や「バー

表 2-11 チェーンストアの規模拡大（2002－2007 年度）

小売業態／年度	店舗数(店)	営業面積(万㎡)	従業員数(万人)	商品販売額(億元)	小売販売額(億元)
超市（スーパーマーケットやハイパーマーケットを含む）					
2002	10,281	930.5	31.0	1,318.2	1,098.1
2003	13,494	1,127.8	38.6	1,726.5	1,442.6
2004	12,877	1,527.4	48.0	2,341.6	1,947.8
2005	15,421	1,962.1	56.2	2,848.8	2,376.0
2006	21,066	2,450.1	65.4	3,443.3	2,837.7
2007	25,185	2,730.7	70.7	4,012.6	3,332.1
便利店（コンビニエンスストア）					
2002	3,324	43.5	2.8	49.2	45.4
2003	4,447	62.6	3.5	66.9	62.0
2004	8,824	129.7	7.1	176.4	152.0
2005	11,218	153.6	8.0	226.4	187.2
2006	13,817	143.8	7.9	223.1	205.8
2007	17,126	172.5	9.2	265.7	246.6

注：一定規模以上の小売企業の統計による。
出所：『中国統計年鑑』（2003－2008 年）より作成。

コード費」など商品を取り扱うための煩雑な費用徴収を行った[33]。これは，メーカーにとって，販売コストが大きく上昇することになる。

そのため，ワハハなどの国内飲料メーカーは卸売商との取引を重視した。また，国内各地での飲料消費の増加に伴い，多段階取引の卸売商チャネルは隅々まで商品を届けるといった，飲料商品の流通における重要な役割を果たしていた。図 3-2 に示した通り，2008 年卸売販売額は前年の 360 億 4,000 万元から 673 億 8,000 万元に急増し，小売販売額の 466 億 6,000 万元を大きく上回ることになった。

1999 年飲料上位 10 位のうち，国内メーカー 6 社がランクインしていたが，2009 年になると，1 位のワハハのみとなった（表 2-12）。有力メーカーとして 1990 年代に大きく成長した健力宝や旭日昇，楽百氏などはランキングから姿を消した。一方，コカ・コーラやペプシコのほか，頂新やロッテ，ネスレなど

表 2-12　軟飲料メーカーの上位企業（2010 年度）

	企業名	資本
1	杭州娃哈哈集団有限公司	内資系
2	可口可楽装瓶商（東莞）有限公司	外資系（コカ・コーラ）
3	広州頂津食品有限公司	外資系（頂新）
4	楽天奥的利飲料有限公司	外資系（ロッテ）
5	広州頂津飲品有限公司	外資系（頂新）
6	広東太古可口可楽有限公司	外資系（コカ・コーラ）
7	東莞雀巣有限公司	外資系（ネスレ）
8	杭州中萃食品有限公司	外資系（コカ・コーラ）
9	百事（中国）有限公司	外資系（ペプシコ）
10	康師傅広州飲品有限公司	外資系（コカ・コーラ）

出所：中国報告網 http://www.chinabaogao.com により作成。

の外資系メーカーはシェアを拡大していった。

3　日用化学品産業

3.1　産業の形成と制度改革

　日用化学品は，中国では大きく洗滌用品と化粧品の 2 つに分類される。近年，その市場特性から，洗剤などを中心とするホームケア用品と，オーラルケアやヘアケア，スキンケア，メークアップなどを中心とするパーソナルケア用品にも分けられている。

　生活の必需品として清潔用品の製造は，かなり古い時期にさかのぼる。古代中国には，豚のすい臓で身体を洗浄したり，灰汁やサイカチの実の煮汁を洗濯に使用する伝統もあった。一方，石鹸や洗剤などの日用化学品が産業製品として中国に登場したのは 20 世紀初頭である。19 世紀後半，日本製や英国製の洗濯石鹸がすでに上海で販売されていた。それに刺激され，一部の民族資本家は天津や上海で石鹸やローソク，歯磨剤などを生産する工場を次々と設立した[34]。

　1949 年，これらの工場は政府に接収され，統合や再編を経て国営企業に変

わった。人口の増加に伴い，各地に石鹸や歯磨剤の工場が配置された。1980年までに年間生産量は，歯磨剤は7億7,100万本，石鹸は85万2,000トンに増加した（表2-13）。

一方，洗濯洗剤の開発と生産は，1950年代の天然油脂原料の減少による石鹸の供給不足を背景に，政府主導で進められた。1958年，天津市地方国営合成洗滌廠が天津に設立され，「潔友」ブランドで洗濯洗剤を発売した。当初生産はほとんど手作業であったが，1964年にステンレス製噴霧乾燥塔を完成し，ようやく機械化を実現した。1960年代から70年代にかけて，徐州，成都，太原，蘭州，西安，長沙，広州，沙市などの石鹸メーカーや油脂化学メーカーは生産ラインを導入した[35]。1983年まで，全国の洗剤工場は70社に達し，華東地域と中南地域はそれぞれ17社，華北地域13社，東北地域11社，西南地域4社と西北地域8社の体制となった。

1986年，石鹸・洗剤産業の企業数は216社，従業員数は約10万人，総生産高は37億8,400万元に達した。計画経済による日用化学品の統一購買・統一販売が続いたが，1980年代中期からメーカーは指定された商業企業を頼らず，自ら販路を開拓する「自銷」（直販）が増えた。1986年，国営商業企業の洗濯洗剤と石鹸の販売量はそれぞれ前年比12.8%，6.4%増加したのに対し，メーカーの直販は37.8%，27.5%の増加となった[36]。

また，1980年代後半から同業企業間の連携，いわゆる「横向連営」が日用

表2-13　歯磨剤，石鹸，洗濯洗剤の年間生産量の推移（1949－1980年度）

歯磨剤（億本）		石鹸（万トン）		洗濯洗剤（万トン）	
1949	0.21	1949	3.00	－	－
1952	0.84	1952	12.00	1959	0.57
1957	1.30	1959	41.60	1960	0.95
1962	1.47	1961	20.00	1965	3.00
1965	2.27	1966	35.40	1970	9.26
1970	4.19	1973	56.20	1975	22.34
1975	5.23	1975	61.10	1978	32.41
1980	7.71	1980	85.20	1980	39.32

出所：『中国軽工業年鑑』(2008年)，310頁より作成。

化学品産業に広く見られた。技術的に先行し優れた製品やブランドを持つ大規模な国営メーカーが，委託生産を通じて中小規模メーカーに技術提携・指導を行うことが多くあった。計画経済体制の下，石鹸メーカーは各地に分散配置されており，国内市場も地域的に分裂していた。横向連営により，大規模な国営メーカーが自社製品の販路を拡大していくといった狙いもあった[37]。例えば，天津合成洗滌剤廠は，自社の優良商品である酵素入り洗剤を張家口，太原，西寧などの企業に配合処方や生産技術，商標を提供した。また，洗剤メーカーは化学原料やプラスチック包装材料などのサプライヤーと提携したり，商業企業と共同で販売会社を設立したりといった垂直的連携も見られた。

　1987年，日用品化学メーカーの多くは，企業経営を請け負う工場長責任制，職務責任や業績評価を明確化する経済責任制を導入した。また，政府の行政的関与から脱却するために，自主的経営の契約を結んだ。この契約により，政府に一定の利益を上納する約束をし，超過した分は企業の内部保留とし，より自由な経営を目指した。例えば，済寧合成洗滌剤廠と済寧市政府，沙市日用化工総廠と沙市政府および財政局との間に，こうした請負契約を結んだ。

　石鹸・洗剤分野の総企業数は1987年に一時176社にまで減少したが，1989年には再び237社に増加し，従業員数が全体で11万人に達した。総生産高は前年より6.4%増の46億3,800万元となり，このうち合成洗剤が前年より19.37%増の24億300万元に対し，石鹸は22億3,500万元で前年より2.4%下落した[38]。一方，歯磨剤分野は，企業数42社，従業員数1万2,000人で，総生産高6億8,000万元に達した。

3.2　構造変化と外資の参入

　1990年，日用化学産業が政府の戦略調整の対象とされ，油脂や石鹸購入の財政補助が撤廃された。同年7月，政府は洗剤や石鹸の販売価格の30〜40%引き上げを実施した。また，この時期から製品構造が大きく変化し，石鹸の年間生産量は1988年の119万7,700トンをピークにそれ以降減少し続け，1999年には56万4,100トンとなった。一方，洗濯洗剤は1988年の131万8,100トンから1999年に284万8,500トンに増加し，全体の83.47%を占めるまでになった（図2-3）。

46 第2章 中国における一般消費財産業の発展

図 2-3 石鹸と洗濯洗剤の年間生産量の推移（1988-1999年度）（単位：万トン）

	1988	1989	1990	1991	1992	1993	1994	1995	1996	1997	1998	1999
合成洗剤	131.81	146.56	151.42	146.17	166.61	188.24	217.02	299.30	262.20	279.91	280.71	284.85
石鹸	119.77	111.10	106.65	90.45	83.82	84.90	79.86	82.69	73.33	64.33	51.51	56.41

出所：『中国軽工業年鑑』（1989-2000年）より作成。

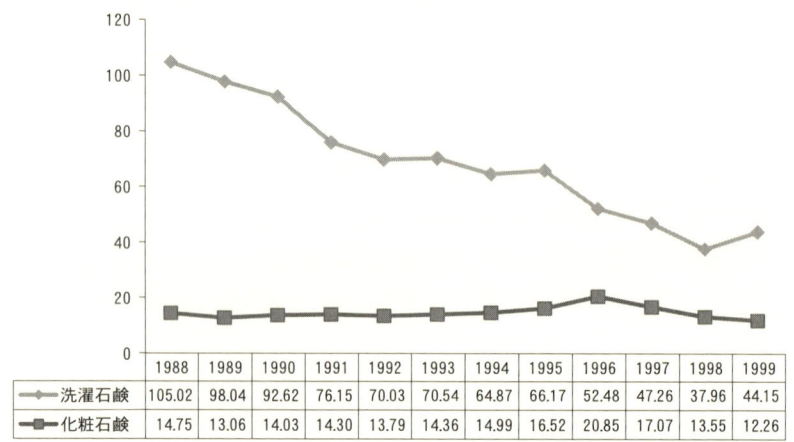

図 2-4 洗濯石鹸と化粧石鹸の年間生産量の推移（1985-2001年度）（単位：万トン）

	1988	1989	1990	1991	1992	1993	1994	1995	1996	1997	1998	1999
洗濯石鹸	105.02	98.04	92.62	76.15	70.03	70.54	64.87	66.17	52.48	47.26	37.96	44.15
化粧石鹸	14.75	13.06	14.03	14.30	13.79	14.36	14.99	16.52	20.85	17.07	13.55	12.26

出所：『中国軽工業年鑑』（1986-2002年）作成。

　他方，石鹸では，全体の8割以上を占める洗濯石鹸の縮小が顕著であるが，化粧石鹸は微増傾向にあり，1990年に前年より7.43％増の14万300トンに達し，石鹸全体に占める割合が11.75％から13.15％に上昇した（図2-4）。
　化粧石鹸の中で，特に中・高レベルの商品は好調な販売を見せた。その背景には外資系企業の中国進出があった。1930年代に上海で「力士（LUX）」ブ

ランドの化粧石鹸を販売し，1949年に中国市場から撤退したイギリスのユニリーバ（Unilever）は，1986年に上海制皂廠との合弁により上海利華有限公司を設立し，「上海LUX」ブランドにより化粧石鹸の販売を始めた。また，プロクター・アンド・ギャンブル（P&G）は1988年に香港商社のハチソン・ワンポア，国営石鹸メーカーの広州石鹸廠との共同出資により広州宝潔有限公司を設立し，「海飛絲」（ヘッド＆ショルダーズ）や「飄柔」（リジョイス）ブランドで中国では初めてのシャンプーを売り出した。1993年に広州浪奇実業公司で委託生産した「舒服佳」（セーフガード）ブランドの殺菌効果を訴求する高級化粧石鹸を発売し，1994年に天津香皂廠との合弁により天津宝潔有限公司を設立し，セーフガードの生産規模をさらに拡大した。

生活水準の上昇に伴い，格段にレベルの高い商品に触れた中国の消費者は，次第に品質の高いものを求めるようになった。これに刺激され，国内メーカーも海外から設備を導入し，技術の改善により良質で手頃な商品の開発に努めた。

一方，1993年に植物油脂の国際価格の高騰，人民元の切り下げにより，原材料の多くが輸入に依存する国内石鹸メーカーは，調達コストの大幅な上昇に直面した。また，洗濯石鹸の市場規模の縮小が重なり，大半のメーカーは経営不振に陥った。しかし，この時期に唯一急成長した企業は，ナイスであった。同社は従来の石鹸を代替する革新的な商品を発売し，国有商業のほか，卸売市場といった新たな販売チャネルの開拓により，一気に市場シェアを高めた。

洗剤分野では，外資系メーカーと比較的大規模な国有企業との合弁が多く見られた。P&Gは1992年8月に広州宝潔洗滌用品有限公司を設立し，「碧浪」（アリエール）洗剤の生産を始め，1993年12月に北京と成都にそれぞれ合弁会社の北京熊猫宝潔洗滌用品有限公司と成都宝潔有限公司を設立し，「汰漬」（タイド）洗剤の生産を始めた。また，1994年3月に洗剤生産3つ目の合弁会社広州浪奇宝潔有限公司を設立した[39]。ユニリーバは1994年に上海合洗，上海日化の3社共同出資により上海聯合利華有限公司を設立し，「奥妙」（オモ）ブランドにより濃縮型洗剤の製造・販売を行った。ドイツのヘンケル（Henkel）は天津合洗と合弁会社の天津漢高を設立し，「宝瑩」（パーシル）ブランドにより洗剤を発売した。

1997年，外国企業が設立した合弁企業，合作企業，独資企業，いわゆる

「三資企業」は21社に達した。同年，合弁企業の洗剤商品の市場シェアは35％であった[40]。外資系メーカーは大規模な広告展開により，いち早くブランドを確立させた。一方，国内合弁相手のブランドにはあまり資源を投入せず，生産を徐々に縮小し，中止させていった。

合弁を果たせなかった小規模な洗剤メーカーは，外資系企業との激しい競争に引きずり込まれた。高品質・高価格の外資ブランドの洗剤は，都市市場を中心に販売されたのに対し，国内洗剤メーカーは中・低品質の商品を低価格で農村地域を中心に販売した。こうした棲み分けは2000年代前半まで続いた。

洗剤分野のみならず，歯磨剤，シャンプー分野にも類似現象が見られた。歯磨剤分野において，1988年，ライオンは三菱商事や共栄商事，青島経済技術開発区経済発展有限公司と共同出資により青島獅王日用化工を設立し，中国市場に進出した。また1992年10月，コルゲートは広州潔銀日用化工廠と合弁会社を設立し，「高露潔」（コルゲート）ブランドにより歯磨きを発売した。ユニリーバも1994年1月，「中華」「美加浄」の2つの有力ブランドを持つ上海牙膏廠と合弁事業を設立した。さらに，P&Gは1996年に「佳潔士」（クレスト）を中国市場に向けて発売した。

一方，シャンプー分野において，P&Gは「ヘッド＆ショルダーズ」，「リジョイス」のほか，「潘婷」（パンテーン）を展開し，1社だけで市場全体の約6割を占めるようになった。また，ユニリーバも「力士」（ラックス），「夏士蓮」（Hazeline），「多芬」（ダヴ）など多数のブランドを展開した。

こうした寡占市場は，国内の後発メーカーの参入には大きな壁となった。初期投資が比較的少ないこともあり，シャンプーを製造する国内メーカーは次々と現れたが，いずれも大規模化できず，ブランドの入れ替えが激しかった。ユニークな発想やマーケティング展開により，一時急成長したのは，香港企業と合弁した重慶奥妮化粧品有限公司であった。同社は「奥妮」や「100年潤髪」などのブランドを展開し，初めて植物原料や漢方薬配合のコンセプトを取り入れ，1997年にシェアを12.5％に高めた。また，香港資本の丝宝集団の「舒蕾」は小売店頭での大規模な販促手法により，シェアを拡大させた。

3.3 新たな産業構造の形成

2000年代，日用化学品産業では大きな構造変化が見られた。1990年代後半からナイスなどの国内メーカーは農村地域を中心に低価格の商品を展開し，急速に成長した。これらの企業は，国営メーカーに代わって，徐々に業界をリードするようになった。また，競争力を持ち始めるにつれ，都市市場を取り込もうとした。特に1999年にナイスは石鹸から洗剤に参入し，低価格戦略と情緒訴求の広告展開により，2001年に一躍業界のトップ企業となった。

一方，外資系企業は，独資化を進め，また低価格戦略により農村市場の進出を加速した。1998年以降，ユニリーバやP&Gは合弁事業から出資を撤退したり，全株式を取得して外資独資企業への転換を図ったりした。独資化に伴い，各地の合弁事業の運営や管理を一本化し，コスト削減とともに，本国の経営方針を強めようとした。また，国内企業の成長に脅威を感じ，既存ブランドの価格の全面的な引き下げを実施し，価格競争を拡大させた。ユニリーバは1999年末「OMO」の平均小売価格を大きく引き下げ，P&Gは2003年からアメリカ本社の新興国市場開発戦略の一環として，中国に持ち込んだほとんどすべての商品の値下げを実施した。

2000年代前半，国内メーカーは上位のシェアを維持することができたが，P&Gの「タイド」やユニリーバの「オモ」のシェアも上昇した。その追い風となったのは，都市市場における小売チェーンの普及，特にウォルマートやカルフールなどの外資系小売企業の中国市場での拡大であった。これまでの先進国市場での取引を通じて，売場陳列などの面で多くの経験やノウハウを蓄積し，強いブランド力や品揃え提案力を持つ外資系メーカーは，都市市場で競争優位を築くことができた。

洗滌類商品において，卸売販売額は1998年から2001年までに60億元台で横ばいが続いたが，小売販売額は1998年の40億1,000万元から2001年に103億1,000万元に急増した。2000年には卸売販売額を超過し，それ以降も増加し続けた。しかし，卸売販売額は小売販売額より下回るものの，2005年以降も急速な伸びを見せている（図2-5）。

このように，国内メーカーにとって，都市市場の進出は困難であった。農村地域で築かれた販売ネットワークやチャネル運営のノウハウは，小売チェーン

図2-5 洗滌類商品の年間卸売販売額と小売販売額の推移（1998—2008年度）（単位：億元）

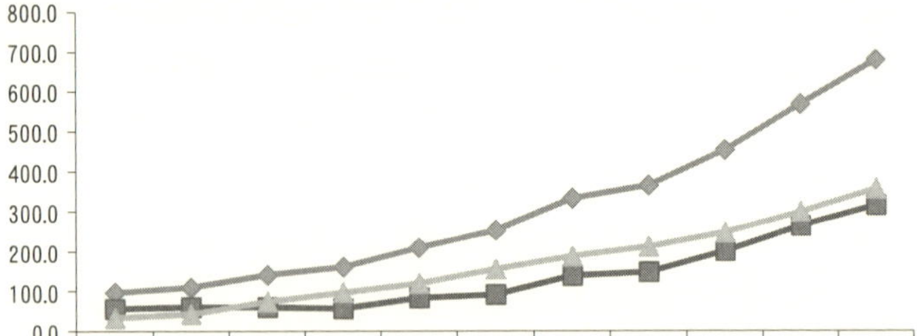

	1998	1999	2000	2001	2002	2003	2004	2005	2006	2007	2008
合計	102.7	116.0	147.2	166.5	215.0	259.1	338.1	370.5	458.3	572.3	682.4
卸売販売額	62.6	66.8	66.7	63.4	89.5	97.9	144.7	153.5	205.8	268.6	320.6
小売販売額	40.1	49.2	80.5	103.1	125.5	161.2	193.5	217.0	252.5	303.7	361.8

注：一定規模以上卸売企業と小売企業の統計による。
出所：『中国統計年鑑』各年版より作成。

との取引には適応できない。また，ブランド力の弱さや製品ラインの少なさなどにより，チェーンストアに対する交渉力も弱い。さらに，外資系企業の大規模な値下げによる国内企業の低価格訴求力も低下し，すでに限界水準に下げられたため，チェーンストアの値引き交渉に応じられないといった問題もあった。

価格競争の拡大は収益構造を圧迫し，企業体力の消耗戦が長引くと，新商品開発への投資ができなくなり，持続的な成長を図ることが困難となる。こうして，2000年代半ばから，国内メーカーは高機能・高付加価値商品の開発，新たな商品分野の参入などに取り組むようになった。一方，外資系メーカーの農村市場進出に対抗し，自社のチャネル基盤を強化した。

2000年代の日用化学品産業のもう1つの特徴は，ブランドの獲得を目的とするM&Aであった。特に化粧品分野では，外資系メーカーによる国内ブランドの買収が相次いだ。ロレアル（L'Oreal）は2003年12月に「羽西」，2004年1月に「小護士」（ミニナース）の2社を買収した。また，ジョンソン＆ジョンソン（Johnson & Johnson）は2006年に「大宝」の51％の株式を買収した。2008年にさらに全株式を取得し，完全子会社化した。歯磨剤分野では，コルゲートは2005年に合弁相手の三笑集団が保有する30％の株式と「三

笑」の商標権を買収し，合弁事業を外資独資企業に変更した。シャンプー分野では，ドイツのバイヤスドルフ（Beiersdorf）は2007年10月に丝宝集団を買収し，シャンプーブランドの「舒蕾」「風影」「順爽」を手に入れた。

一方，国内メーカーにも買収の動きが見られた。洗剤メーカーの立白は，2005年10月に「藍天」「藍天六必治」のブランドを持つ天津市藍天集団を買収し，歯磨剤市場に参入した。また，同社は2006年10月に化粧品ブランドの「高姿」を買収し，より付加価値の高いシャンプーや化粧品市場への参入も果たした。ナイスは，2006年にイギリスの中獅グループ傘下の香港奥妮，裕暘，莱然の3社を買収し，シャンプー市場に参入した。

頻繁なブランドの買収やM&Aは，産業構造を大きく変えた。外資系企業にとって，中・低レベルの市場を中心に展開した国内ブランドの買収は，農村市場進出の好条件となった。

表2-14　中国の上位日用品製造企業（2008年度）

製品分野と企業名	主要事業売上高（万元）	総資産（万元）	従業員数（人）	売上利益率（％）	資産利益率（％）
石鹸と洗濯洗剤					
広州宝潔有限公司※	2,625,926	1,669,056	3,758	21.63	34.04
安利（中国）日用品有限公司※	1,765,464	829,976	5,747	28.54	60.70
納愛斯集団有限公司	858,791	469,247	6,168	6.87	12.57
南風化工集団股份有限公司	287,943	408,890	10,578	4.40	3.10
安徽全力集団有限公司	80,045	71,697	2,712	14.11	15.76
化粧品					
江蘇隆力奇集団有限公司	707,927	352,817	4,924	4.43	8.89
聯合利華（中国）有限公司※	516,563	309,356	3,023	7.24	12.09
雅芳（中国）製造有限公司※	276,728	185,753	2,050	6.65	9.90
資生堂麗源化粧品有限公司※	184,392	158,337	3,317	25.80	30.04
松澤化粧品（深圳）有限公司※	79,362	103,403	2,552	2.08	1.60
オーラルケア用品					
柳州両面針股份有限公司	62,448	351,650	2,057	15.93	2.83

注：※は外資系企業。
出所：『中国大型工業企業年鑑』（2009年），157頁。

2008年度の上位日用品製造企業のうち，P&Gは他社よりはるかに高い売上高や利益率をあげていた（表2-14）。化粧品分野では，首位の隆力奇を除いてすべて外資系企業であった。外資系企業との厳しい競争を強いられる中，今後国内企業がどのように成長を遂げていくかは大きな課題である。

4 中国一般消費財産業の発展の特徴

本章では，改革開放以降の中国で，衣料品，飲料，日用化学品の3つの産業がどのように発展したのかについて見てきた。これにより，以下のような共通点が明らかになった。

第1は，産業をリードする主役の変化である。改革開放以降の30年間，3つの産業はともに飛躍的な発展が見られた。計画経済体制では主役であった国営メーカーは，外資系企業との合弁を果たしたが，経営体質が改善されず，自社ブランドを失ったりする結果になった。代わりに産業の発展をリードしたのは，「市場」を強く意識する民営企業である。具体的には，衣料品産業では郷鎮企業，飲料産業では炭酸飲料以外の製品分野に特化した企業，また日用品産業では従来の小規模な国営メーカーから転換した企業であった。

第2は，外資系メーカーとの関係が，提携関係から競合関係に変ったことである。一般消費財分野においても，当初は海外の先進的な技術や経営手法を求めて，国営企業が外資系企業との合弁を積極的に行っていた。一方，合弁を果たせなかった小規模な民営企業が成長するにつれ，次第に外資系企業と競合関係を持つようになった。衣料品産業では，先進国の生産拠点として当初輸出を中心とする拡大が見られたが，1990年代後半から市場開放による規制緩和や消費市場の拡大を狙って，外国ブランドが次々と中国に進出し，ブランド競争が激化した。一方，飲料産業や日用品産業では，いずれもグローバル大手企業の早期の進出が見られ，1990年代半ば頃から国内企業との間では激しい競争が繰り広げられるようになった。

第3は，市場や競合環境の変化につれ，各産業は構造的な転換期を迎えたことである。改革開放当初，外資系メーカーは格段にレベルが高い商品を中国に

持ち込み，いくつかの分野で寡占体制を築いた。国内企業はそれに対応するために，外資系企業が参入していない分野に資源を集中的に特化し，低価格を武器としたり，特に外資が浸透していなかった農村市場を中心にチャネル展開を行った。しかし，後に相互の市場進出により，従来の棲み分けが崩れ，価格競争が激化した。そうした中で，競争力を持つようになった有力な国内企業は，高機能・高付加価値の商品・ブランドの開発を強化することにより，成長を図ろうとした。これは主に飲料や日用品分野に見られた現象であった。一方，衣料品産業では，人件費の上昇などにより，低コスト構造の維持が困難となり，低付加価値の輸出依存からの脱却が産業全体の課題となった。また，有力メーカーは繊維素材・紡織技術の改善や新製品・新技術の開発により，成長を図ろうとした。

　中国の経済移行期において，特に外資系メーカーとの厳しい競争の中で，国内メーカーの浮き沈みも激しかった。優れたマーケティング手法を用いて一時はブームに乗り急成長したが，後に経営が悪化し，M&Aの対象とされた企業も少なくなかった。詳しい検証は別稿に譲りたいが，その失敗の原因をまとめてみると，いずれも商品開発・生産・販売といった機能面の展開，もしくは企業拡大に伴うマネジメントや組織体制の整備に問題が生じたからである。つまり，中国の一般消費財メーカーにとって，成長を遂げていくには機能的側面とマネジメント的側面の両方をうまく調整し，遂行していかなければならなかった。

　では，これら産業において，首位に成長した国内企業のヤンガー，ワハハ，ナイスがなぜ，どのようにして成長を遂げたのか，次章から具体的に分析する。

注
1　銭有青「我国服装工業発展的現状与対策」『中国工業経済』，1988年4月期，27頁。
2　日中経済協会『中国のアパレル産業』，1987年，7頁。
3　近藤和明「改革開放後の中国流通政策」『同志社商学』，2001年3月第52巻，366頁。
4　「皮尓卡丹公司在京挙办時装展覧」『新聞記者』，1986年3月，42頁。
5　日中経済協会『中国のアパレル産業』，10，18-19頁。
6　富澤修身「中国の紡織・アパレル産業と日中合弁企業」『経営研究』（大阪市立大学）第52巻3号，25頁。
7　紡績行業聯系冊編輯部編『跨世紀的中国紡績業』中国紡績出版社，2000年，55頁。
8　山下睦男『中国流通経済論』葦書房，2000年，190-191頁。
9　銭有青「我国服装工業発展的現状与対策」，28頁。

54　第2章　中国における一般消費財産業の発展

10　中国紡織工業年鑑編輯委員会編『紡織工業年鑑　1993年版』, 125頁。
11　紡績行業聯系冊編輯部編『跨世紀的中国紡績業』, 7, 32頁。
12　呉小丁「社会経済発展―我国大型百貨店衰落的原因」『経済縦横』(54), 2000年5月号。
13　『中国紡績工業発展報告2004〜2005』, 392頁。
14　日本貿易振興機構『中国主要産業の現状と展望―21世紀の産業を占う―』, 1999年, 266-267頁。
15　季学源・陳万豊『紅帮服装史』寧波出版社, 2003年, 3頁。
16　佐々木信彰『現代中国経済の分析』世界思想社, 1997年, 67-68頁。
17　陳立平「中国の小売チェーンにおける『連営制』の生成と展開―百貨店業態を中心に―」『流通情報』, 第493号, 2011年11月, 91頁。
18　「五大影響亟待認識」『中国技術市場報』, 2002年3月2日。
19　『中国紡績工業発展報告2004〜2005』, 52頁。
20　「従紡績大国邁向紡績強国」『人民日報海外版』, 2000年7月3日。
21　中国紡績工業協会「紡績工業科技進歩発展綱要」『紡績科技進展』, 2005年1月期, 76-80頁。
22　『中国紡績工業発展報告2004〜2005』, 492頁。
23　『中国軽工業年鑑1985年』, 180頁。
24　大西憲『中国の産業と企業―中国の香料, 化粧品, 食品業界をモデルケースとして―』フレグランスジャーナル社, 1995年, 200頁。
25　王志楽「可口可楽在中国的投資与発展」『中国外資』, 1998年10月, 36頁。
26　『中国軽工業年鑑1992年』, 328-329頁。
27　大西『中国の産業と企業』, 203-213頁。
28　白石和良『中国の食品産業―その現状と展望―』社団法人農山漁村文化協会, 1999年, 420頁。
29　『中国食品工業年鑑1997年』, 307頁。
30　中島正道『食品産業の経済分析』日本経済評論社, 1997年, 25-26頁。
31　劉濤「康師傅, 超常発展的品牌」『決策与信息』, 1998年第9期, 26頁。
32　「『外商投資商業企業試点辨法』頒布」『領導決策信息』, 1998年第28期。
33　中国小売チェーンのバイイング・パワーの問題について, 以下を参照。渡辺達朗「中国食品小売業のダイナミズム―チェーン小売企業の動向とバイイング・パワー問題を中心に―」『流通情報』, 第43巻1号, 2011年5月, 8-20頁。白桃書房, 2013年。
34　大西『中国の産業と企業』, 132-135, 185頁。
35　同上, 145-148頁。
36　『中国軽工業年鑑1987』, 203頁。
37　同上, 204頁。
38　『中国軽工業年鑑1990』, 225頁。
39　趙麗洲・丁躍進「宝潔（中国）公司不再与中方分羹」『社会科学報』, 2002年12月19日。
40　『中国軽工業年鑑』, 1998年版, 209頁。

第3章

雅戈尔集団（ヤンガー）

　本章では，中国最大の紳士服メーカーであるヤンガーの事例を取り上げる。零細な下請工場からスタートした同社は，中国アパレル産業においても最大規模である。ヤンガーの成長戦略において，最も特徴的なのはサプライチェーンにおける垂直統合である。すなわち，素材・生地の生産から商品企画，製造，最終製品の小売販売までの一連の機能を内部統合し，また情報システムにより全体の連携や機能間の調整を行ったことである。これまで分業構造が一般的であった繊維・アパレル産業において，ハード的にもソフト的にも統合しようとしたヤンガーの展開はきわめて稀であると言える。

　本章では，ヤンガーの成長プロセスの分析を通して，(1)サプライチェーンの統合戦略がなぜ採用されたのか，(2)こういった戦略を実現するために，経営資源をどのように整備・調整し，どのようなマネジメント制度や組織体制を整備したのか，(3)このような戦略展開がヤンガーの組織能力の構築にどのように関係するのか，そしてどのような課題が伴っているのか，といった問題を明らかにする。

　そのため，本章はヤンガーの成長段階に沿って4つの節に分け，議論を進める。第1節では下請工場として，いかにして生産技術を取得し，自社ブランドを開発したのかについて分析する。第2節では，多角化によるグループの形成，株式会社化，また全国的な販売組織の展開がどのように進められたのかについて議論する。第3節では，ヤンガーにとって最も重要である垂直統合化戦略，すなわち小売事業や繊維・紡織事業の展開，情報システムの整備などを考察する。第4節では，新たな戦略転換を迎えたヤンガーの新素材開発，海外事業の買収，多ブランド化，組織体制の調整などを分析する。最後の第5節では本章をまとめ，ヤンガーの成長経緯を整理し，またそれが抱える問題点につい

て議論する。

1　下請工場の時代（1979－1987 年）

1.1　青春工場の設立

　ヤンガーの前身は，1979 年末に浙江省寧波市鄞県石碶鎮に設立された「寧波青春服装廠」（以下青春工場）である。文化大革命後，農村で再教育された"知識青年"が徐々に都市に戻されたが，農村で結婚した人，あるいは政治的"身分"に問題のある人たちは都市に戻れず，農村地域の社隊企業などに配属された。また，家庭成立の補助金として，政府から「知青安置費」が提供された。青春工場は，このような知識青年 20 数人が集めた 2 万元の知青安置費を資本金として設立されたのである。社名を「青春」としたのは，当時大半の従業員が比較的若かったからである。

　設立当初，青春工場は鎮の芝居場の地下室にあり，従業員が自ら持ち込んだ自家用のミシン，椅子の"両大"と，はさみ，物差しの"両小"がわずかな設備であった。全く技術が不備であったため，簡単なものしか作れなかった。大きな仕事は，主に 2 つあった。1 つは，寧波市内の国営メリヤス工場からのチョッキ，毛糸のズボン下などの下請生産であり，一枚の加工賃がわずか 0.07〜0.2 元であった。もう 1 つは，西北地域の国営卸売企業が上海に設けた二級站（2 級商品調達先）に半ズボンや袖カバーを納める受注生産であった。改革開放当初，深刻な物不足のため，品質が少々悪くてもすぐ売り切れるほどであった。しかし，その後，二級站の経営が悪化し，青春工場は困難な経営状況に陥った。資金不足による従業員給料の未払い問題が発生し，工場内では混乱が続いた。また，工場の管理者の多くは旧農村幹部であり，文革時代の闘争意識が強く，工場の経営には無関心であった[1]。こうして，青春工場は設立から 2 年も経ずして存続の瀬戸際に立たされたのである。

　後にヤンガーの経営者となった李如成は，1980 年末に最後に都市に戻る知識青年の中の 1 人であった。1951 年に生まれた彼は原籍が寧波であったが，幼い頃上海に住んでいた。父は，上海のある病院で調理師をしていたが，1958

年に「右派」のレッテルを貼られた院長に同情したため,「敵対的矛盾」という罪に問われ,懲役15年の判決を受けることになった。その後,李如成の家族も上海から本籍地である寧波郊外の段塘村に引っ越した。生活が困難な状況に陥り,家族6人中3人が相次いで命を失った。苦しい生活に追われた李如成は,親戚からの援助でなんとか7年間ほど学校に通うことができた。1966年,15歳の彼は自ら志願して農村地域の灯塔大隊雅渡村に行き,スイカの栽培,家禽の飼育,畑の耕作などの仕事をし,約15年間の農村生活を送った[2]。

1981年1月,李如成は青春工場に入社した。最初の仕事は,建設中の工事現場での手伝いであったが,勤勉かつ誠実な勤務態度により,彼はすぐに裁断チームのリーダーに任命された。当時は,ちょうど青春工場が倒産の危機に瀕したときであった。

計画経済体制がまだ機能していた1980年代において,原材料などの物資は基本的に政府の統一的分配に依存した。しかし,計画体制の枠外に置かれた青春工場は,ほとんど原材料の割り当てを受けることができず,運がよいときだけ国営紡織工場の「計画外」の在庫製品を調達できるのみであった。それも化学繊維が多く,当時は高価な綿などの天然繊維は青春工場では手の出ないものであった。

李如成は偶然,ある友人から東北地方にある国営織布工場の吉林遼源経編廠が多くの生地在庫を抱え,それらの在庫を加工する下請工場を探しているという情報を入手した。彼は浙江省から遠く離れた吉林省の同工場に駆け付け,テリレン生地12トンの加工を請け負う契約を結んだ。これにより,1982年青春工場は約20万元の利益をあげ,従業員の月給が24元から70元余に引き上げられた。また,決定力と行動力を合わせ持つ李如成は1983年10月に工場長に抜擢された[3]。

青春工場の経営状況が改善されたのをみた鎮政府は,鎮内のある小規模な国営アパレル工場を青春工場と合併させた。実はこの工場は赤字経営が続いており,政府にとって大きな負担となっていたため,合併は進められたのである。しかし,安定した仕事がほとんどなかった青春工場にとって,合併が人員規模を膨らませただけであった。こうした状況に対し,李如成は副工場長による内部請負制,生産性を向上させる出来高賃金制を導入した。当然,これは計画経

済に馴染んでいた一部の社員から大きな反発を受けることになった。しかし，新制度は従業員の働く意欲を引き出し，生産性の上昇をもたらした[4]。

1.2 製造技術の取得

　李如成は，経営の不安定性を回避するために比較的高度な製品を生産する技術の取得が必要であると考えた。1983 年，彼は寧波朝陽服装廠に勤めていた友人の邵根義から，上海の有名な国営シャツメーカーの開開が下請工場を探していたという情報を入手した。「開開」ブランドのシャツは優れた品質により消費者の支持を得て，好調な売れ行きを見せていた。生産規模の拡大が必要となるにつれ，開開は委託工場を増やそうとした。邵根義の兄は上海静安区百貨公司の総経理であり，開開は彼らの傘下企業でもあった[5]。

　邵氏兄弟の紹介を通じて，李如成は開開から委託業務を受けようと考えた。しかし，当時の青春工場の規模が小さく，シャツの生産技術を持たず，受託はほとんど不可能であった。なんとしてもチャンスを得ようとする李如成は，持ち前の誠意を持って説得し，開開の責任者が青春工場で実地調査を行うに至った。また，上海から 8 名のテイラーを高賃金で雇い，設備更新の計画を立て，品質や技術のレベルが向上する可能性を示した。

　開開の調査の結果，青春工場は十分に開開の下請業務を遂行する能力があると判断され，1983 年から委託業務を開始した。当初の加工賃がシャツ 1 枚 0.5～0.6 元程度であったが，開開からシャツの生産技術の移転を受けることにより，新たな成長機会に恵まれた。翌 1984 年，青春工場はさらに開開から商標の有償提供と技術供与を受け，分工場として 30 万枚の「開開」シャツの自主生産・販売のライセンス契約を結ぶことができた。生産規模を拡大するために，青春工場は敷地面積 3,000 平方メートルの 5 階建ての新工場ビルに移転した[6]。

　国営企業から郷鎮企業への技術移転は一般的に「横向連営」（同業企業間の連携）と呼ばれ，全国的に普及したのは 1980 年代半ば以降である。青春工場は寧波市において国営企業と提携した最初の企業となり，先導的役割を果たした。また，横向連営を通じて，青春工場はわずか 2～3 年の間で上海の 20～30 年の歴史を持つ国営工場の技術レベルに達し，技術や資本の蓄積ができ，人材

育成を含む経営のノウハウを多く学んだ。

　しかし，開開との提携だけでは青春工場の自立を図ることが難しいと考えた李如成は，次第に自社ブランドの開発を考え始めた。生活水準の上昇に伴う消費需要の拡大に刺激され，青春工場は1984年に「北侖港」をブランド名にシャツの発売を試みた。北侖港は，寧波にある深海港の名前であり，寧波が沿岸開放都市と指定されて以降，同港は寧波の輸出入において大きな役割を果たすようになっていた。李如成は北侖港の知名度を借り，手頃な価格のシャツで市場を開拓しようとした。また，シャツだけでなく，青春工場は上海国営アパレル工場の愛華と共同で「愛青」ブランドのオーバーコートも発売した。後に「北侖港」シャツのヒットを受け，オーバーコートも「北侖港」ブランドで展開するようになった。開開の委託業務や自主ブランドの開発により，青春工場は好調な業績をあげるようになり，純利益は1983年の40万元から84年の100万元に上昇し，85年には売上規模が1,000万元を超えるまでになった[7]。

　「北侖港」は年間300万枚規模までに拡大したが，「開開」「海螺」などの一流ブランドを追い抜くことができなかった。それは，地方ブランドとしての限界もあり，上海や北京などの大都市に進出することがきわめて困難であったからでもある。また，この時期フランスの「ピエール・カルダン」や香港の「金利来（Goldlion）」などの海外ブランドが次々と中国市場に進出した。1984年，中国市場におけるピエール・カルダンの輸入商品の売上高は約6億元にのぼり，ブランドの知名度が一気に上昇した。高級商品やファッションに触れるようになった中国の消費者は，次第に粗悪な低級品に満足できなくなった。1980年代後半に入り，物不足の状況が全般的に解消されるようになるにつれ，低級品市場は飽和状態になりつつあった。つまり，「作れば売れる」という時代が終焉を迎えた。

　1985年までの好調な売れ行きに刺激され，青春工場は自社の生産ラインを4つから8つに倍増し，また約20社の外注工場に生産を委託し，生産規模を拡大し続けた。しかし，その急拡大に品質管理・監督の面が追い付かなかった。品質の低下に，国内の低級品市場の低迷などが加わり，製品の売れ行きは鈍化し，1986年ではシャツが25万枚，コートや中山装が10万着，合計600万元に相当する在庫を抱えるようになった。また，工場の拡張や設備投資に

300万元を投資したばかりであったため，青春工場は再び困難な経営状況に陥った[8]。

在庫を処分するために，李如成は営業部門の担当者と共に，上海や北京，西安などの都市で店舗を借りて在庫品を売り捌いたり，直接小売店に安い値段で卸したりした。必死な努力により，青春工場はこの危機もなんとか乗り越えた。一方，李如成は生産規模が拡大し，一定の市場シェアを持つようになった段階で再び経営困難に陥った今回の経験を反省し，特に不良在庫を生じさせた「品質」問題が企業の存続に関わる重要な問題であることを強く認識するようになった。

こうして，1987年初めから青春工場は品質管理に力を入れ始めた。社内の生産管理の担当者を海外研修に派遣したり，有名ブランド10社のシャツを集め，それらの優れた点を分析したりして，自社製品の品質改善に活かした。また，国内外の品質認定基準を参考にしながら，品質管理・監督を強化した。

さらに，李如成はピエール・カルダンの中国進出で将来の衣料品市場の需要が必ずさらに格上げされると考え，すでに一定の市場シェアを獲得していた「北侖港」ブランドを撤退し，高品質の商品を展開することを決定した[9]。しかし，品質の改善を伴う新たな設備や技術の導入には多くの資金が必要である。1980年代後半に実施された政府の引き締め政策といった背景もあり，李如成のこうした戦略の実現は，企業の所有制改革や外資との合弁といった機会が到来するまで待たざるを得なかった。

2　企業グループの形成（1988－1997年）

2.1　合弁，多角化と株式会社化

1988年，青春工場は寧波市第1次株式改革のモデル企業に選ばれ，株式会社制度の導入を試みた。しかし，出資が従業員や李如成の親戚・知人に限られており，配当する際には，政府関係部門が難色を示した[10]。青春工場は一種の公有的性格を持つ集団所有の企業形態を持ち，制度的に郷・鎮の農村行政に帰属する「郷鎮企業」である。そのため，青春工場の経営や所有形態などの面に

おいて，鎮政府の意思に従わなければならない。また，翌1989年の天安門事件の影響によって経済が停滞し，初めての株式会社化は頓挫することになった。

その一方，1988年に発表された「沿岸地域経済発展戦略」により，沿岸地域の開放が一層推進され，独資企業，合資企業，合作企業といった「三資企業」による外国資本の導入が積極的に行われるようになった。アパレル分野では原材料と販売市場の両端を海外に置き，中国国内で加工生産を行う，いわゆる「両頭在外」の輸出加工業務も奨励された。

李如成も外資との提携による発展を考えたが，当時外国の多くが中国に対する経済封鎖を実施したため，合弁パートナーを探すのは容易ではなかった。1990年，李如成は対外貿易公司の党委員会書記である孔文淑からマカオ南光国際貿易有限公司の紹介を受けた。同社は，対外貿易経済合作部系列の中国紡織品進出口総公司がマカオに設けた現地会社であり，主に繊維製品の貿易業務を行っていた。同年8月，たまたまマカオ南光の副総経理を務める曹貞が杭州に訪れた際，李如成は青春工場の視察を提案した。視察後，マカオ南光は青春工場との合弁事業の設立に同意した[11]。

こうして，石碶鎮政府系列企業の石碶鎮工業総公司と青春工場との合計75％，マカオ南光25％の出資比率により，合弁会社の雅戈尓制衣有限公司が設立された。マカオ南光が出資率を25％に抑えたのは，すでに中国国内の2つのアパレル工場との合弁を行ったが，経営があまりうまくいかなかったため，青春工場に対しても出資に慎重になったからである[12]。なお，「雅戈尓」（YOUNGOR）という社名は，「青春」の"Young"の合成語に由来する。

合弁後，新会社はすぐに50万ドルを投じて，日本，ドイツから最新のコンピュータ操作の縫製設備や技術を導入し，海外工場の生産工程の配置や品質管理方法を参考にした。品質が大きく改善されたため，1990年に高品質・高価格の「雅戈尓」（YOUNGOR）ブランドのシャツが発売されると，同製品はたちまち市場から好評を博した。売上高は1992年の5,000万元から1993年には1億2,000万元に急増した。また，輸出額も1991年の100万ドルから1993年には500万ドルに達した[13]。

青春工場の急速な成長により，李如成は1991年に農業部の「全国優秀企業

家」に選ばれた。彼は表彰式に出席した際,他の代表から株式会社化と不動産開発という2つの情報を入手した。1980年代にかけて成長してきた国内企業の多くは,1990年代に入り新たな成長段階を迎えた。株式会社化が企業を活性化させるための有効な手法とされ,すでに一部の国有企業や集団所有制企業は政府の指導のもと,試行段階を経て所有制改革を行っていた。多くの企業が政府の行政的関与から脱却し,近代的な株式制度を導入するため,株式会社化とグループ化の動きは全国に広がった。また,外資との合弁を積極的に行い,先進的な技術や設備,マネジメント手法を取り入れようとする動きも見られた。さらに,本業だけでなく,不動産や国際貿易,金融などの事業にも進出し,事業の多角化により規模拡大を図る企業が急速に増えた。その背景には,中央政府が1990年以降,企業グループを積極的に発展させるための具体的政策と措置を制定し,企業の改組,連合および合併を進めながら,企業の組織構造の合理化を図り,競争力のある企業グループを組織するといった明確な方針を出したことがあった[14]。

　こうした中,李如成は事業の多角化と株式会社化にも取り組むようになった。1992年,彼は上海や寧波に貿易業務を行う雅戈尓国際貿易公司,雅戈尓国内貿易公司,寧波盛達発展公司,寧波保税区盛誠国際貿易有限公司の4つの貿易会社を設立した。また,ヤンガーは,不動産開発業務はまったく技術やノウハウを持っていなかったため,合弁パートナーのマカオ南光との共同出資により南光房地産公司と国貿物業公司の2つの不動産会社を設立した[15]。不動産事業は李如成が直接経営に携わるのでなく,マカオ南光公司から派遣された人材や新たに招いた寧波市政府の元幹部に経営を任せた。また,展開エリアについて,まず寧波市に限定し,約1,000ムーの土地を買いとった。一方,本業のアパレル事業では,政府からの要請を受け,経営不振に陥った国有企業を次々と買収・合併し,そして外資から資本参加を受けて設備導入や技術改良を行い,合弁会社へと転換させていくといった手法を取り,グループ化を図った。

　1993年3月,青春工場は寧波市政府の許可を得て,株式会社化を進めた。前回の失敗経験から,李如成は政府の干渉を避けるように政府系列企業との出資比率を25：75と明確化した上で,寧波青春発展公司を設立した。そして,1992年11月に青春工場の従業員の共同出資によって設立された投資会社の寧

波盛達発展公司からの出資を含む株式募集により，雅戈尓集団股份有限公司（以下はヤンガー）を設立した。出資比率は，寧波青春服装廠 45.29％，鄞県石碶鎮工業総公司 15.09％，寧波盛達発展公司 31.54％，ヤンガーの従業員 8.08％であった（図 3-1）。ヤンガーは寧波市で株式制度を導入した最初の郷鎮企業となり，設立時の企業の純資産は 2,600 万元であった。

また，ヤンガーの董事会（取締役会）は，持株比率に応じて選出された 7 人から構成された。李如成は董事長（会長）に就任し，董事（取締役）は鎮政府から 1 人の他は，ほとんど傘下の子会社の総経理を兼任していた。株式会社化を通じて，企業の所有体制が明確化され，鎮政府が株主という立場となり，企業経営へ容易に干渉することができなくなった。そして，李如成は経営者として企業成長のさまざまな側面に関する意思決定を行うことも可能になった。

ヤンガーの持株構造には，個人が所有する株式が比較的少ないといった特徴が見られる。本来，これまでの成長に大きな役割を果たした李如成は 40％の株式を持つことが可能であったが，彼は中国では企業を私有化してはならないと考え，大半の株式を所有する株主を設けず，きわめて分散的な持株構造を作ることにした。また，「職工少量，中層限量，高層放開」といった従業員持株制度を導入した。すなわち一般従業員は出来高賃金制に少量の出資（1 万元上限）による配当，ミドル管理層は業績に応じる賃金と一定の出資（20 万元上限）による配当，トップ管理層は出資（無制限）による配当といった賃金と配当を連動させる制度を設けた。さらに，退職した従業員へ，1 人当たり 5,000

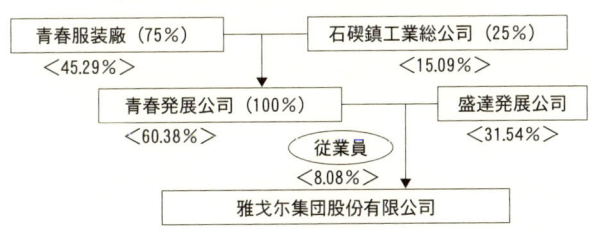

図 3-1 雅戈尓集団股份有限公司の出資比率

```
青春服装廠（75％）          石碶鎮工業総公司（25％）
    <45.29％>                  <15.09％>
         ↓                         
    青春発展公司（100％）  ──  盛達発展公司
      <60.38％>                <31.54％>
              従業員
             <8.08％>
         雅戈尓集団股份有限公司
```

出所：辻美代「雅戈尓集団（ヤンガーグループ）の発展―「企業家」李如成の足跡―」今井理之編『成長する中国企業その脅威と限界』リブロ，2004 年，245 頁。

株を与えることも規定された[16]。

こうして，ヤンガーは賃金制度と配当を有効に結合させることにより，社員が安定かつ公平に働ける環境を整えることができた。1993年までに，従業員数は約1,800人となり，そのうち「大専」（3年制短期大学）以上の学歴を持つ者は56人であった。

2.2 スーツ事業の展開

株式制度の導入により，ヤンガーの調達可能な資金額は1992年上半期の5,000万元から1993年上半期には3億5,000元までに拡大した。豊富な資金を使用し，ヤンガーはまず6,000万元を投じて，最新鋭の生産設備を導入し，敷地面積1万3,000平方メートルの新たなシャツ工場を建設した。

また，李如成は紳士服の市場需要の拡大を予測し，1993年にスーツ事業への参入を決定した。その背景には，1990年から「西装革履」（スーツに革靴）が流行し，スーツの需要が大きく拡大したことがある。これに伴い，海外企業の進出が見られた一方，国内の紳士服企業が次々と登場した。ヤンガーと同じく寧波市に本社を構えた杉杉は，1989年から「杉杉」ブランドのスーツを展開し，1990年に中国では初めて紳士服のテレビ・コマーシャルを打ち出した。

ヤンガーのスーツ事業参入はやや遅れていたが，李如成は「雅戈尓」シャツの大ヒットによるブランドと販売チャネルのシナジー効果を享受することができると見込み，スーツ事業を速やかに展開すべきと判断した[17]。スーツ工場の設立は，まず県営のジャケット工場の長江制衣廠の買収から始めた。同工場が赤字経営を続けていたため，政府関係者は李如成と話し合い，60万元で工場をヤンガーに譲渡した。その後，ヤンガーは300万元を投じてイタリア，ドイツ，日本から最新のスーツ生産ラインを導入し，1994年1月にスーツの生産子会社として雅戈尓西服廠を設立した。工場長を務めたのは，李如成の弟である李如剛であった。

スーツの製造技術がまったく不備であったヤンガーにとって，外部からの技術導入が当面の課題であった。同年，ヤンガーは100万ドルを出資し，イタリアのトラヴィス（Travis）との技術提携を結んだ。イタリアからの技術者による指導を受ける一方，5人の技術者をイタリアに派遣し，各工程の縫製技術

を分担して学習した。そのほか，上海から2人の紳士服仕立て職人も招いた。

しかし，量産体制を整備するには，外部からの技術導入だけでは不十分であり，生産ラインの配置，作業分担や品質管理の方法などを自社で開発しなければならなかった。後工程で微調整が効く丸ごと一着の仕立て方法とは違って，高度な分業による量産体制には各工程の正確さや精度が重要であり，紳士服仕立て技術があまり量産には向かないことも課題であった。そのため，旧ジャケット工場から受け入れた150名の熟練工が最初のスーツ生産を担ったが，新たに採用した若い女性の従業員はほとんどミシンを使ったことがない人たちであった[18]。当初，1日の生産量は20～30着程度にとどまっており，しかも品質が悪く，「雅戈尓」ブランドで販売できるようなものではなかった。また，それまで工場で実施していた生産着数に基づく出来高賃金制は時間や資源の無駄を生じ，生産スピードも大きく制限された。

いち早く品質を向上させるために，工場長の李如剛は例会を設け，毎日，技術者，品質管理係，生産チームリーダーを集め，その日に生産されたスーツの欠点と改善方法について議論を行った。また，工程の合理化や生産性を高めるために，149工程の作業時間をすべてストップ・ウォッチで測定・計算し，それに基づいて工程ごとの時間表を作成する，いわゆる科学的な管理手法を導入した。さらに，各工程に明確な検査制度を設け，品質に対する従業員の意識観念を根本的に変えた[19]。

こうした努力により，スーツ工場は品質レベルも生産性も大きく進歩し，1994年に年間生産量と売上高が3万3,000着，2,600万元に達した。しかし，ここで李如成はスーツ工場に新たな課題を出した。当時スーツ市場では，厚地のスーツがほとんどであったが，李如成は今後比較的薄い生地のスーツの需要が増えてくると見込み，1994年秋からその生産に取り組むように命じた。厚地に比べ，薄地スーツの縫製技術はいっそうレベルの高いものであり，特に衿や袖，背中などの部分の縫製に特別な注意を要する。薄地スーツの量産は，まだ体制を整えたばかりのスーツ工場にとってかなりハードルの高いものとなった。しかし，李如成はこういった技術課題を早期にクリアすることにより，参入が遅かったヤンガーが市場で主導的な地位を築くことが可能になると考えた。

こうして，スーツ工場は比較的熟練の従業員を選び，生産チームを組んで薄地スーツの生産に取り組んだ。当初，さまざまな技術課題があり，不良品ばかりとなっていたが，徐々に品質が改善された。その 3 年後の 1997 年頃に薄地スーツの需要が急速に拡大し，同年国内貿易信息中心による全国百貨店 100 社の販売統計では，「雅戈尔」スーツは 4 位から 2 位に上昇した。また，スーツ工場の全体年間生産量と売上高は，1995 年に 13 万 5,000 着，9,300 万元，翌 1996 年に 20 万着，1 億 3,000 万元に達した。

一方，この間シャツ工場における技術や設備の導入，生産ラインの自動化と効率化も進められた。1994 年，ヤンガーは日本からノーアイロン・シャツの製造技術を導入し，中国市場で初めて「HP 綿」ノーアイロン・シャツを発売した。また，1995 年にフランスのレクトラ (Lectra)，アメリカの GGT から CAD (Computer-Aided Design) システムを導入し，新製品のパターン作製に要する時間を従来の手作業の 14〜21 日から 2〜3 日に大幅に短縮させ，作製時の誤差を 2 ミリから 0.5 ミリ以内に収めることができた[20]。

シャツやスーツ工場の品質管理を強化するために，ヤンガーは品質管理システム「ISO9000 シリーズ」の認証に基づき，徹底した品質管理を実施した。88 項目の標準化管理アイテム，1,160 の品質検査規則及び 180 の重点箇所の規範操作を含めた品質管理システムを整備する一方，品質管理チームにより原材料の仕入れから，各縫製工程，完成品出荷など多段階における厳しい検査制度を設けた[21]。

また，「雅戈尔」ブランドの製品が高品質であることを消費者に浸透させるために，社内の PR 広告部は 1995 年 4 月 1 日の『杭州新聞』に一面広告を掲載した。広告は主に 2 つの内容があった。第 1 に，「雅戈尔」シャツやスーツ商品を購入した後，品質問題が発見された場合，無条件返品を受け付けるうえ，100 元の損賠金も支払う。第 2 に，購入して 3 カ月後に袖や襟などに不具合が生じた場合でも，消費者が領収証を持参すれば，返品可能で損賠金を支払う。こういった広告は大きな話題を呼び，「雅戈尔」ブランドと高品質のイメージは大いに浸透した[22]。1997 年にヤンガーは ISO9002 国際品質保証体系認証を取得し，「雅戈尔」ブランドは中国工商行政管理局に「中国馳名商標」と表彰された。

図 3-2 ヤンガーの売上高と生産量の推移（1987－1994年度）（単位：百万元／万枚）

	1987	1988	1989	1990	1991	1992	1993	1994
売上高	14.10	22.01	25.94	36.29	50.13	71.52	125.37	198.18
生産量	123	168	206	266	294	255	267	294

出所：康賢淑「中国アパレル産業における企業集団化―日本企業の直接投資と輸出産業化―」『経済科学』第49巻2号，2001年9月，35頁より作成。

こうして，ヤンガーの売上高や生産量は共に増加し，1987年から1991年の5年間に生産量は123万件から294万件と2倍以上に増え，売上高は141万元から501万元の約3倍に増加した。その後，生産量は減っていたが，売上高は増加し続け，特に1993年に75.3％，1994年に58.1％の高い伸び率を示した（図3-2）。

2.3　戦略転換と販売組織の整備

これまでのヤンガー成長は常に企業存続に追われてきたが，安定的な成長に入るにつれて，李如成は次なる発展戦略を考案し始めた。当時中国では，一定の資本を蓄積してきた製造企業に対し，労働集約型の事業から撤退し，新たな成長分野に投資すべきであるといった論調が多かった。ヤンガーは1995年までにアパレル製造子会社5社，貿易会社5社，不動産会社2社，広告会社1社，銀行事務所1社，印刷包装会社1社，香港や大阪での現地法人2社等23の子会社を傘下に入れた企業グループに成長していた。

しかし，多数の事業分野に進出した結果，各事業への資源配分が不十分となり，李如成もすべての事業を同時に成長させていくことに力不足を感じた。彼は，莫大な人口を持つ国内市場において，生活必需品としての衣料品分野では

まだ十分成長の余地があり、また先進国企業が中国への生産拠点の移転も急速に進めているため、アパレル事業を本業として堅持する方針を決めた[23]。実際，1995年の売上高は7億4,400万元であったが，そのうち70％はアパレル事業によるものであった。特に，シャツやスーツにおいて，それぞれ全国で1位と2位の市場シェアを獲得しており，海外ブランドとの競争の中でも優位を築くことができた。

今後アパレル事業をいかに発展させるかについて，李如成は明確な成長ビジョンや長期的な戦略策定が必要であると感じ始めた。その策定には，経営者1人の力に頼ることが難しいため，彼は200万元を投じて，研究者や業界の専門家を集め，今後15年間の発展計画の策定とCIS（Corporate Identity System）の導入に取り組んだ[24]。

このプロジェクトは，まず4つの側面による全面的な市場調査から始まった。第1に，消費者へのアンケート調査である。北京，上海，天津，広州，杭州，ハルビン，瀋陽，鄭州，南京，青島，成都，重慶，武漢，西安などの大都市，吉林，安慶，懐化，余姚，建陽などの中小都市及び一部の農村地域において，約12万人の消費者を対象に，シャツ・スーツの所有状況，収入状況，職業構成，消費嗜好，購買頻度，価格帯などの項目について調査を実施した。第2に，ヤンガーの社内における，トップやミドル管理者及び生産現場，営業などの一般従業員を対象に，人的資源や人事評価制度などの状況に関する調査である。第3は，1985年から1994年にかけて，国内外のアパレル産業の現状と将来像，流行，技術革新などに関する文献調査である。第4に，競合他社10社の経営状況についての調査である[25]。

これらの調査結果に基づき，ヤンガーは1994年12月と1995年1月の2回にわたって，復旦大学や深圳大学の研究者，全国各地から29名の専門家を本社に招き，社内CISプロジェクトの担当者と共同で今後の発展戦略，経営組織，マーケティング戦略，MI (Mission Identity)，BI (Behavior Identity)，VI (Visual Identity) 及び広告戦略などについて議論を交わした。その結果，「創世界名牌，建跨国集団」（世界的なブランドを創り，グローバル企業集団に成長していくこと）を今後10年間の中長期発展目標とした。また，「装点人生，還看今朝」（服で人生を装う今日を注目する）を経営理念とし，ヤン

ガーの社会的役割,社員の自己実現のビジョンを示した。これを後に,企業の社会的価値や責任を強調した経営理念「装点人生,服務社会」(服で人生を装い,社会に奉仕する)に変更した[26]。

発展計画の策定に伴い,ヤンガーは組織体制の調整に取り組み始めた。その最も重要な戦略は販売組織の整備であった。これまでは,技術・品質レベルの向上,生産規模の拡大に経営の重心が置かれたが,生産能力の急速な拡大に対し,販売が追いつかなくなり,生産と販売のアンバランス問題が生じた。当時,ヤンガーは浙江,北京,上海,武漢,無錫,西安に営業所を構えていたが,基本的に営業人員が各地を駆け回り,百貨店などに商品を卸すといった販売手法を取っていた。1995年4月,李如成は18名の営業人員を集めて緊急会議を開き,生産に追いつかない販売体制について話し合った。16人の営業人員が生産の縮小による対応に賛成したが,李如成は生産と販売のアンバランスの原因が販売体制にあると考え,生産を縮小すべきでなく,むしろ増産と効率性の増進,そして営業人員の増加といった「三増」体制を同時に進めるべきと強調した。また,販売機能を専門に担当する販売会社の設置も決定した[27]。

同年9月,ヤンガーは社内の各部署から300人を集め,ブランド宣伝,市場開発および販売管理を主な任務とする完全販売子会社の雅戈尓服飾有限公司を設立した。また,営業人員の単独作戦に頼る営業活動を改め,各地で販売部署として「市場部」を配置し,全国的な販売組織を構築し始めた。華東,華南地域を中心に,徐々に中部,東北,西北,西南に拡大していくといった市場開発方針を定めた。具体的に,まず寧波や杭州,そして上海,武漢,南京,さらに北京,瀋陽,鄭州,成都,アモイなどの大・中都市での販売組織の整備と市場開発を進め,特に地域の比較的大規模な百貨店との取引を強化した[28]。

販売組織の整備では,基本的に中心都市を拠点に,物流センターや事務所を設け,1名の責任者と数名の営業担当を駐在させる。また,まず大規模な広告宣伝や営業活動を行い,ヤンガーの知名度が高まった後に,百貨店の専売コーナーや代理店による大規模な店舗展開を行う市場開拓手法をとった[29]。1996年2月までに,ヤンガーは全国に28の市場部を設けた。

販売面だけでなく,李如成は1996年6月に香港に投資情報センターを設け,製品企画・開発の面にも力を入れた。世界アパレル市場の重要な情報収集の拠

点である香港を通じて，国際市場の最新動向をいち早く入手することにより，「オリーブ」の形となっている製品開発・生産・販売の構造を「ダンベル」の形に変革させ，製品開発と販売の機能をより重視する方向を打ち出した。

1997年までに，ヤンガーは営業人員を600人に増やし，全国の27省・区の65の大・中都市に市場部を設け，百貨店内の専売コーナーなどを含めて約400店舗を展開した[30]。一方，この時期から各地に設置された市場部には，法律的な営業許可が必要とされたため，「分公司」（販売支社）として法人化され始めた。これに合わせ，販売子会社の服飾公司の財務部は，出納課，記帳課，原価課，市場計算課と総合課といった職能別部門を設け，各分公司に財務帳簿を整備させ，財務諸表を月ごとに本部に提出するように義務づけた。また，在庫商品管理，売上代金回収，分公司財務管理，費用精算管理，財務計算方法など一連の管理制度を導入し，財務管理を各分公司に徹底化させた。しかし，当時分公司の財務諸表は手書きで記入していたため，効率が低く，監督も難しかった。1998年後半から，各分公司で会計の電算化システムを導入し，すべての分公司がコンピュータによる帳簿記入ができるようになった[31]。

このように，ヤンガーは全国的な販売組織を展開した。実際，製造企業が自ら販売組織を展開する手法は，中国では「産供銷一条龍」と呼ばれ，紳士服分野では杉杉がその先駆者であった。全国的な販売組織の構築により，「杉杉」スーツの市場シェアが最高では37％に達したこともある。メーカーにとっては，分散的な販売組織を管理するには，コスト負担が大きいといった不利な面もあるが，市場が急速に拡大する中で，自社の販売組織による有効な販売管理や物流・在庫管理を実施することができる。いち早く全国的な販売組織を手掛けた杉杉は，1998年まで紳士服市場でトップシェアを維持していた。

3 垂直統合化（1998－2006年）

3.1 小売事業の展開

1998年11月，ヤンガーは企業グループとして，上海証券取引所のA株市場に上場した。5,500万株の発行により，一気に6億元の資金を調達すること

ができた。株式上場はヤンガーにとって画期的な意味を持つことになり，これ以降李如成は資金的制約を受けることなく，思い切った戦略展開を進めるようになった。

　全国的な販売組織を整備したヤンガーが次に直面した問題は，主要取引先の国有百貨店の多くが経営不振に陥ったことであった。衣料品販売の主役である百貨店は，1990年代前半の消費需要の拡大や既存商業施設の不足により，積極的な改装や増床，新規出店を行った[32]。しかし，1990年代後半に入り，出店ラッシュがオーバーストア状態をもたらし，倒産にまで追い込まれた国有百貨店が少なくなかった。一方，株式会社化や外資との合弁によって新たに設立された百貨店は，海外ブランドの誘致に積極的であり，彼らに立地条件の良い売場を優先的に提供した。また，海外ブランドは自社商品のデザインが国内メーカーにコピーされることを防ぐために，近隣に国内ブランドのテナントを入れないことを出店の前提条件とした[33]。こうして，国内ブランドにとって出店可能な百貨店に大きく制限され，出店できたとしてもデザインや品揃え，ブランド力などの面で海外ブランドとの差が大きく，競争上不利な状況に置かれることになった。

　こうした厳しい状況に対し，当初李如成は各地の分公司や市場部に販促活動の強化により，取引先の国有百貨店と共に困難を乗り越えようと呼びかけた。しかし，状況が改善されない中，彼は国有百貨店の依存から脱却し，自ら小売事業の展開に乗り出すことを決めた。1998年10月，彼は「大営銷創造大品牌」（大規模なマーケティング展開によるブランド構築）という戦略を打ち出し，寧波や上海などの都市の繁華街で店舗を買い取り，約50店舗の直営店を展開した[34]。また，1999年全国の分公司・市場部を102箇所までに増やし，株式市場から調達した3億元の資金を投じて杭州，南京，武漢，成都等の主要都市にさらに約100店舗を新設した。

　直営店舗の多くは都市の繁華街に立地し，売場面積50〜300平方メートルの単独路面店である。不動産開発への投資をかねて，建物丸ごと買取るケースもあった。ヤンガーの不動産事業は，1995年の不動産価格の暴落による政府の抑制政策を受け，実際には1998年まで約3年間ほとんど停滞状態となっていた。小売事業の展開を契機に，ヤンガーは不動産事業を再スタートさせ，商業

用不動産や住宅・別荘用不動産業務をともに進めることになった。

　直営店の展開とともに，百貨店にある販売拠点の直営化も進めた。1990年代後半以降，百貨店の多くは自主的売場の運営から撤退し，テナント経営やメーカーのインショップ制度を導入し，特に衣料品売場におけるメーカーの直営化が急速に進んだ。百貨店は売れ残りリスクを負わず，売場運営や商品の仕入・販売，在庫管理の権限などをすべてメーカー側に委譲し，「売場貸し業」化へと変質していった。これを機に，ヤンガーは百貨店での売場をすべて直営コーナー，もしくはインショップ店舗に切り替えた。

　ヤンガーの小売事業の内部化とは対照的に，競合相手の杉杉は正反対の手法を取り入れることにした。1990年代末頃から，杉杉は従来の仕組みを一転し，全国各地に設立された約30の分公司や市場部などの販売管理部署を撤廃した。その代わりにフランチャイズ方式を導入し，加盟店の募集による小売販売ネットワークの拡大を図ろうとした。また，杉杉は経営資源をブランド運営や販売促進に集中し，M&Aにより紳士服，婦人服，子供服など20数ブランドを持つ総合アパレル・メーカーへの転換を図った[35]。

　中国では「特許経営」と呼ばれるフランチャイズ方式は，1990年代末頃にアパレル業界でも注目されるようになった。加盟店の募集により，メーカーはより少ない投資でかつ速いスピードで販売網を拡大することができる。また，販売リスクを加盟店に転嫁することで，メーカーは経営資源を商品企画やブランドの販促宣伝に集中させ，より効率的な経営ができると見られていた[36]。

　実際，ヤンガーも一部の販売網において，フランチャイズ方式を取り入れた。ただそれは，大都市から遠く離れ，商圏規模が小さい地域に限っていた。こういった地域に直営店舗を展開すると，出店費用や配送コストが高く，むしろ現地の情報を熟知するオーナーの手を借りて販売したほうが効率的でリスクも低かった。また，フランチャイズ店舗に対する管理・監督も，各地にある分公司を通じて実現できた。

　杉杉は1999年のチャネル戦略の転換をきっかけに，紳士服市場でトップシェアの座をヤンガーに譲ることになった。中華全国商業情報中心が全国の重点百貨店を対象に実施した調査データによると，スーツ商品の総合市場シェアにおいてヤンガーは1998年の6.8%から2000年に11.6%に上昇し，全国1位

となった。

　杉杉との逆転が生じた要因は主に2つの側面から考えられる。第1に，加盟店の未熟さである。フランチャイズに加盟する店舗の多くは個人経営の単独店舗で，品揃えや接客サービスなどのノウハウが不足していた。加盟店への支援や管理・監督が必要とされるにもかかわらず，杉杉はそれらの機能を担う各地の分公司や市場部を撤廃したのである。

　第2に，1990年代後半から広がったブランド競争である。拡大する中国市場を狙って，海外の高級ブランドが次々と進出する中，消費者のブランド志向が高まりつつあった。ブランドが象徴する内在的価値の提案は，商品を選択する際の1つの基準となった。こうした状況では，広告宣伝やイメージ・キャラクターの使用だけでは十分でなく，品揃えや接客サービスなどを含めたトータルな売場作りと店舗展開が必要となった。機能がまだ不十分な加盟店に販売を任せようとする杉杉は，小売機能を内部化し，直営店の展開に莫大な投資をかけるヤンガーより，ブランド作りへの対応が遅れたとも言える。

　生産と販売の機能を企業内組織として運営する場合，利益の衝突を避け，より調整しやすくなると考えられる。これにより，ヤンガーは紳士服市場で首位の座を勝ち取ることができた。しかし，海外ブランドが次々と中国市場に進出している中で，国内企業間の競争のみならず，海外ブランドとの競争にどのように立ち向かっていくのかも成長課題となっていた。そのため，小売機能の直営化はその第一歩にすぎず，ヤンガーは商品力やマーチャンダイジング力の強化にも力を入れることになった。

3.2　商品開発，生産機能の強化

　デザイン力を強化するために，ヤンガーは1998年に香港に情報を収集するためのデザイン・オフィスを設置した。また，デザイナーを育成するために，1999年10月に東華大学との産学連携により，東雅芸術設計工程有限公司を設立した。さらに2000年7月に5,000万元を投じて，寧波本社にデザインセンターを設けた。

　他社との差別化を図るために，ヤンガーは機能性商品の開発に取り組んだ。1999年に300万米ドルかけてアメリカのATPからVP（Vapor Press）ノー

アイロン技術を導入し，防皺で高い通気性や吸水性を持つ「VP綿」ノーアイロン・シャツを開発した[37]。

一方，直営店の展開と販売チャネルの確保により，販売量は年平均20％のスピードで増加していたのに対し，従来体制の生産規模は逆に販売量の増加に追い付かず，欠品の問題が多く発生した。生産規模を拡大するために，ヤンガーは1999年から9億元を投じて寧波市郊外に新たに敷地面積350ムー（約21万平方メートル）のアパレル工場団地の雅戈尔国際服装城を建設し始めた。これまで数箇所に散在していた工場をすべて団地に集中させたため，生産管理や品質管理をより実施しやすくなった。工場の移転に伴い，ヤンガーはまた最新の設備を導入し，生産性の向上を図った。例えば，シャツ子会社は1999年11月にスウェーデンやアメリカからの自動裁断機を導入し，2台だけで24の生産ラインに対応できるようになった[38]。

工場団地は2001年10月に全面竣工した。これに伴い，ヤンガーの年間生産規模はシャツ1,000万枚，紳士服200万着，またニットなどの商品を含めて総3,000万枚にのぼった。しかし，生産規模が一気に従来の4～5倍まで拡大したため，逆に自社の販売チャネルだけ消化し切れなくなった。この問題に対し，李如成は輸出向けOEM（Original Equipment Manufacturing）業務を拡大させ，余剰生産能力を活用しようと考えた。

これまでヤンガーは，香港や日本のアパレル企業と合弁会社を設立し，日本市場向けに加工生産を行ってきた。例えば，1992年に子供服の雅戈尔松永製衣有限公司，1995年にシャツ，ブラウスの雅戈尔福村製衣有限公司，1997年にユニフォームの雅戈尔福村制服有限公司，1999年にカジュアルパンツの雅戈尔福村裤有限公司，ニット製品の雅戈尔針織服装有限公司など輸出加工の合弁会社を次々と設立した。また伊藤忠商事と合弁で，裏地・芯地などの副資材をグループ縫製工場に販売する寧波英倫服装輔料有限公司を設立した[39]。このようにヤンガーの輸出の大半が日本向けとなったのは，欧米市場への繊維・アパレル製品の輸出が輸入割当制度（クォータ制）に大きく制限されたためであった。クォータ制を採用していない日本への輸出をさらに拡大するために，ヤンガーは1991年に設立された香港中冠印染（日本）株式会社を資本金5,000万円に増資し，ヤンガージャパン株式会社に社名変更し，北村実敏が社長を務

めた。

　輸出加工業務の利益率は低いが，売れ残りのリスクを負担することなく，国内市場の季節性を調整することもでき，稼働率の向上にもつながる。また，国内市場での企業間競争が厳しいこともあり，李如成は国内と海外の2つの市場を同時に取り組むことで，国内の伸びが鈍化する際に輸出で補うことができると考えた[40]。さらに，OEM 業務を行うもう1つの大きな狙いは，先進国のアパレル企業との取引を通じて，商品の企画・デザインのノウハウを吸収し，ヤンガーの製品を国際的水準に向上させていくということであった。

　例えば 2000 年，ヤンガーはピエール・カルダンとパリで会談し，「マキシム(Maxims)」ブランドの生産・販売提携を結んだ。ピエール・カルダン側は商品のデザインを提供し，同時に2名の技術者をヤンガーに派遣した。ヤンガー側が生産したマキシム製品は中国市場で販売される一方，香港や東南アジア，日本などの地域へ輸出することとなった[41]。

　こうして 2000 年には輸出が売上全体に占める割合は 13% になった。輸出規模の拡大につれ，ヤンガーは 2000 年に政府が重点的に支援する繊維製品輸出企業に承認され，優先的にクォータを割り当てられるようになった[42]。貿易業務を担うのは持株子会社の中基寧波対外貿易股份有限公司であるが，一部の生産子会社にも輸出担当部門の貿易部を設けた。単価が最も高いスーツ製品の輸出は，2000 年 10 月に日本の紳士服専門店のコナカから 2,000 着のブレザーの注文が最初であった。また，2001 年にヤンガーは伊藤忠とも OEM 業務の提携を果たし，初めてアメリカ市場向けにスーツを輸出した。こうして，2001 年にシャツとスーツの輸出量はそれぞれ 220 万枚，13 万着となり，ヤンガーの生産量全体に占める割合は 25%，8.7% となった[43]。

3.3　国内市場でのブランド構築

　OEM 業務を積極的に取り組むようになったとはいえ，李如成は企業の存続と長期的な発展を図るには自社ブランドを確立させなければならないと考えた。2000 年にヤンガーはアメリカの Impiric，北京浪涛高科技公司と提携し，改めて CIS を導入した。従来の有名ブランドとグローバル化を中長期目標として挙げていたが，2001 年 10 月には新しいロゴの導入に伴い，「創国際品牌，

鑄百年企業」(国際ブランドを創り，100年存続する企業を目指す) といった新たな目標を定め，国際的な視野に立つブランドを構築する姿勢を示した[44]。

　生産規模の拡大につれ，ヤンガーは出店攻勢を強めた。2000年に90店舗を出店し，新規購入した商業用不動産の面積は2万5,000平方メートルに達した。このうち，売場面積300平方メートル以上の店舗は約30店があった。特に，2000年9月にオープンした上海南京東路店は，1,600平方メートルの売場面積を有し，当時中国最大のアパレル専門店であった[45]。

　しかし，次第に李如成はひたすら店舗を出すのではなく，全国の販売拠点をネットワークに連結させ，商品や資金，販売の流れを有効に管理することが必要と考えるようになった。これは，彼が1999年末にアメリカ小売大手のJCペニーの物流倉庫で見学した際，コンピュータによる自動化や無在庫型管理システムの先進性に驚かされたからである。こうして，自社の販売ネットワークの構築において，彼は4つの内容を挙げた。

　第1に，いち早く地域別の市場を形成させることである。店舗展開を急速に進めた結果，各店舗の配置が分散的であり，秩序あるネットワークが形成されていなかった。そのため，今後全国を成熟市場，形成中の市場，また潜在的な市場に分け，ヤンガー独自の販売ネットワークを形成させていく。第2に，都市市場，特に大都市を販売ネットワークの中心とすることである。これまで市場を開拓するために，出店ばかりを考えていたが，今後では直轄市や省都都市，一部の2級都市といった重点的地域を定め，優れた立地のみに出店する。第3に，売場面積において特に制限を設けていないが，これからは200〜500平方メートルの比較的大きな店舗の展開を優先し，主に直営店，百貨店インショップ，フランチャイズ店舗の3つの形態のみとすることである。第4に，生産と販売を結ぶ配送センターを設けることである。各地の分公司は，配送，販売，財務などの機能をすべて担当しているが，徐々に商流，物流，資金流の機能を分離させていく[46]。

　また，販売ネットワークの構築へのサポート部署として，分公司が重要な役割を果たしている。2000年までに，分公司のほとんどはコンピュータによる在庫管理ができるようになった。しかし，店舗数の急増により財務処理が複雑化し，従来のDOSの会計電算化ソフトが対応できなくなり，新たに

Windowsバージョンの財務ソフトを導入した[47]。

2001年まで，ヤンガーは全国に156の分公司，356の直営店，1,084の百貨店インショップ，800余のフランチャイズ店舗といった販売ネットワークを持つようになった[48]。直営店の店舗数は最も少ないが，売上の貢献度が最も高い。例えば，2001年1～5月，333店の直営店の売上高は2億1,795万元に達し，全体の28.22%を占めていた。直営店の売上比率が高い地域として，湖北省荊州市89%，安徽省安慶市86%，新疆ウィグル自治区クルラ市81%，湖北省宜昌市73%などの地方都市があげられる[49]。

また，2002年からヤンガーは1,000万元を投資し，コンサルティング会社の安盛（AMC）と共同で不採算店舗の閉鎖と販売体制の効率化，特にフランチャイズ店舗の整理と統合を行った。また，農村地域にある個人経営のフランチャイズ店舗を閉鎖させ，江蘇省と浙江省のみ「県級」市場を保留し，華北地方及び東北地方では「市級」市場までに店舗を配置した[50]。

出店地域の調整と小規模店舗の閉鎖を進めたのは，ヤンガーがこの時期に旗艦店（フラッグシップ・ショップ）を中心とした出店戦略を確したからであった。2001年8月，李如成はフランスのオーブリー・マーティ（Aubry Marty）をブランド戦略の総裁特別顧問として招へいし，3年契約でヤンガーだけのための旗艦店の売場設計を担当させた。マーティはMID（Marketing Interior Design）理論を提唱している。MID理論は，品揃えや売場設計，店頭のマーチャンダイジング管理などを中心とする概念である。市場の変化に合わせて売場を調整することにより，単位面積での売場効率を改善し，販売と生産，商品企画を連携させていく，いわゆる売場をベースとしたブランド作りの手法ともいえる。この考え方は，2000年前後に中国のアパレル業界で注目を集め，特に小売事業を展開してまもなく，売場運営のノウハウがまだ十分蓄積されていなかったヤンガーに受け入れられた。

2001年からヤンガーは6億元を投じて，全国の大・中都市で良い立地の店舗を買い取り，売場面積1,000～2,000平方メートルの大型旗艦店を展開し始めた。旗艦店は，常に最新の商品展開や売場演出を行い，集客力を高める一方，販売情報の収集にも有利である。また，分公司と離れた一部の地域では，大型旗艦店が周辺の中小規模の直営店に対し，物流配送や在庫管理などの機能も果

たす。2001年9月，大型旗艦店の杭州中心店や上海南京路店がオープンし，大型店戦略は本格的に始まった。旗艦店の展開に伴い，多様な品揃えが必要となり，ヤンガーはTシャツからスポーツウエア，ズボン，オーバーコート，センター，パジャマ，ベルト，ネクタイなど100種類以上の自社生産の製品を揃えた。

実際，マーティが持ち込んだMIDは，アメリカのGAPやイタリアのベネトン（Benetton）などアパレル専門店と同様なコンセプトに基づくものである。すなわち，巨大な店舗に大衆向けのリーズナブルな商品を多種大量に陳列し，商品入れ替えのスピードも早くし，消費者が常に自分の個性に合わせて自由にコーディネートすることができるといった考えである。マーティは，こうした総合的な品揃えを行う店舗コンセプトをブランド構築のカギとしており，逆に「フランスやイタリアの言語のブランド名を使い，大量な資金をかけて高級イメージを作り上げようとする多くの中国企業のやり方がすでに時代遅れのものであり，国際的な流れに取り残されていく」と見ていた[51]。

確かに1980年代以降GAPやベネトンなどは，企画と販売を迅速かつ有効に連動させるといった革新的な経営モデルにより急成長した。しかし，ブランド作りにおいて，MIDは売場の重要性を強調したものの，開発力や商品力に関する内容が大きく欠如していた。紳士服は高価格で回転率が低く，その販売には採寸などの接客サービスが必要である。しかも，ブランド競争の真っ最中にあるヤンガーが自ら直営店を展開した最大の目的は，高品質で高付加価値の商品と大型店舗による独自の売場演出によって他ブランドとの差別化を図ろうとすることにあった。つまり，ヤンガーはまさにマーティの言う「時代遅れ」のブランド企業を目指していたのである。売場の重要性において両者は一致しているが，ブランドの基本コンセプトには大きな食い違いがあった。結局，マーティは約1年間を務め，早期解約することになった。ただ，大型旗艦店を中心とする販売チャネルの方針はヤンガーに定着するようになった。

3.4 紡織事業の展開

大型旗艦店による小売店舗の差別化を図る一方，李如成はますます拡大するブランド競争に対し，素材による差別化が重要であると考えた。比較的流行の

変化が緩やかな紳士のシャツとスーツの場合，デザインではなく，素材面での差別化がポイントとなる。しかし，中国の繊維・紡織産業における設備の老朽化や技術の遅れは，すでにブランドの構築を目指すアパレル企業のボトルネックとなっていた。

　生産性や操業率の低下，繊維製品の生産と輸出の停滞が見られ，高級生地はほとんど輸入に依存していた。また，輸入には高い価格に加えて為替リスク，75〜90日間かかるといった長い納期の問題もあった。ヤンガーはこれまで年間約6,000〜7,000万ドルの生地を海外から調達していた。特にスーツ生地の場合，国内の印染後整理などの技術が国際標準より遅れていたため，その大半は輸入に頼っていた。また，輸出用シャツの多くも輸入の生地を使用していた。ヤンガーが要求するレベルの生地を生産できる国内の繊維・紡織企業は非常に限られていた。シャツ地は主に仏山，上海，深圳の数社，スーツ地は主に江蘇省の陽光集団から調達したため，仕入れた品種や数量などの情報が競合他社に流出することもあった。

　こうした状況の中，李如成は川上の繊維・紡織分野に参入し，自社で高級素材の開発と生産を行うことを決定した。川上への後方統合を行うアパレル製造企業にとって，技術や設備の導入には莫大な投資が必要であり，多大なリスクが伴う。特に，垂直統合戦略の最大の欠点は，1つの企業がすべての機能分野をうまく遂行することが困難であるという点である。すでに小売への前方統合を経験した李如成はこの点を十分理解していた。しかし，あえてこの戦略を取り入れた理由は，上述のような国内繊維産業の後進性やそれによるブランド構築への妨害にあった。また，彼はアパレル産業のリーダー企業に成長したヤンガーが自ら川上分野に参入することにより，国内繊維産業全体のレベルを引き上げ，産業発展の不均衡的構造を是正するという使命も感じたからでもあった。

　実際，川上の進出はやむを得ない選択であったが，ヤンガーにとって有利な面も多かった。第1は，これまで外部調達に頼っていた生地の生産を内部化することにより，仕入コストを引き下げ，取引や為替のリスクを回避することができるという点である。第2は，WTOの加盟後，クォータ撤廃や繊維貿易の自由化に伴い，素材品質の向上により，繊維・アパレル製品の輸出拡大を期待

することができるということであった。第3は，寧波市政府は地域産業促進策として，ヤンガーにアパレル工場団地の真向かいに新たに500ムー（約30万平方メートル）の工業用地を提供したことであった。紡織工場をアパレル工場の隣接地に立地すれば，輸送コストがかからずに済む。そして第4は，日本の伊藤忠や日清紡など海外の繊維・紡績メーカーや商社が資本参加や技術提携の意欲を示したため，合弁事業を通じて技術の習得が可能となったことである。

紡織事業の展開にあたって，当初，李如成は国営紡績企業の買収，上海のある紡績企業との提携，また外資との合弁による直接進出といった3つの選択肢があると考えた。国営企業を買収する場合，元の従業員，特に経営幹部の再配置など複雑な問題を処理する必要がある。一方，上海の紡績企業と提携すると，将来的に大都市での地価や人件費の上昇，規模拡大の困難などの問題に直面する。ちょうどこの頃，寧波市政府からの土地提供や外資企業の投資意欲といった好条件に恵まれ，ヤンガー自身も株式上場による資金調達や豊富な自己資本を持つようになったため，李如成は自ら紡織事業の展開に乗り出すという進出パターンを採用した[52]。

2001年10月，ヤンガーと洗い染色加工の晃立，日清紡，伊藤忠などの日本企業との合弁調印式が行われ，2002年6月から投資総額10億元にのぼるテキスタイル工場団地の雅戈尓紡織城の建設を始めた。団地には，主に4つの合弁企業が入った。最初に建設をスタートしたのは，日本の晃立と約1,000万元の共同出資によって設立され，服の染色，水洗い，デザイン，製造加工を行う寧波雅戈尓晃立服装水洗有限公司である[53]。

また，2002年1月にヤンガーは日清紡，伊藤忠と共同出資により，高級先染め工場の寧波日中紡織印染有限公司を設立した。資本金3,000万ドルで，ヤンガーは75％の株式を持ち，日清紡と伊藤忠はそれぞれ10％，投資会社の新達香港が5％を出資した。敷地面積4万6,590平方メートル，従業員約2,800人を持つ同工場は2002年12月に操業を開始し，日清紡が合弁工場の技術指導を担当した。操業時に年間各種織物1,500万メートルと染色整理加工2,500万メートルの製造能力を持っていた[54]。

次に，ヤンガーは伊藤忠などと共同で編立，染色，プリントの一貫工場の寧波雅戈尓針織染色整理有限公司を設立した。投資総額1,600万米ドルであり，

ヤンガーは70%の株式を持ち,伊藤忠20%,新達香港6%,アパレル会社の松永が4%を出資した[55]。同工場は日中紡織印染の関係工場としてニット生地の生産を行い,ニット生地2,400トンのほか,染色整理加工7,200トン,各種のアパレル商品800万枚の製造能力も持っていた[56]。

最も遅れてテキスタイル工場団地に入ったのは,2004年5月に伊藤忠,香港青春国際控股有限公司との共同出資によって設立されたウール紡工場の雅戈尓毛紡織染色整理有限公司である。投資総額4,000万ドルで,最新の加工設備が導入され,スーツ用の高級毛織物を生産する。伊藤忠の技術指導を受けるだけでなく,同社の販売ネットワークを活用し,国際市場にも販売しようとした[57]。

テキスタイル工場団地のほか,ヤンガーは宜科科技実業股份有限公司と共同出資により,裏地などの副素材を生産する工業団地の雅戈尓宜科輔料工業城を設立し,2003年8月に完工した。敷地面積は16万平方メートルの団地には,宜科旭陽紡織品有限公司,寧波鼇牛服装衬料有限公司など宜科科技実業の関連会社が入った。宜科科技実業は,ヤンガーが1997年に経営不振に陥った旧国有企業の寧波鼇牛黒炭衬廠を買収して設立した企業である。当初持株率が54.05%であったが,その後数回にわたる持株構造の調整により,2004年に宜科科技実業に対するヤンガーの持株率は20%までに抑えられた[58]。

紡織分野だけでなく,ヤンガーは素材の生産や調達も手掛けるようになった。2004年後半,中国最大の商品綿生産地の新疆ウィグル自治区を素材調達の基地とし,カシュガル市とコルラ市の綿糸工場から16万錘の生産ラインを賃借した。また,2005年に現地最大綿糸メーカーの新棉集団と提携し,カシュガルに綿紡工場の新疆雅戈尓棉紡織有限公司を設立した。新疆棉紡が設立された半年後,ヤンガーは2,500万元を投資して,ドイツから2万錘の緊密紡績生産設備を導入した[59]。こうした設備更新と品質管理の強化により,高レベルのシャツ素材の供給ができるようになった。

新疆地域は,原材料の綿花や繊維粗製品を中心に国内の中部と東部地域に向けて販売しているが,紡績業全体の技術レベルが低く,特に染色整理などが遅れていた。新疆地域への進出により,ヤンガーは同地域の優良品質綿基地としての知名度を活かすとともに,綿花の栽培から粗加工など関連産業の発展を促進しようとした。

一方，高級スーツ生地の企画・生産を強化するために，ヤンガーは 2005 年 12 月にイタリアの梳毛織物メーカーのマルゾットと戦略的提携協定を締結した。マルゾットは雅戈尓毛紡織染整に 2.5% 資本参加し，ヤンガーと伊藤忠の出資率がそれぞれ 80.4%，17.1% となった。この提携を通じて，ヤンガー，伊藤忠とマルゾットの 3 社は，技術・資金面から人材教育，販売まで幅広い分野での提携を行い，世界の高級ブランド市場を共同で開拓することで合意した。資本参加のほか，マルゾットは合弁会社に技術と海外での販売ルートを提供し，3 名の専門家をヤンガーに派遣し，研究開発や品質管理の指導を行った[60]。

3.5 地域別販売体制の導入

　川上の繊維・紡織から川下の小売販売まで内部統合したヤンガーが次に取り組んだのは，地域販売体制の導入と物流の効率化であった。2003 年まで，ヤンガーは全国に 162 の分公司，419 の直営店，905 のインショップ型店舗と 805 のフランチャイズ店を展開した[61]。しかし，このような広い販売ネットワークを持つようになったにもかかわらず，これまでの物流体制は依然として寧波本部から分公司，そして各販売拠点に配送するといった手法を取っていた。各地に散在する分公司への配送には長い時間が必要であり，しかもすべて本部によって対応するのはきわめて非効率なものであった。各地の店舗と本部との情報交換が遅れており，欠品への対応が 1 カ月以上かかることもしばしばあった。欠品への対応を配慮し，各地の分公司に一定の在庫を置く措置もとったが，これがまた中間在庫の増大をもたらした。

　こうした問題を解決するために，ヤンガーは 2004 年から全国を東，西，南，北の 4 つの地域に分け，本部の雅戈尓服飾公司のほか，雅戈尓南方服飾有限公司，雅戈尓西部公司，雅戈尓北方服飾有限公司の 3 つの地域統括販売子会社を新設した。

　2003 年 9 月，ヤンガーと重慶南岸区茶園新城区委員会とが協議し，翌年 5 月から茶園新城区に西部公司の建設を始めた。西部公司は，重慶を中心に，四川，広西，貴州，雲南，甘粛，寧夏，青海，西蔵等 9 つの地域に向けて販売管理を任務とした。販売管理機能だけでなく，寧波本部の工場団地以外の唯一の生産拠点として，年間約 100 万枚のシャツと 15 万着のスーツを生産する縫製

工場も設けられた。また，倉庫や配送センターの建設も同時に行われた[62]。こうして，内陸部の 10 省・市の販売拠点に直接に商品を供給することができ，輸送費用の低減や納期の短縮を図ることが可能となった[63]。

　北方公司は 2004 年北京に設立され，北京を含めて天津，遼寧，吉林，黒龍江，内蒙古，河北，山西の 8 つの地域における物流・販売管理を任務とした。これらの地域には，すでに 30 の分公司，53 の直営店と 200 のインショップ型店舗があり，北方公司は統一的な商品陳列や販売促進を行うことにより，ブランド作りの体制強化を図った。また，不採算の小規模なフランチャイズ店の閉鎖を行い，店舗数を 153 までに減少させた。

　南方公司は 2005 年に江西，福建，広東，海南の南部地域の物流・販売管理を強化するために広州に設立された。設立後，南方公司はまず分公司の統合を行った。例えば，江西省では従来の南昌，九江，上饒，贛州，宜春，吉安，景徳鎮 7 つの分公司を 1 社に統合した。また，省レベルで物流センターを配置し，各分公司の財務，会計，物流と在庫管理の人員体制の調整も行った。さらに，フランチャイズ店舗の選別を行い，売場面積 80 ㎡，年間売上高 30 万元以上という条件で契約を改めた一方，店舗や売場の設計，ポスターや道具の提供なども行うようになった[64]。当初，南方公司は広州に事務所を構えたが，同地域の卸売商業施設が多く，百貨店が少ないことから深圳に移転された。

　一方，東部地域の販売管理は，従来の寧波本部にある服飾公司によって行われた。ただ，売上規模の大きい杭州市において，2004 年 1 月に杭州雅戈尓服飾有限公司を設立し，杭州，紹興，嘉興，湖州の 4 つの市場を管轄した。同社は，市内の百貨店でインショップ店舗，市内および管轄県における直営店の展開や物流管理を行うことになった。

　こうして，ヤンガーの販売・物流体制は，本部の集権管理体制から地域分権管理体制へと転換した。各統括販売子会社に物流部と配送センターを設け，地域内の統一配送が可能となった。また，当該地域での不採算店舗の統廃合，販売情報管理，販促活動などの面においても自主的な権限を持つようになった[65]。これにより，物流効率の向上，欠品への迅速な対応，統一的な販促活動などができ，店舗の販売状況や売上データなどの情報がいち早く本部にフィードバックされるようになった。

また，中国の北部と南部の気温差が大きいため，地域的な対応も必要であった。例えば，夏に北部で売れ残った半袖のシャツを南部に配送して販売したり，冬のコートはその逆のパターンを取ったりした。これは，ヤンガーでは「南北対調」と呼ばれる手法である[66]。また，所得の地域格差により，ヤンガーは地域市場を3つに分け，それぞれの地域に新商品の投入の時期をずらしていくという手法も取り入れている。具体的に，まず新商品を所得の最も高い地域に比較的高い価格で発売する。流行のサイクルが過ぎると，第2の所得レベルの地域に商品を持っていき，価格を下げて販売する。最後に，売れ残った商品をさらに値下げして所得の比較的低い県級レベルの市場で販売する[67]。

2005年頃から，これまで売上高への貢献度が高い直営店チャネルに変化が見え始めた。販売業績や売場効率においてばらつきが生じたため，ヤンガーは直営店の統廃合を行い，経営効率の悪い店舗を閉鎖した。その一方，国内市場における需要の拡大と消費者ニーズの多様化により，新興の小売業態と伝統の百貨店業態がともに発展するといった現象が見られ，売上規模1,000万元を超える百貨店インショップ店舗が急速に増えた。

地域別販売体制を導入したことで，全国各地の百貨店にあるインショップ店舗への管理を強化することもできた。販売チャネルへのコントロール力や市場

表3-1 全国の小売チェーンにおける紳士用シャツとスーツの上位ブランド

順位	2006年 シャツブランド	シェア(%)	2006年 スーツブランド	シェア(%)	2007年 シャツブランド	シェア(%)	2007年 スーツブランド	シェア(%)
1	雅戈尔	15.1	雅戈尔	16.13	雅戈尔	14.24	雅戈尔	20.15
2	洛兹	6.84	羅蒙	5.01	海螺	7.21	羅蒙	5.38
3	海螺	6.62	杉杉	4.21	洛兹	6.65	杉杉	4.72
4	紅豆	4.86	金利来	3.55	紅豆	4.74	花花公子	3.39
5	太平鳥	4.44	花花公子	3.31	開開	4.60	金利来	3.13
6	保羅	3.89	報喜鳥	3.08	金利来	4.26	報喜鳥	2.39
7	開開	3.46	洛兹	2.35	琴曼	3.99	洛兹	1.74
8	花花公子	3.06	皮尔卡丹	1.92	杉杉	3.25	皮尔卡丹	1.73
9	羅蒙	2.79	良森	1.72	太平鳥	3.20	七匹狼	1.57

出所：中華全国商業信息中心の統計により作成。

対応力が高まるにつれ，ヤンガーは各地で高いシェアを獲得することができた。中華全国商業信息中心の統計によると，2005年10月の全国小売チェーンにおけるスーツの販売着数60万7,000着のうち，総合市場シェアでは2位の「羅蒙」が5.4%，3位の「杉杉」が4.9%であったのに比べ，トップの「雅戈尓」は15.1%となった。また，地域ごとにブランドの順位が変わることが多いが，ヤンガーは西南地域25.30%，中南地域14.96%，華東地域16.92%，西北地域12.4%，東北地域14.82%，華北地域10.31%とすべての地域でトップを占めていた[68]。これ以降も，ヤンガーはシャツやスーツのトップシェアを維持している（表3-1）。

3.6 情報システムの整備

　ヤンガーは素材・生地の生産から商品企画，製造，最終製品の小売販売まで，いわゆるサプライチェーンの諸機能を内部統合した。これは，中国の不均衡な産業発展の構造，厳しい国内外のブランド競争に対応したためであるが，これまで分業構造が一般的である繊維・アパレル産業ではきわめて稀な戦略展開と言える。

　実際，こういったヤンガーの戦略に対し，国内でも賛否両論があった。「垂直統合したヤンガーでは各プロセスに無駄な在庫が溜まりやすく，莫大な在庫コストが避けられない」といった疑問や，「ヤンガーが綿花も自分で栽培するならば，今度は羊の放牧も自分で行うべきではないか」という揶揄する声もあった。しかし，李如成は「企業が1つひとつの成長段階において，社会変化の大きな方向性に合わせながら，実際の状況によって戦略を決める必要があり，ここまで垂直統合したのは最初から想定したものではなく，改革開放以降中国の特殊な環境変化の中で取らざるを得ない選択であった」と述べている。

　厳しい経営局面に迫られ，「無謀」な戦略を有効にさせる1つのカギは情報技術であった。2002年にヤンガーは，ソフトウエア会社の中国科学院軟件中心有限公司，IT専門家の韓永生と共同で，寧波中雅軟件有限公司を設立し，情報化管理プロジェクトをスタートさせた。同プロジェクトは，調達，生産，物流，販売の各プロセスにおける情報収集の遅れや不正確さに対し，物流，情報流，資金流の3つの流れにおける情報を迅速に収集し，有効にコントロール

することを目的としている。

　また，2003年にヤンガーはコンピュータ大手のレノボと手を組んで，中央データサーバーを整備した。これにより，OLTP（On-Line Transaction Processing）システムに蓄積されたデータが整理され，情報として生産や販売等各部門にも提供されるようになった。また，倉庫管理システムにおいて，統計機能のほか，生産・販売状況や市場予測による在庫分析，計画，監督，評価などの機能が整備された。これらは，各レベルの管理者が意思決定を行う際の重要な参考データとなった[69]。

　しかし，サプライチェーンの内部化を行ったヤンガーにとって，情報化はきわめて複雑なものであった。というのは，2003年当時3社の紡織子会社，7社のアパレル製造子会社，1社の販売子会社，全国162の販売支社，400店余の直営店を含めた約2,000の販売拠点までの生産・物流・販売など各プロセスにおける情報システムの整備が必要であった。後に服飾公司の副総經理兼CIO（Chief Information Officer）を務めた韓永生は，グループ全体における情報プラットフォームの構築を次のように見ていた。川下の小売店頭から販売支社，地域統括販社，販売子会社の間では，最終商品や仕掛品などの在庫と販売に関する情報の共有と透明化を中心に進める一方，川上の素材・生地の生産と川中のアパレル製品の生産では，サプライチェーン管理や顧客（取引先）関係管理，電子商取引などにも取り組み，全体の情報化には3～5年を要する。

　2004年，ヤンガーは技術部門と各業務部門の共同選定により，ソフト専門会社の上海新意網絡軟件開発有限公司と提携し，DRP（Distribution Resource Planning: 配送資源計画）とPOS（Point of Sale: 販売時点情報管理）の導入を始めた。販売子会社の服飾公司と地域統括販売会社の北方公司，東部公司，南方公司にDRP，各販売拠点にPOSをそれぞれ導入し，これにより商品の配送から販売，在庫管理までの情報の透明化と共有化を図った。また，直営店，百貨店インショップ，フランチャイズといった複雑なチャネル構造に対応するために，各分公司で使われた既存システムの一部の機能を維持した。DRPとPOSの導入により，在庫，物流，受発注などの物流管理を統一的に行うだけでなく，財務管理や顧客関係管理への情報提供もできるようになった[70]。

3 垂直統合化（1998-2006年） 87

　一方，素材・生地の生産子会社，シャツやスーツの製造子会社において，統合基幹業務システムの ERP（Enterprise Resource Planning: 企業資源計画）の導入が行われた。2004年12月，スーツ地子会社の毛紡織染整は，北京中紡達軟件開発公司と提携し，ERP の導入を始めた。中紡達は繊維・紡織分野の情報化を専門とするシステム開発会社であり，同社の主力システム商品である TexERP を基にして，毛紡織染整の生産や管理の状況に合わせたシステム設計が行われた。また，シャツ地子会社の日中紡は2005年1月から300万元を投じて上海献捷信息科技有限公司と提携し，ERP の導入を進めた。シャツやスーツ製造子会社もそれぞれ 2005年，2006年に ERP を導入した。
　ERP を導入する以前は，物流や販売において正確なデータを把握することができず，調達部門は実需とかけ離れた予測で仕入れし，無駄を生じることも多かった。ERP のプラットフォームでは，川上の生地や川中のアパレル商品に統一した商品コードを使用し，すべての情報を全体に共有させた。こうして，約3分の1の在庫を削減し，生産サイクルを平均的に7〜10日間短縮することが可能となった。
　情報システムの整備だけでなく，ヤンガーは5,000万元を投資し，2006年5月から本社の自動化立体倉庫を建設し始めた。従来のシャツ，スーツ，その他のアパレル製品の倉庫を一体化させ，利用面積を従来の2万5,000平方メートルから5,500平方メートルまでに減少させた。また，倉庫の WMS（Warehouse Management System）を川上の生産子会社の ERP システムや川下の各地の販売子会社の DRP システムにも接続させた。さらに，在庫回転率を高めるために，DRP により受注データを分類処理し，物流配送の最適のルートと輸送量を調整する一方，市場需要の急増に対応する余剰保存能力やデータ処理機能を整備した[71]。
　DRP, POS, ERP のほか，アパレル生産工程において CAD や PDM（Product Date Management: 製品情報管理），MES（Manufacturing Executive System: 製造実行システム）などのシステムも導入され，製造工程の合理化や生産性の向上を図った。
　こうして，ヤンガーは素材調達から最終製品の販売までの各プロセスにおける情報化を実現させ，機能間の有効な連携を行うことが可能となった。また，

顧客のタイプにより，ヤンガーは国内市場向けの MTS（Make To Stock: 見込み生産システム），高級紳士服のオーダーメイド向けの ETO（Engineer To Oder: 個別受注システム）と海外 OEM など加工業務向けの MTO（Make To Order: 受注生産システム）といった３つのサプライチェーンを構築し，さまざまな情報システムの整備により全体の流れをコントロールすることができるようになった（図 3-3）。

MTS は，国内販売を行う自社の店舗向けに，「雅戈尔」ブランドの商品を

図 3-3　サプライチェーンにおける情報システムの導入

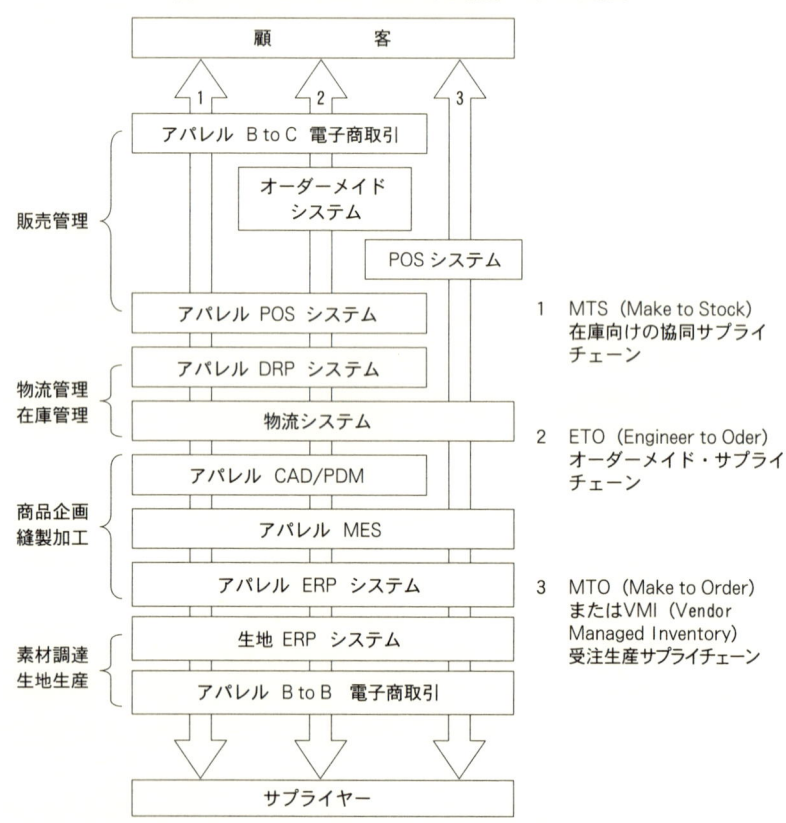

```
                        顧　　客
                    ↑1   ↑2   ↑3
          ┌──────────────────────┐
          │ アパレル B to C 電子商取引 │
販売管理 ┤  ┌──────────────┐
          │  │ オーダーメイド │
          │  │  システム     │
          │  └──────────────┘
          │      ┌──────────────┐
          │      │ POS システム │
          │      └──────────────┘
          │ アパレル POS システム      │      1  MTS（Make to Stock）
          │ アパレル DRP システム      │         在庫向けの協同サプライ
物流管理 ┤                                      チェーン
在庫管理 │  物流システム
          │ アパレル CAD/PDM           │      2  ETO（Engineer to Oder）
商品企画 │                                      オーダーメイド・サプライ
縫製加工 ┤ アパレル MES                         チェーン
          │ アパレル ERP システム      │      3  MTO（Make to Order）
          │                                     または VMI（Vendor
素材調達 │  生地 ERP システム                   Managed Inventory）
生地生産 ┤                                     受注生産サプライチェーン
          │ アパレル B to B 電子商取引 │
                        ↓
                    サプライヤー
```

出所：『雅戈尔集団経済発展白皮書』（2005 年），9 頁の図をもとに作成。

企画・デザイン，生産，販売するサプライチェーンである。在庫リスクを自ら負担するため，ヤンガーはMTSにおける機能間のバランス調整に最も力を入れた。本部はPOSシステムにより，各地域の店舗の売上情報を集め，それに基づいて地域統括販売支社と各店舗との間で出荷数を調整する。販売情報をいち早く収集・分析により，市場の変動に迅速に対応する，いわゆるQR (Quick Response) 体制の構築を目指した。また，市場需要への予測精度を高めるために，商品企画のプロセスには，販売現場との情報交換も積極的に行われていった。

ETOは，ハイエンドの顧客層に向け，顧客の要望に合わせて高級スーツのデザインや生産を行うサプライチェーンである。2001年から，ヤンガーは伊藤忠テクノソリューションズ（CTC）とオーダーメイド処理の技術提携を行い，アメリカのガーバー（Gerber）からCADのソフトウエアを導入し，オーダーメイド・スーツの生産システムの開発に取り組んだ。2002年末に，上海，杭州，寧波などの店舗でオーダーメイド・スーツの販売を開始し，60余の寸法規格を設定した[72]。その後，製造工場における情報システムの整備に伴い，2006年9月に受注から出荷までのオーダーメイドの一体化システムを完成した。合理化工程原理を応用することで，スーツの衿や袖などを部分的に標準化し，顧客がインターネットを使って自由にパーツを選択し，組み合わせることができた。こうした受注情報は瞬時に生産工場に伝達され，裁断や縫製が行われた。同システムには50種類のパターン，500の規格サイズが設定されており，1日200着のスーツの受注が処理できた[73]。

MTOは，ヤンガーのOEMの注文に向けて，ERPなどのシステムを活用し，大量生産体制を取るが，できるだけ迅速的に対応している[74]。

サプライチェーンの内部統合や情報システムの導入により，グループ子会社間で適切な資源配分や迅速な情報交換が行えるようになった。しかし，ヤンガーにとって，最大のメリットは研究開発力の向上である。原材料の確保から新素材の応用，新製品を販売できるチャネルの確保などといった一連の調整が組織内部で行うようになり，市場取引よりも市場投入へのスピードが迅速で，また他社への情報流失を防ぐこともできた。

特に，グループ全体における情報の共有や子会社間の柔軟な連携は，新素材

や新製品の開発を促した。例えば，2003年にヤンガーはナノケアの特殊技術を持つ米ナノテックス（Nanotex）と契約を結び，ナノVPシャツを開発した。ナノ技術を応用し，2004年12月に毛紡織染整と輸出向けのスーツ製造子会社の寧波雅戈尔英成有限公司は共同でナノ・スーツ商品を開発した。また2005年，消費者への調査結果を参考に，日中紡とシャツ子会社は共同で「DPシャツ」という新商品を開発した。DPシャツは，純綿の生地を使用し，ノーアイロン技術で加工したため，数回洗濯しても防皺，通気性，吸水性を保つ機能性を持ち，消費者から好評を博した[75]。高品質・高機能を持つ新製品の開発により，ヤンガーは他社との差別化を図ることができ，ブランド力の向上につながった。

また，輸出のOEM業務においても，生地の受注から一貫した製造体制により，納期を大幅に短縮させ，輸出加工の平均粗利益率は2000年の11.0%から2005年の21.4%に高まった。輸出子会社の英成公司は，スーツの生地やデザインの開発部門を設け，デザインから製造まで一貫して引き受ける体制を整えており，OEMからODM（Original Design Manufacturing）への転換を図った[76]。2005年ヨーロッパでの繊維製品クォータの撤廃に対応するために，ヤンガーは2004年にフランスやイタリアなどに現地情報を収集するためのオフィスを設けた。また，対米輸出の拡大を狙い，ダラスに現地法人を設立した。ヤンガーの年間輸出量は，2003年の1,086万枚から2005年に1,822万枚に拡大し，海外での売上高は7億651万元から13億4,176万元に倍増した。

4 戦略転換（2007年以降）

4.1 新素材の開発と海外事業の買収

2007年頃から，李如成はヤンガーの成長がもう1つ重要な転換点を迎えたと感じた。これまでサプライチェーンへの垂直統合により，ヤンガーはグループ内部で高品質の素材・生地，アパレル商品を比較的低いコストとリスクで調達・製造・販売するようになった。しかし，海外ブランドに比べ，情報の収集

と活用，商品企画やマーチャンダイジング力，ブランドの運営能力などさまざまな側面において大きく遅れていた。特に，WTO の加盟や小売市場の全面的開放以降，高級ブランドから低価格のファスト・ファッション企業までさまざまなタイプの海外アパレル企業が中国へ進出し，国内市場におけるグローバル競争がますます激化した。

李如成は，海外ブランドがひしめき合う中国市場において，ヤンガーが国際的な競争力を持つに至るには，高度な経営資源の蓄積，特に専門性の高いマーケティング技術やブランド運営能力を持つ人材やマネジメント・チームが必要であると考えた[77]。「海外ブランドとの競争よりも，グローバル人材の不足や革新意識の欠如が中国企業にとってもっと深刻な問題であり，これまで製造企業の多くが自主的な開発意識を持たず，研究開発への投資を怠り，独自に開発した繊維素材もなく，模造品や偽物の横行をもたらした」と指摘した[78]。

2002 年，中国は綿花の需要量が初めて生産量を上回り，遂に綿花の輸出国から輸入国に変わった。石油資源の減少と石油価格の高騰により，今後安価な化学繊維を入手することが難しくなり，綿花などの天然繊維に対する需要が高まると予測されている。繊維素材の海外への依存度が高まりつつある中国の繊維産業が苦境から抜け出すために，李如成はリーダー企業としての使命を感じ，新しい繊維素材の開発に取り組むことを決定した。彼が 2003 年頃から注目したのは「漢麻」(Hemp: ヘンプ) という繊維素材であった。

ヘンプは，アサ科の大麻から抽出した繊維であるが，まったく毒性がない産業用素材である。それを使った生地は綿の特性を保有するほか，強力性と柔軟性があり，紫外線吸収や耐熱，抗菌・制菌などの機能も持つ。また，その栽培は綿花と同様に化学薬品を使う必要がなく，環境負荷が低い。石油製品に取って代わる 1 つの繊維素材として，ヘンプ繊維は近年各国で注目されている。中国では，気温や湿度が高く，環境条件の厳しい地域での作戦に適する軍需用品に使用されており，軍需用素材として，これまで中央軍事委員会後方勤務部の軍需装備研究所の軍用漢麻材料研究センターで，開発責任者の張建春を中心に約 20 年の研究が行われてきた。

ヤンガーは 2004 年からプロジェクトを立ち上げ，ヘンプ素材に関する研究を進め，2006 年 7 月にヘンプの開発，生産，販売を自社の戦略的成長産業の

1つとして位置づけた。こうして，2007年4月にヤンガーは関連子会社の寧波宜科技，雲南省の雲麻実業との共同出資により，ヘンプの栽培，生産加工，輸送および販売を行う漢麻産業投資控股有限公司を設立した。出資率はヤンガー40％，寧波宜科技51％，雲麻実業9％となっており，第1次投資額は2億元であった。ヘンプ素材生産の関連技術は主に技術軍用漢麻資材研究センターから提供された。同年末，中国政府からヘンプ栽培が正式に許可されたのに応じて，雲南省のシーサンバンナ州に2万ムー（約3,000万平方メートル）のヘンプ栽培基地を作った。

　ヘンプ素材を新規事業として取り組む一方，李如成が打ち出したもう1つの重要な戦略は海外事業の買収であった。2007年11月，ヤンガーはアメリカ衣料大手のケルウッド（Kellwood）とその完全子会社のケルウッド・アジア（Kellwood Asia）と株式買収協議に調印し，同社が保有するスマート（SMART）の100％の株式を7,000万ドル，ケルウッドが保有する香港新馬（Xin Ma）の100％の株式を5,000万ドルで買収した。買収総額1億2,000万ドルの資金は，30％が自己資本で，70％が輸出入業務を取り扱う銀行から6％の低金利で借り入れた。

　実は，ヤンガーはクォータの撤廃によるアメリカへの輸出拡大に向けて，2004年にケルウッドと600万米ドルの半々出資でシャツ製造合弁子会社の雅新シャツ有限公司を設立したことがある[79]。ケルウッドも2005年に傘下のメンズウエア事業部をヤンガーに売却する意向を示したが，買収額で合意できず，交渉が進まなかった。2007年に入り，メンズウエア事業の業績悪化を受け，ケルウッドは再び買収の話を持ち上げた。

　香港新馬は1956年香港に設立され，1982年にケルウッドに完全子会社化された後，製造管理を行うスマートと，企画・デザインを行う新馬の2つの会社に分離された。同社は主に紳士シャツ，パンツ等の製造・販売を行い，中国の深圳，吉林，重慶のほか，スリランカやフィリピンなどに14の生産工場を持ち，従業員2万人を擁する。2006年度の生産規模は，シャツ3,082万枚，ニットアパレル473枚，パンツ342万本であった。

　この買収により，ヤンガーの年間生産規模は8,000万枚に達し，世界最大のアパレル製造企業となった。また，新馬が持つPOLOやCalvin Kleinを

含む 20 以上のブランドの ODM 業務を引き受けることになり，NAUTICA や CLAIBORNE，PERRY ELLIS など 5 つのライセンス・ブランドおよび広域の物流システムも持つようになった。

国内企業による海外企業への買収は，中国の繊維・アパレル業界において初めてである。その最大の効果が高いのは，専門人材とブランド運営能力を持つマネジメント・チームの獲得である。これまでの急拡大や厳しいブランド競争に対応し，社内でゆっくり時間をかけて人材や技術を蓄積・整備することが困難であったため，李如成は資金力を備えるようになったヤンガーにとって，買収によりマネジメント人材や技術者の不足を補うのは良い選択肢であると考えたからである[80]。これにより，企画・デザインやマーチャンダイジングなどの側面における海外ブランドとの差をいち早く縮小させ，グローバル水準に達したデザイン力の強化や海外での販売チャネルの拡大を図ろうとしたのである。

また，国際的レベルに近づけ，海外ブランドの学習を加速するために，ヤンガーは 2007 年 3 月にアメリカ最大のメンズアパレル企業であるハートマークス（Hartmarx）と 20 年間のライセンス契約を結んだ。同社の主力ブランドの 1 つである「Hart Schaffner Marx」（浩獅邁）ブランドを中国市場に導入し，中国市場での第 1 号店は 2007 年 9 月に青島にオープンした。

4.2 製品構造と生産体制の調整

2008 年に入り，国内外の経済環境が大きく変化した。人民元の切り上げ，エネルギー価格の高騰，人件費の上昇と労働力不足などのマクロ的環境の変化のみならず，アメリカ発金融危機の影響を受け，中国の輸出が急減し，沿岸部では一部輸出向けの製造企業が閉鎖や倒産に追い込まれる事態も見られた。

ヤンガーは新馬を買収した後，生産体制を調整し，同社が持っていた一部の OEM 業務をヤンガーのシャツとスーツ製造子会社に移させた。また，重慶にある新馬の縫製工場をヤンガーの西部公司に移転させ，1 億元を投じて新しい工場と社員寮を建設した。さらに，2008 年末にコスト構造の高い深圳工場を閉鎖させる一方，スリランカの工場に技術者を派遣し，設備更新と技術改善を行った。

新馬の買収により，ヤンガーの輸出向けの売上高は 2007 年の 20 億 6,143 万

元から 2008 年に 44 億 2,039 万元に急増し，生産子会社の多くは増産体制に入った。しかし，こういった増産効果は一時的なものにすぎず，コストの上昇による利益への圧迫を改善するには製品構造の調整が必要となった。川上への垂直統合の効果を活かし，ヤンガーは 2007 年以降素材開発に力を入れ，中・下レベルの加工生産の割合を縮小するとともに，より付加価値の高い生地やアパレル商品の国内販売と輸出を強化した。

これまで中国の製造企業の多くは中・下レベルの品質ながら格段に安い価格で国際競争力を築いてきた。例えば，イタリア製の 80 番手の生地が 1 メートルの販売価格 10 米ドルであるのに対し，中国企業の多くは 40 番手の生地を生産し，それを 1.5 米ドル価格で販売するといった低品質・低価格のポジションを取ってきた[81]。しかし，経済環境が大きく変化した中で，低コスト戦略を維持するのは困難となり，特に金融危機以降，輸出依存の成長方式にはすでに陰りが見えた。こうして，ヤンガーは自社の開発力を強化し，イタリア製と同様の価格で，しかし 300 番手の生地を提供することで国際競争力を築こうとした。

300 番手糸は生糸よりも細く，世界最細番手と言われ，すべて新綿集団の新疆生産基地から調達される。ヤンガーは 2007 年に新疆農科所と共同で 4 センチの超長繊維綿の「新昊（XINHIGH）綿」ブランドを開発した。「新昊綿」は国際有機農推進協会（OCIA）やアメリカ NOP（National Organic Program）の認定を受けており，現在中国国内で高番手の生地を生産できるのはヤンガー傘下子会社の日中紡だけである。また，高付加価値の織物需要の増加に向け，日中紡は 2008 年に「Liquid Cotton」（液体綿，水柔綿とも呼ばれる），「珍珠綿」などの新しい生地を開発し，開発体制を強化した[82]。高付加価値生地への取り組みにより，日中紡は 2007 年後半以降，POLO，プラダ（Prada），バーバリー（Burberry）などの高級ブランド・メーカーからも受注するようになり，特にアジア地域からほとんど素材調達をしないプラダのアジアでの唯一の調達先に指定された。そのほか CK，LLB，M&S，NEXT，Lacoste なども，日中紡の重要な取引先となった[83]。

一方，ヤンガーはウール生地の開発や生産にも力を入れた。子会社の毛紡織染整は最先端の設備により，カシミヤや Super180'S ウールの超極細糸で高質な生

地の開発・生産に取り組んだ。そして，2007年に服飾公司と共同で「Merino」（美麗諾）という多機能のウール100％生地とシワ防止のノーアイロンスーツを開発した。これまでのノーアイロン技術は後整理の工程によるものが多かったが，素材開発段階で防皺技術を実現させたのは初めてであり，特許申請も行った[84]。

新素材開発だけでなく，ヤンガーは納期の短縮と多頻度小ロット調達への対応も図った。2007年から日中紡はQR生産体制を導入し，20,000種類の生地がデータとして保存され，取引先は画面から直接選ぶことができるようになった。また，2008年にインターネット受注を開始し，ERPとの接続により生産状況を常にネットで調べることが可能になり，市場需要に合わせた小ロット・多頻度の調達・生産体制が整備された。

2008年末の社内会議において，李如成は生地の内部調達を拡大し，自社生産されていない生地の開発を進め，厳しい経済情勢の中で，企業グループが一体となってサプライチェーンの一貫構造による優位性を発揮していくと強調した[85]。日中紡の場合，生産量の30％はグループ内部販売，30％～40％は新馬のOEM業務で消化され，残りの30％はヨーロッパやアメリカなどに輸出される。また，毛紡織染整の場合，内部販売と新馬の注文はそれぞれ45％を占めた。素材と生地の内部取引は，2007年の3億5,154万元から2008年の8億1,020万元に上昇した[86]。

川上分野への参入や生地の内部調達は，品質の安定やコスト削減だけでなく，良質な原材料の確保も目的の1つである。原材料価格は経済環境に影響されやすく，近年その変動が激しくなっている。ヤンガーは川上への参入により，比較的低いコストで原材料を確保し，国内市場の大きな需給変化が起こった際，その影響を最小限にとどめることができた。グループ子会社の新疆綿紡が26万2,000錘の梳毛紡績設備を持つほか，ヤンガーは2007年に山西云河集団，新綿集団澤普綿紡廠などの綿紡織企業と契約し，年間10万錘以上の生産能力を確保した。

川上事業の展開による最大のメリットは，独自の開発力による素材の差別化の実現にあった。綿紡会社にとって高級素材の開発は，時間やコストがかかり，需要が限られているため，多くの企業が消極的である。ヤンガーは川上へ

後方統合により，利害関係を一体化し，新素材の開発をスムーズに進めることができた。素材開発の強化は，川上事業での利益獲得を目的とすることで，差別化ができる高品質，高付加価値のアパレル商品の提供により，最終的にブランド力や競争力の向上を図る狙いであった。

開発された付加価値の高い新素材をすぐに商品化し，販売段階では積極的な販促活動を行う，グループ内の柔軟な垂直連携が進められた。ヤンガーの定番シャツの販売価格が300元前後であるのに対し，高機能性を持つDPシャツは600～900元であり，高級シャツの場合は2,000元前後である。DPシャツの販売数は2005年の5万枚から，2006年に46万枚，2007年60万枚，2008年115万枚に急速に増加した[87]。DPシャツの生地はすべて日中紡で生産されており，好調な販売は直接日中紡の売上増にもつながった。

DP素材をさらに活かすために，2008年にヤンガーのグループ内ではDPズボンの共同開発が進められた。日中紡，シャツ工場，ズボン工場，販売子会社，グループの設備部，技術センターから21名の開発人員がチームを形成し，また香港理工大学紡織品形態記憶専門家の王慶淼を社内に招き，リーダー役を任せた。開発チームは2009年6月までには11のサンプル試作を行い，次年度に38のアイテムを新たに企画した[88]。

川上分野への参入，高付加価値の素材や生地の開発体制の強化により，主力商品のシャツやスーツはこれまで高い利益率を維持してきた（表3-2）。2008年シャツの粗利益率が大きく低下したのは，新馬の買収や金融危機の影響により，低付加価値の輸出加工が増加したからである。一方，国内販売向けアパレル製品の平均粗利益率は，2008年の65.58%から2010年の62.85%に低下したが，高い水準を維持している。

しかし，新馬への買収により，ヤンガーのアパレル事業の売上高が2007年の30億2,068万元から2008年の55億2,660万元に急増した。一方，紡織事業において，新素材や新製品開発など様々な取り組みがあったにもかかわらず，2007年以降売上の伸びが鈍化し，20億元前後で推移していた。素材による差別化がどのようにブランド力や企業の競争力につなげていくのか，ヤンガーにとって重要な課題となった。

表 3-2 製品別売上高の推移 (2001－2010 年度)

年度	シャツ 売上高 (百万元)	シャツ 売上原価 (百万元)	シャツ 粗利益率 (%)	スーツ 売上高 (百万元)	スーツ 売上原価 (百万元)	スーツ 粗利益率 (%)
2001	539.71	273.62	49.30	686.41	336.85	50.93
2002	540.30	267.95	50.41	734.44	345.38	52.97
2003	532.01	291.59	45.19	704.58	381.08	45.91
2004	591.28	300.84	49.12	671.16	329.29	50.94
2005	835.71	419.41	49.81	646.66	324.03	49.89
2006	869.93	433.00	50.23	865.54	428.22	50.52
2007	1146.18	602.26	47.42	985.67	517.18	48.54
2008	3125.16	2304.44	26.26	1068.23	518.59	51.45
2009	2462.88	1739.50	29.37	1116.25	531.69	52.37
2010	2548.60	1672.22	34.39	1338.53	673.95	49.65

出所:『雅戈尓集団股份有限公司年度報告』(2001－2010 年度) より作成。

図 3-4 アパレル事業と紡織事業の売上高の推移 (2002－2010 年度) (単位:百万元)

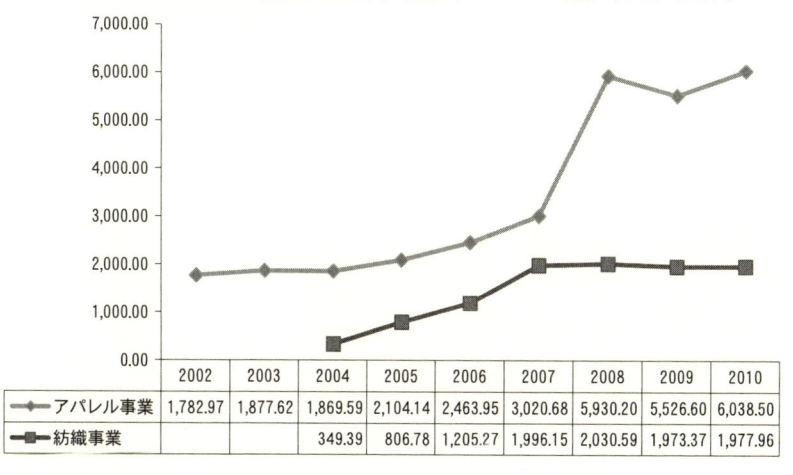

	2002	2003	2004	2005	2006	2007	2008	2009	2010
アパレル事業	1,782.97	1,877.62	1,869.59	2,104.14	2,463.95	3,020.68	5,930.20	5,526.60	6,038.50
紡織事業			349.39	806.78	1,205.27	1,996.15	2,030.59	1,973.37	1,977.96

出所:『雅戈尓集団股份有限公司年度報告』(2002－2010 年度) より作成。

4.3 多ブランド化

　金融危機以降,李如成はヤンガーの今後の成長のための新たな経営方針を定めた。彼はこれまで厳しい競争環境に置かれたヤンガーを長期的に存続・成長させるためには,経営規模の拡大が競争優位につながると考えていた。アパレル事業は年間 8,000 万枚の生産規模を有する世界最大の生産基地になり,不動産事業は長江デルタ地域から全国に拡大していくということを目標にしていた。しかし,金融危機後,彼はむやみに規模を拡大するのが危険であり,経営を安定化させ,持続的発展可能な体制を備えなければならないという認識に至った。特に,企業の負債率を 60% 以下に抑え,本業第一主義を堅持することを成長方針として明確に示した[89]。2009 年,李如成は経営の重心を規模拡大からブランド経営に転換させると同時に,ガバナンス構造と組織体制を調整し,「創業者経営」からマネジメント・チームによる「2 代目経営」へと移行すると発表した。

　同年 7 月,ヤンガーは 14 億元を投じて,完全子会社の雅戈尓服装控股有限公司を増資し,同社によりアパレル製品の生産と販売を行う 22 社の子会社の株式を買い取り,5 年をかけてアパレル事業の構造調整を進めた。持株会社である服装控股は,董事長と董事(取締役員)の責任制を取り,6 名の取締役員がそれぞれ総合サービス部門,市場運営,物流,海外業務,国際ブランド,生産調整の 6 部門の管理責任者を務めている。

　また,ヤンガーは多ブランド化戦略を実施し,これまでの中軸ブランドである「雅戈尓」を,「Youngor CEO」,「Mayor & Youngor」,「G&Y」といった 3 つのブランドに細分化し,ブランド別事業部を設けた。そのほか,ライセンス提携によるハートマックスの「Hart Schaffner Marx(浩獅邁)」,ヘンプ素材の新規事業による「漢麻世家(HANP)」を加え,ヤンガーは 6 つのブランドを持つようになった(表3-3)。

　1990 年に立ち上げた「雅戈尓」ブランドは,これまで一流の品質に中レベルの価格というブランド・ポジションを取り,李如成は「雅戈尓」をアメリカの「HUGO BOSS」のようなブランドに育てようと考えた。しかし,1 つのブランドにより,大学生やビジネスマン,公務員・政府幹部など年齢も職業も異なる消費者ニーズに対応してきたが,実際 2002 年頃からすでに限界が見え

表 3-3　多ブランドの展開

ブランド名	主なターゲット	チーフ・デザイナー	コンセプト
Mayor & Youngor	40〜55歳の公務員，政府幹部など	張宏	西洋スタイルと中国的要素をうまく融合させ，中国消費者のニーズに合わせた高級ブランド
Youngor CEO	28〜38歳のビジネスマン	鄭乙紅	DPシャツやズボン，防シワスーツなど機能性に富んだビジネス・スタイルの商品を中心としたブランド
G&Y	25〜35歳の流行に敏感な若い世代	潘陽	日本デザイン・オフィスのW-GAMEと提携し，ビジネス，ビジネスカジュアル，カジュアルの3つのスタイルを中心としたブランド
Hart Schaffner Marx	32〜48歳	盧蕾	「エリート」，「都会」，「生活」の3つのシリーズに分け，ビジネス・カジュアルを中心に，フォーマルウェアも展開するブランド
漢麻世家 (HANP)	生活の質を重視する富裕層	呉海燕	アパレル製品，インテリア用品，生活文化用品を展開し，商品企画・デザインから直営店の展開まですべて内部統合した運営体制を取っている

出所：『雅戈尓報』第129, 132期を参考に作成。

始めた。そのため，ヤンガーは市場をセグメント化し，40〜55歳の高収入の中高年の顧客をターゲットに，高級ブランドの「金色雅戈尓」（Golden Youngor）を展開する一方，若い世代に向けて比較的に低い価格帯のブランド「緑色雅戈尓」（Green Youngor）を開発し，サブ・ブランドで対応しようとした。しかし，2つのブランドは，素材や価格，シルエットなどにおいて違いを出したものの，広告宣伝では同じイメージ・キャラクターを使用したり，同一店舗で販売されたり，ブランドとしての違いは十分消費者に浸透しなかった。

このため，各ブランドの独自性を形成し，多ブランド化戦略を実現するために，ヤンガーは企画・デザインやマーチャンダイジングの人材導入に取り組んだ。2008年以降，ヤンガーは自社の企画チームや社内デザイナーを育成しながら，フランス，イタリア，香港のデザイナーと長期的提携関係を結び，数名の香港デザイナーを招聘した。人材の整備とともに，ブランドごとに企画室を設け，相対的に独立した運営体制を築き始めた。

アパレル事業の改革計画が発表された当日，ヤンガーの株価は6.2％上昇した。これは，競争が激しい中でヤンガーの積極的な対応に対する期待感が高

まったからと思われる。しかし，ブランド別組織体制の構築や多ブランド経営の確立は容易ではない。現状では，ブランド企画室が独立体制を取っているが，素材調達や生産，販売などの面では経営資源を共用している。流行や市場の変化にいかに対応し，ブランドごとに企画から販売まで一貫したマーチャンダイジング体制をどのように整備するかが大きな課題となっている。

4.4 サプライチェーン管理の強化と問題点

多ブランド事業体制の発表とほぼ同時に，ヤンガーは販売体制の調整を行った。これまで全国市場を4つの地域に分割していたが，地域市場により細かく対応するために，独立採算を取る営銷公司（マーケティング子会社）6社を設け，各分公司の管轄地域を再調整した。また，2010年に浙江地域が杭州公司と寧波公司に分かれ，東北地域に東北公司を新たに設立し，マーケティング子会社が合計8社となった（表3-4）。

販売地域の調整により，ヤンガーは全国範囲でブランド力を高めようとした。2007年10月，ヤンガーは東華大学と提携し，メンズウエアの流行やブランド経営，人材育成などを専門的に研究する機関として中国男装研究センターを設立した。中国のメンズウエア市場の特性や消費者ニーズを研究し，国内市場に向けたブランド作りを強化した。

また，中国消費者の体型に合った商品企画を行うために，ヤンガーは2008

表3-4 マーケティング子会社とその管轄地域

子会社名	管轄地域
華東公司	江蘇省，山東省，上海市
中原公司	安徽省，河南省，湖北省
北方公司	北京市，天津市，河北省，山西省，内モンゴル自治区
東北公司	黒竜江省，吉林省，遼寧省
重慶公司	雲南省，四川省，甘粛省，青海省，新疆ウィグル自治区，陝西省
南方公司	広西チワン自治区，湖南省，広東省，海南省，福建省，江西省
寧波公司	寧波，金華，温州，麗水
杭州公司	杭州市，嘉興市，紹興市，湖州市，諸曁市，余杭市，蕭山市，上虞市，臨安市

出所：2011年3月ヤンガーへのインタビューより作成。

年末に東華大学と共同で3次元バーチャル人体模型を開発した。これまで国内市場向けのパターン製作は，20年前人体測定の実施によって作られた国家基準規格に従い，同時に海外のパターンを参考にしていた。しかし，地域間や年齢の差異があり，従来の規格では消費者のニーズに十分対応できなくなり，ヤンガーは新しい人体模型の開発を進めた。華東，華北，華中と西南の4つの地域において，消費者のサンプルデータを収集し，それに基づき，3次元バーチャル人体模型を作成した。こうした改善により，ヤンガーのサイズ規格はより消費者の体型にフィットするようになった[90]。

　一方，2003年から2008年の5年間，ヤンガーは直営店や百貨店インショップを2回リニューアルをした。販売拠点の新規出店と不採算店舗の閉鎖を行い，2009年には新たに71の直営店，114の百貨店インショップ，61のフランチャイズ店舗を展開し，同時に195店を閉鎖した。また，2010年には33の直営店，168の百貨店インショップを出店したが，14のフランチャイズ店舗を閉鎖し，同年末の店舗数は前年より187店増の2,145店舗に達した。このうち，「Mayor & Youngor」，「G&Y」，「Hart Schaffner Marx」，「Youngor CEO」と「HANP」の5つのブランドの店舗数は252店に増えている。

　国内市場に向けた地域対応とブランド構築の強化により，国内市場の売上高は2008年の61億5,427万元から2010年に106億9,136万元に達した。一方，輸出は金融危機の影響や世界経済の低迷により，2008年の44億2,039万元がピークでそれ以降は減少傾向となった（図3-5）。

　販売体制の調整や地域的対応の強化にとどまらず，ヤンガーは2009年に需要（売場）と商品企画を連動させるマーチャンダイジング（MD）手法を導入し，市場主導型アパレル企業への転換を目指した。MD企画の場合，1年間を8つの時期に分け，季節や地域特性などを考慮し，各シーズンのテーマや商品展開，アイテム数などを決定する。しかし，そこには，企画・デザイン部門だけでなく，販売，販促，調達，売場陳列など多数の部門と頻繁なコミュニケーションをとりながら，商品や品揃え，売場全体のイメージを決定し，ブランド全体の整合性を維持しなければならない[91]。

　MD商品企画の導入により，ブランドの企画体制も大きく変わった。以前は，最新の流行を収集し，次のシーズンに流行る色，形，素材，生産枚数など

図 3-5 国内販売と輸出の売上高の推移（2001−2010 年度）（単位：百万元）

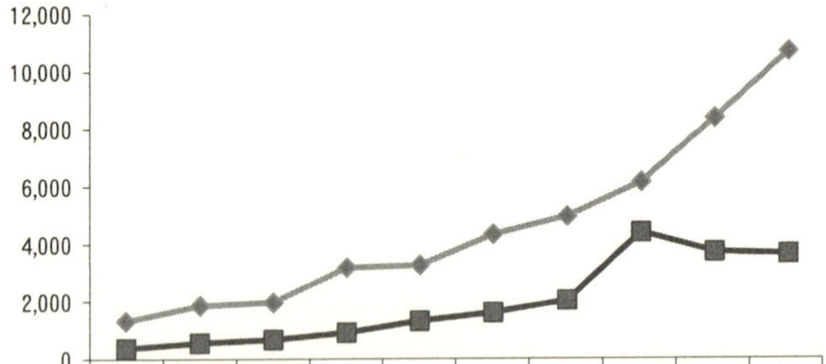

	2001	2002	2003	2004	2005	2006	2007	2008	2009	2010
国内販売	1,350	1,882	1,997	3,209	3,286	4,345	4,972	6,154	8,377	10,691
輸出	402	590	707	946	1,342	1,631	2,061	4,420	3,738	3,667

出所：『雅戈尓集団股份有限公司年度報告』（2001−2010 年度）より作成。

をすべて事前に決めていた。MD が導入された後，商品投入の時期に合わせて，製品の組合せや売場全体の品揃えを考慮した商品企画が必要となった。また，販売データの分析が重要となり，店頭での販売状況に合わせてどの品目がどれくらい生産するのかを決定し，生産と販売の同期化を図ろうとした。

「G&Y」の企画を担当したデザイナーの田中三郎は，ヤンガーの最大の変化は市場主導への変化であると指摘している。従来，企画した商品を生産し，販売するというステップであったが，2010 年以降企画室はまず市場調査を行うようになった。また，企画の際，単品ではなく，製品の組み合わせやコーディネートを重視し，とくにブランド全体のイメージを十分考慮するようになった。これに合わせて店舗も，従来の単品販売から顧客へのコーディネート提案を重視するようになった[92]。

しかし，売場起点の MD や生産と販売の同期化は，容易に実現できるものではない。特に，流行に敏感な若い世代をターゲットとする「G&Y」は大きな壁にぶつかることになった。同ブランド企画室責任者の瀋陽によれば，MD の導入には理想と現実の大きな隔たりがあり，売場での販売経験をほとんど持たないデザイナーにとって，MD そのものに対する理解も不十分であった。彼は具体的な問題として，以下の 2 つをあげた。

第 1 に，展示会と受注方式の問題である。「G&Y」の展示会は年 2 〜 3 回だ

けであり，それが流行の変化が速く，ファッション性を強調する「G&Y」には全く対応できず，多くの販売機会を逃してしまった。瀋陽は展示会を年間5〜6回までに増やすか，あるいは競合ブランドの「Jack Jones」のようにサンプル室を設け，随時注文を受けるといった手法などを導入することが必要と考えた。

第2の問題は生産段階にあった。「G&Y」の商品も，ヤンガーのグループ内の生産子会社や外部協力工場で生産されていた。品質が確保できるものの，生地や副素材の多くはグループ内の他のブランドと同様なものを使わざるを得ず，「G&Y」のファッション性の高いイメージにそぐわなかった。また，店舗数が少ない「G&Y」は当然生産ロットが小さく，単品ではときに200枚以下であるため，大規模生産を中心としたヤンガーの調達・生産体制も対応できない状況にあった。

多ブランド，特に流行に強く左右され，ファッション性の高いブランドを展開するには，多品種小ロット，迅速な調達・生産体制が必要であり，それを完全に内部工場のみで対応することはほとんど不可能である。2010年から，ヤンガーは自社内部のサプライチェーンを強化するだけでなく，サプライヤーとの取引による外部調達も重視するようになった。厳しい選定基準と審査プロセスを設け，毎年新たなサプライヤーとの取引を進めている[93]。現在，ヤンガーのサプライヤーは全国各地に100社以上あり，一定規模の生産能力，品質とブランド知名度の保証がある各分野の有力企業が選定されている。これらの企業はほとんど産地に立地する。例えば，ジャケットは温州，セーターは桐郷，ネクタイは嵊州，ズボンは広州と福建に集中している。

また，ヤンガーは製品開発力，品質，価格，納期などの評価をもとに，サプライヤーをABCの3つのクラスに分け，8ポイント以上A級，6〜7ポイントB級，6ポイント以下C級といった等級評価制度を取り入れた。A級を戦略的パートナーとし，長期的な取引と大規模な発注を維持しながら，ヤンガーとの情報交換を強化している。B級に対し，改善を求め，C級とは徐々取引を止めていくといった方針を定めた。

一方，ブランド企画室は2010年に市場運営チームを作り，百貨店や各地域の分公司との交流を強化し，売場のイメージ，商品陳列，販促，接客サービス

などの面を向上させようとした。販売子会社の服飾公司は，1,448の直営店とインショップ店舗からの6,300名の販売人員を対象に，商品知識，接客サービス，商品物流などの内容を中心にFA（Fashion Adviser）の研修を行った[94]。

2011年末時点，ヤンガーの総店舗数は2,032店に達し，そのうち直営店573店，百貨店インショップ1,302店，フランチャイズ店舗480店，売上高に占める割合はそれぞれ43％，37％，9％であり，このほか団体注文による割合が11％である。同年，ヤンガーは761店舗のリニューアルを実施しており，1平方メートル当たりの売上高が1万8,000元に達し，前年より14.4％増となった。ブランド経営への転換により，さらなる発展を図るヤンガーは，サプライチェーン全体における機能強化や調整を実施し続けている。

4.5　組織体制と経営モデルの確立

ヤンガーは，これまで経営者の李如成のリーダーシップのもと，素材調達から最終製品の小売販売までサプライチェーンの諸機能を内部化する統合戦略を展開し，国内市場においてブランドを構築してきた。こうした戦略展開は，アパレル産業においてほとんど見られないものであり，李如成はこれを改革開放以降の中国の特殊な経済環境に対応した結果としている。しかし，彼は今後環境の変化に伴い，各事業を分離させていく可能性も十分あると考えている。サプライチェーンへの統合に伴い，膨大な投資や各専門分野での技術の取得と人材の育成・整備が必要であり，すべての分野で優れることを目指すのは困難なのである。

これまでヤンガーの強い資金力を支えてきたのは，不動産や金融分野への多角化である。メンズウエアの企画・生産・販売を本業としながら，ヤンガーはリゾート，住宅用，商業用不動産開発と株式投資の2つの事業を確立させた。それぞれの事業は独立に運営されているが，キャッシュ・フローは一体化しており，不動産事業や金融事業で得られた利益を本業の紡織・アパレル事業への大規模な投資に回していた。

1998年再スタートした不動産事業は，寧波市を中心に展開しており，2004年に蘇州，2007年杭州，紹興と台州，そして2010年には上海にも拡大した。2008年1月，ヤンガーは持株率95.64％の不動産子会社の雅戈尔置業公司に8

表 3-5　ヤンガーの売上高と利益の推移（2000－2010 年度）（単位：百万元）

年度	総資産	総売上高	主要事業売上高	総利益	営業利益	純利益
2000	2,436.17	－	1,405.69	319.51	219.48	291.28
2001	3,298.26	5,658.72	1,751.46	417.51	241.57	347.17
2002	5,234.67	6,913.97	2,471.20	497.43	331.22	398.87
2003	7,431.99	10,119.64	2,703.06	515.31	371.26	400.18
2004	10,642.11	13,944.56	4,155.21	755.27	602.77	557.86
2005	11,744.54	16,716.65	4,628.15	814.01	722.60	564.79
2006	17,249.64	17,404.52	5,975.66	1,146.46	967.02	755.00
2007	35,344.36	18,408.66	7,033.89	3,691.29	3,643.21	2,475.71
2008	32,227.47	24,936.49	10,780.31	2,375.06	2,193.40	1,583.18
2009	41,934.00	27,437.00	12,115.34	4,097.60	4,139.72	3,263.92
2010	48,262.70	33,481.34	14,513.59	3,660.72	3,400.57	2,672.17

注：総利益，営業利益，純利益は主要事業のみによるものである。
出所：『中国企業管理年鑑』（2000－2011 年），『雅戈尔集団股份有限公司年度報告』（2000－2010 年度）より作成。

図 3-6　ヤンガーの事業別売上高の推移（2002－2010 年度）（単位：百万元）

	2002	2003	2004	2005	2006	2007	2008	2009	2010
紡織事業			349.39	806.78	1,205.2	1,996.1	2,030.5	1,973.7	1,977.9
不動産事業	533.50	605.83	1,588.5	1,330.6	1,926.8	2,185.0	3,466.3	5,175.4	6,842.8
アパレル事業	1,782.9	1,877.6	1,869.5	2,104.1	2,463.9	3,020.6	5,930.2	5,526.6	6,038.5

出所：『雅戈尔集団股份有限公司年度報告』（2002－2010 年度）より作成。

億 7,200 万元を投じて，資本金を1億 2,800 万元から 10 億元に増資した。2009年8月，アパレル事業の構造調整とほぼ同時期に，ヤンガーは 17 億元の自己資金により雅戈尓置業を持株会社化し，資本金を 32 億元に増資した。不動産持株会社は，董事長と董事の責任制を取り，寧波，杭州，蘇州の3つの地域子会社を設けた。各子会社は独立法人でありながら，持株会社の事業部でもあるという構造となった[95]。

　一方，金融事業は 1993 年，寧波政府の呼びかけにより，広博，宜科など寧波地域の企業への投資から始まった。当初，株式投資の知識が不備であったため，ヤンガーは政府に勧められた筆頭株主ではなく，少ない株式の保有にとどめた。1998 年，株式上場した後，李如成は金融業の発展を見込んで，中信証券股份有限公司などの証券や銀行への投資を行った。2008 年まで，株式投資による配当は 100 億元弱にのぼった[96]。

　金融危機以降，李如成は PE（Private Equity）投資を1つの事業として確立させることにした。その背景には，この分野が大きなリスクが伴うため，国有資本の参入が難しく，また金融危機の影響により一部外資系企業の撤退の動きなどがあった。多くの金融機関の人員削減を契機に，ヤンガーは専門性の高い投資人材を採用することができ，2008 年 10 月に投資管理とコンサルティング業務を行う子会社の上海凱石投資管理有限公司を設立した。こうして，不動産や金融分野への参入により，ヤンガーは豊富な資金を調達することができた。

　国営企業でもなく，私営企業でもないヤンガーは特殊な所有構造を持っている。一般の上場企業と異なり，ヤンガーには大株主がほとんどなく，李如成自身の持株率約 23％である（図 3-7）。分散的持株構造により，後継者の選定は一つの課題となっている。李如成は，マネジメント・チームや管理層の人材育成が遅れているといったことは，ヤンガーだけでなく，多くの中国企業に見られる「病」であり，これは短い期間に企業が急激に成長し，中国全体の工業化過程が急激に進められた結果であると考えている。

　これまで，李如成は企業経営に重要な意思決定を行い，ヤンガーの各段階の発展においてきわめて重要な役割を果たしていった。しかし，アパレル事業におけるサプライチェーンへの内部統合，不動産や金融など多数の事業を展開していく中で，ヤンガーは産業分野にまたがる事業領域を持つようになり，その

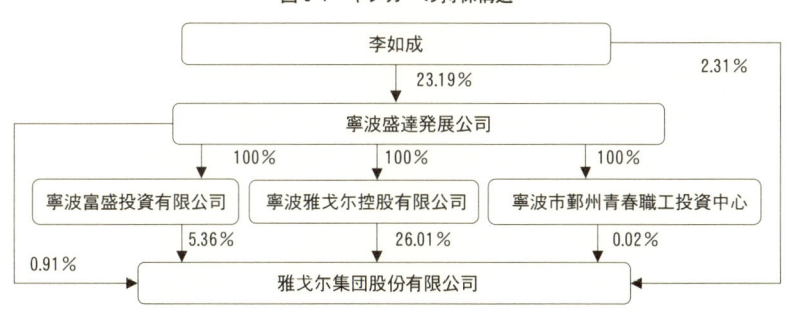

図 3-7 ヤンガーの持株構造

```
                       李如成
                    ↓ 23.19%           → 2.31%
                 寧波盛達発展公司
         100% ↓        100% ↓        100% ↓
  寧波富盛投資有限公司  寧波雅戈尓控股有限公司  寧波市鄞州青春職工投資中心
         5.36% ↓        26.01% ↓        0.02% ↓
  0.91% →    雅戈尓集団股份有限公司
```

出所:『雅戈尓集団股份有限公司 2011 年度報告』, 15 頁。

経営は当然経営者 1 人の力では及ばないものである。ヤンガーは 50 社以上の完全所有または持株の子会社を持ち，各子会社の経営は相対的に独立したものであり，一部の子会社が独立採算体制を取っている。

グループ全体の経営において，現在ヤンガーは取締役会に戦略発展委員会，報酬・指名委員会，監査委員会を設け，重要な意思決定を数人からなるグループで行っている（図 3-8）。戦略発展委員会には，主任委員兼取締役会会長の李如成のほか，副会長の李如剛，蒋群，独立取締役の葉如棠，蒋薇傑がメン

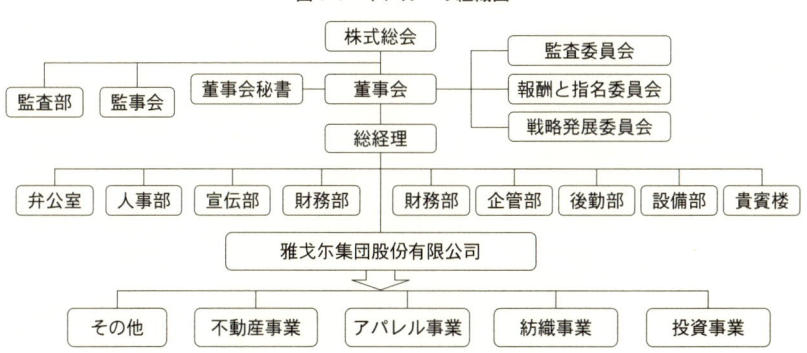

図 3-8 ヤンガーの組織図

```
                            株式総会
                               │
           ┌───────────────────┼──────────────┐
                                              ┌ 監査委員会
  監査部  監事会   董事会秘書 — 董事会 ────────┼ 報酬と指名委員会
                               │              └ 戦略発展委員会
                              総経理
  ┌──┬──┬──┬──┬──┬──┬──┬──┐
 弁公室 人事部 宣伝部 財務部 財務部 企管部 後勤部 設備部 貴賓楼
                               │
                     雅戈尓集団股份有限公司
  ┌──┬────┬──────┬──────┬──────┐
 その他 不動産事業 アパレル事業 紡織事業 投資事業
```

注：各事業は独立法人であり，特にアパレル事業や不動産事業は持株会社体制を取り，それぞれの傘下には完全所有または持株の子会社がある。
出所：ヤンガーのホームページより作成（2012 年 5 月末現在）。

バーを務めている。報酬・指名委員会には，主任委員兼独立取締役の李国光のほか，李如剛，独立取締役の翁礼華，蒋蘅傑，社長の許奇剛がメンバーを務めている。監査委員会には，主任委員兼独立取締役の謝慶健のほか，李国光，翁礼華，李如剛，取締役員・執行役常務副社長の張飛猛がメンバーを務めている。

しかし，人材の育成と整備の側面においてさまざまな課題が浮上してきた。マネジメント人材から，マーケティング担当，生産現場の一般従業員に至るまで，ヤンガーは全般的な人的資源の不足に直面しつつある。表3-6に示すように，2004年頃からヤンガーの従業員数が急増し，特に2008年海外事業の買収により，一気に4万9,040人に拡大した。その後，海外工場の統合や撤退，国内への生産拠点の移転により，生産現場の従業員数が2010年には2万4,059人に減少した。さらに，近年輸出業務の減少を受け，2011年に香港新馬を関連持株会社の嵊州盛泰色織科技有限公司に売却し，生産現場の従業員数が再び1万人規模に減少した。

一方，小売事業の強化や多ブランド化に伴い，販売部門の従業員数は2001年の1,192人から2011年には9,020人に増加している。中国の経済環境が大きく変化する中，ヤンガーは人口構造や賃金体制などの面においても，厳しい局

表3-6 ヤンガーの従業員数の推移（2001－2011年度）

年度	生産工場	販売部門	技術人員	財務部門	管理職	後方勤務	総計
2001	6,225	1,192	412	272	241	115	8,457
2002	6,371	1,244	425	288	276	165	8,769
2003	6,146	1,291	385	251	245	289	8,607
2004	10,645	2,034	491	365	573	415	14,523
2005	13,020	2,158	550	380	603	420	17,131
2006	15,374	2,412	907	382	1,803	1,048	21,926
2007	16,410	2,653	1,067	420	2,253	1,117	23,920
2008	33,521	6,829	1,852	470	4,026	2,342	49,040
2009	30,306	7,464	1,741	415	3,665	3,518	47,109
2010	24,059	8,091	2,175	387	3,493	3,698	41,903
2011	10,052	9,020	2,175	360	2,528	2,214	24,074

出所：『雅戈尓集団股份有限公司年度報告』（2001－2011年度）より作成。

面に迫られている。生産や販売現場の従業員の多くは女性であり，女性社員が全体の70%を占めている。1人っ子政策の影響により男女の比率が偏り，若い女性の出稼ぎ労働者がすでに減少傾向にある[97]。また，現場の従業員の多くは，勤務年数が4年以下であり，安価な人件費によるかつての低コスト構造を維持することは困難となりつつある。

　また，人事採用について，ヤンガーはこれまで主に子会社各自で行っており，グループ内では統一した人事採用制度が設けられていなかった。これを改善するために，2010年7月にヤンガーは中国人民大学や東華大学，紡績・アパレル関係の専門学校との産学連携を行い，人材育成を強化しようとした。2010年，浙江紡績服装職業技術学院との提携により，ヤンガーのためのマーケティング人材を育成する専門学科の雅戈尓営銷訂単班が設けられた。高校生は大学出願時に専攻を希望することができ，早期からの人材育成に取り組むことが目的である。また，ヤンガーは2010年9月に陝西国際商貿学院と提携し，雅戈尓服装学科を設けた。大学2年生に向けて雅戈尓服装営銷実訓班を開設し，販売員トレーニングのほか，物流や在庫管理，営業などの多様な知識を持つ専門人材の育成に取り組んでいる。

　また，ヤンガーは生産子会社が地方都市や内陸部への移転を進めている。綿紡績の日中紡はアクスに，毛紡織と宜科は嵊州に，シャツとスーツ工場は中西部への移転計画を実施した[98]。2010年7月，ヤンガー傘下の盛泰色織有限公司は2億元（第1期）を投資し，アクス新雅綿紡績有限公司を設立した。現地での熟練労働者不足の問題に対し，アクス市政府は企業の教育訓練に必要な費用を一部提供するといった優遇政策を実施した。

5　まとめ

　以上，本章では中国最大のアパレル企業であるヤンガーが，改革開放以降の中国における特殊なビジネス環境の中，なぜ，どのようにして成長してきたのかについて分析してきた。同社の成長プロセスを次のようにまとめることができよう。

第1段階（1979－1987年）では，同社は集団所有制のアパレル下請工場として発足した。技術や設備が不備の中，国営企業の開開との技術提携により，シャツ製造技術を取得した。また，自社で初めてブランド開発を試みたが，品質やブランド力の限界により不良在庫の問題が生じた。一方，マネジメントの面において，生産性を高めるために，出来高給制度を導入した。ただ，企業形態では郷鎮企業に属したため，この時期では企業経営に関する地方政府から行政的関与を受けていった。

第2段階（1988－1997年）になると，ヤンガーは企業の所有制改革や株式制度の導入を試み，経営者による自由な意思決定が可能となった。また，外資と積極的に提携を行いながら，不動産事業などに投資し，多角化により企業グループを形成させた。さらに，CISの導入に伴い，経営の重心を生産から販売に移行させ，全国各地に営業所や販売支部を設けた。こうして，生産技術や品質レベルの向上，そして規模の拡大によって成長を図ってきたヤンガーは，新たな成長段階に入った。

第3の段階（1998－2005年）では，株式上場を実現したヤンガーは，主要取引先であった国有百貨店の経営不振から，直営店舗を展開し，最終製品の小売販売まで手掛けるようになった。その背景には，1990年代後半から広がったブランド競争があり，ヤンガーは大型旗艦店の展開により，ブランド作りを強化しようとした。また，素材による差別化，高級生地の輸入依存の脱却を実現するために，ヤンガーは海外企業との合弁により紡織事業を展開することになった。こうして，サプライチェーンの各機能を内部統合したヤンガーは，さらに情報システムの導入により，全体における情報共有や機能間の有効な連携を図った。

第4段階（2006年－）では，海外の高級ブランドが次々と中国市場に進出する中，多数の産業分野にまたがる複数の機能を展開したヤンガーは，1つの成長の転換点を迎えた。そのため，ヤンガーは従来の「雅戈尓」ブランドの再構築や新素材の開発，海外ブランドとの提携，海外事業の買収などにより，多ブランド戦略を取り入れた。また，アパレル事業を持株会社化し，全国を8つの市場に分割し，それぞれに独立採算販売子会社を設け，分権体制への移行に取り組み始めた。

ヤンガーの最大の特徴は，素材開発から最終アパレル製品の販売までのサプライチェーンのすべての機能を内部統合したことである。この戦略展開について，経営者の李如成は「企業が1つひとつの成長段階において，社会の大きな方向性に合わせながら，そのときの状況によって発展戦略を決めていくべきである。特に中国の経済発展では農業，工業，商業，情報産業などすべての産業が同時進行の形を取っており，企業が成長するには，そのいずれもうまく取り組む必要がある」と述べている[99]。

　しかし，多数の産業分野にまたがる展開には，多大な資金力，各分野での専門技術の取得・蓄積や人材の育成・整備などの経営資源を整備しなければならない。また，垂直統合を行う場合，開発，生産，販売などの機能間の調整をグループ内部で行うようになり，各機能を遂行する子会社をグループの傘下企業として利害関係を一致させることはできるが，それが必ずしも市場ニーズへの有効な対応につながるわけではない。同一サプライチェーンにより展開された複数のブランドが経営資源を共有できるものの，セグメント化した消費者ニーズに十分対応できない。また，素材やアパレル商品の在庫をすべてヤンガー1社で抱え込む危険性もある。市場取引に代わって，内部組織の有効性をいかに引き出すか，そのために組織体制やマネジメント制度をどのように作り上げるかがヤンガーにとって重要な課題であると言える。

　ヤンガーは，不動産や金融事業の展開により，紡織・アパレル事業での新素材・製品開発やブランド構築への莫大な投資を維持してきた。しかし，企業の持続的発展を図り，さらに海外の有力ブランドとの厳しい競争を勝ち抜くには，競争力につながる経営資源や組織能力を構築しなければならない。特に，近年中国では人件費の上昇などさまざまな環境変化が起きており，ブランド経営やサプライチェーン管理などを取り入れて構造転換を図ろうとしているヤンガーが，今後どのような戦略展開を行うかは興味深いものである。

注
1　任斌武「中国有個雅戈尓」『人民文学』，1997年3月，32頁。
2　「李如成—雅戈尓的青春秘訣」『華人世界』，2006年8月，82頁。
3　張棟「雅戈尓総裁李如成」『投資与営銷』，2007年6月，6-7頁。
4　「雅戈尓的脚歩—記雅戈尓集団総裁李如成」『中国経貿導刊』，1998年9月，37-38頁。
5　『雅戈尓報』，総第125期，2009年5月1日。

6 許強・白虹「我的目標是中国的皮尓・卡丹」『文明与宣伝』, 1998 年 8 月号, 24-25 頁。
7 徐錦庚・于澄「従"北侖港"到"雅戈尓"—寧波雅戈尓集団発展透視之二—」『華東新聞』, 2004 年 10 月 19 日。
8 任斌武「中国有個雅戈尓」, 38 頁。
9 李洋江・周長城「雅戈尓, 青春的事業」『中国外資』, 1995 年 4 月号, 46 頁。
10 辻美代「雅戈尓集団（ヤンガーグループ）の発展—「企業家」李如成の足跡—」『成長する中国企業その脅威と限界』国際貿易投資研究所, 2004 年, 204-208 頁。
11 任斌武「中国有個雅戈尓」, 37 頁。
12 『雅戈尓報』, 総第 129 期, 2009 年 9 月 1 日。
13 李洋江・周長城「雅戈尓, 青春的事業」, 46 頁。
14 愛知学泉大学経営研究所編『中国の企業改革』税務経理協会, 1995 年, 175-177 頁。
15 『中国郷鎮企業年鑑 1994 年版』, 556 頁。
16 『雅戈尓報』, 総第 111 期, 2008 年 2 月 1 日。
17 任斌武「雅戈尓的進軍号角—『中国有個雅戈尓』続篇之三—」『人民文学』, 1998 年 4 月, 110 頁。
18 『雅戈尓報』, 総第 129 期, 2009 年 9 月 1 日。
19 任斌武「雅戈尓的進軍号角」, 104-112 頁。
20 「更精, 更快, 更強—雅戈尓集団致力信息化建設—」『紡績信息週刊』, 第 19 期, 2003 年 6 月 2 日, 14 頁。
21 黄美来・郝振省「品牌与質量—雅戈尓集団成功之路的啓示」『人民日報』, 1997 年 10 月 7 日。
22 程方定・王軍民・余蘭「寧波雅戈尓集団公司創名牌増効益的啓示」『経済日報』, 1996 年 2 月 18 日。
23 徐錦庚・于澄「逆水行舟効応—寧波雅戈尓集団発展透視之三—」『華東新聞』, 2004 年 10 月 19 日。
24 任芳・劉琼「装点人生, 還看今朝—雅戈尓集団的成功之路—」『中国商貿』, 1995 年 14 期, 11 頁。
25 李元根「"雅戈尓"是怎様策劃出来的」『企業文明』, 1998 年 5 月, 32-33 頁。
26 羅宏偉「雅戈尓新的騰飛従 CI 起歩」『企業文化』, 1998 年 4 月号, 11 頁。
27 『雅戈尓報』, 総第 130 期, 2009 年 10 月 1 日。
28 程方定・王軍民・余蘭「寧波雅戈尓集団公司創名牌増効益的啓示」『経済日報』, 1996 年 2 月 18 日。
29 于澄「現代服装企業的行銷新模式—雅戈尓的営銷網絡体系—」『江蘇紡織』, 1999 年 5 月, 47 頁。
30 何全良「創中国的世界名牌—雅戈尓集団名牌戦略記事—」『商場現代化』, 1997 年第 10 期, 35 頁。
31 『雅戈尓報』, 総第 129 期, 2009 年 9 月 1 日。
32 謝憲文「日本と中国における小売業態の比較考察」『名城商学』, 1998 年 3 月号, 55 頁。
33 鄭羊格「馬蒂：売場営銷里的狙撃手—専訪雅戈尓総裁品牌戦略顧問馬蒂」『中外管理』, 2002 年第 8 期。
34 于澄「大営銷鋳造大品牌」『寧波日報』, 2003 年。
35 李政権「杉杉渠道之変的背後問題」『大経貿』, 2005 年, 第 11 期。
36 範福軍「服装特許経営」『化繊与紡織技術』, 2004 年 3 月号, 49 頁。
37 「ヤンガー—中国でも機能シャツ」『繊維ニュース』, 2004 年 10 月 22 日。
38 『雅戈尓報』, 総第 129 期, 2009 年 9 月 1 日。
39 国際貿易投資研究所『成長する中国企業その脅威と限界』, 2004 年, 251 頁。
40 劉勇・葦恩「垂直産業鏈的風険」『競争力』, 2002 年第 3 期。
41 「中国有個雅戈尓」『中国信息報』, 2000 年 6 月 29 日。
42 何全良「雅戈尓外貿獲得長足発展」『国際商報』, 2001 年 2 月 22 日。
43 「雅戈尓集団, 産業優勢進一歩凸現」『廠長経理日報』, 2002 年 2 月 20 日。

44　郭松克「雅戈尓構建現代営銷網絡的啓示」『企業活力』，26-27 頁。
45　「雅戈尓，全力打造中国名牌」『中国経済時報』，2001 年 9 月 19 日。
46　李如成「建設有雅戈尓特色的営銷網絡体系」『銷售与市場』，2000 年第 1 期。
47　『雅戈尓報』，総第 129 期，2009 年 9 月 1 日。
48　于澄「雅戈尓全力打造中国名牌」『中国商報』，2001 年 10 月。
49　李如成「在大型専売店店長培訓班上的講話」『服装時報』，2001 年。
50　「雅戈尓逆向突囲：垂直整合的利与弊」『21 世紀経済報道』，2005 年 10 月 13 日。
51　鄭羊格「馬蒂：売場営銷里的狙撃手─専訪雅戈尓総裁品牌戦略顧問馬蒂」『中外管理』，2002 年第 8 期。
52　「雅戈尓該不該作面料」『人民日報』，2001 年 11 月 26 日。
53　「雅戈尓介入服装上遊産業」『中国証券報』，2001 年 10 月 22 日。
54　「日清紡，中国で織物合弁」『日経産業新聞』，2001 年 12 月 20 日。
55　「伊藤忠，中国でニット合弁」『日経産業新聞』，2002 年 6 月 3 日。
56　于澄「雅戈尓進軍服装上遊産業─強強連合全力開辟中国紡績面料新紀元」『中国郷鎮企業報』，2001 年 11 月。
57　「ヤンガーの毛紡織の新会社─伊藤忠商事ほかと合弁」『繊維ニュース』，2004 年 5 月 12 日。
58　『宜科科技実業股份有限公司公告』，2004 年 8 月 14 日。
59　『Youngor Magazine』，2006 年 6 月，総第 38 期，3-5 頁。
60　『Youngor Magazine』，2006 年 7 月，総第 39 期，8 頁。
61　小島末夫「雅戈尓（ヤンガー）─中国最大手のアパレル SPA 企業─」『ジェトロセンサー』，2004 年 2 月号，41 頁。
62　「アパレル大手ヤンガー，内陸拠点の重慶に工場」『日経産業新聞』，2003 年 11 月 14 日。
63　社内資料『2005 年雅戈尓集団経済発展白皮書』，8 頁。
64　『Youngor Magazine』2006 年 10 月，総第 39 期，15 頁。
65　「雅戈尓管理架構生変─解決物流配送難題，総部集権模式将転変為四大区分権爾治─」『第一財経日報』，2005 年 12 月 29 日。
66　2006 年 9 月上海南京路旗艦店の店舗担当者へのヒアリングより。
67　江彦「品牌戦略下的 e 方略─訪雅戈尓集団股份有限公司副総経理，CIO 韓永生─」『中国製造業信息化』，2006 年 9 月号，36-37 頁。
68　「全国重点大型零售商場 10 月銷售排行　男西装」『監督与選択』，2006 年第 1 期，41 頁。
69　「信息化做梭，雅戈尓成衣」『中国計算機報』，2004 年 1 月 5 日。
70　『雅戈尓報』，総第 129 期，2009 年 9 月 1 日。
71　『雅戈尓報』，総第 110 期，2008 年 1 月 1 日。
72　「雅戈尓西服銷量全国遥遥領先」『経理日報』，2002 年 12 月 18 日。
73　「雅戈尓推出服装工場化量身定制」『寧波日報』，2006 年 9 月 18 日。
74　江彦「品牌戦略下的 e 方略」『中国製造業信息化』，2006 年 9 月号，37 頁。
75　「雅戈尓自主創新昇級免熨技術」『科技日報』，2006 年 1 月 7 日。
76　社内資料『2005 年雅戈尓集団経済発展白皮書』，16，29-30 頁。
77　『雅戈尓報』総第 124 期，2009 年 4 月 1 日。
78　『雅戈尓報』総第 119 期，2008 年 10 月 1 日。
79　『アパレル最大手雅戈尓，米衣料販売大手と提携』『日経産業新聞』，2004 年 2 月 18 日。
80　『雅戈尓報』，総第 119 期，2008 年 10 月 1 日。
81　『雅戈尓報』，総第 118 期，2008 年 9 月 1 日。
82　『雅戈尓報』，総第 127 期，2009 年 7 月 1 日。

83 『雅戈尓報』,総第 114 期,2008 年 5 月 1 日。
84 『雅戈尓報』,総第 121 期,2008 年 12 月 1 日。
85 『雅戈尓報』,総第 124 期,2009 年 4 月 1 日。
86 『雅戈尓集団股份有限公司 2008 年度報告』,90 頁。
87 『雅戈尓報』,総第 113 期,2008 年 4 月 1 日。
88 『雅戈尓報』,総第 126 期,2009 年 6 月 1 日。
89 『雅戈尓報』,総第 128 期,2009 年 8 月 1 日。
90 『雅戈尓報』,総第 122 期,2009 年 1 月 15 日。
91 『雅戈尓報』,総第 128 期,2009 年 8 月 1 日。
92 『雅戈尓報』,総第 140 期,2010 年 9 月 1 日。
93 『雅戈尓報』,総第 142 期,2010 年 12 月 1 日。
94 『雅戈尓報』,総第 135 期,2010 年 4 月 1 日。
95 『雅戈尓報』,総第 129 期,2009 年 9 月 1 日。
96 『雅戈尓報』,総第 119 期,2008 年 10 月 1 日。
97 『雅戈尓報』,総第 112 期,2008 年 3 月 1 日。
98 『雅戈尓報』,総第 139 期,2010 年 8 月 1 日。
99 黎冲森「解読雅戈尓成為服装"旗手"的軌跡」『商学院』,2004 年 8 月号,137 頁。

第4章
杭州娃哈哈集団（ワハハ）

　本章では，中国最大の飲料メーカーであるワハハの事例を取り上げる。1987年にわずか3人からスタートした同社は，25年間の歴史の中で急激な拡大を見せた。ワハハの成長戦略において，最も特徴的なのは「連鎖体」と呼ばれる販売チャネルの系列化戦略である。これは，保証金（預り金）制度，地域販売（テリトリー）制度，再販売価格維持制度の三位一体の制度により，卸売商を組織化し，共存共栄の関係を築きながら共に成長していくという戦略である。日本の「流通系列化」に類似するこの戦略は，広大で地域性が異なり，小規模の卸売業者が多数存在する中国市場の状況に対応するために，同社が独自に開発したものである。

　独特のチャネル戦略のみならず，ワハハは飲料生産に必要である消費地立地戦略，製品差別化戦略，容器の内製化戦略など一連の戦略を展開している。また，急成長のため，製品ラインの拡張や全国的な生産・販売体制の構築を同時に進めた同社は，経営者依存，本社依存の組織体制を形成している。

　本章では，ワハハの成長プロセスを通して，(1) 同社がどのように飲料事業を展開するようになったのか，(2) 全国的な生産・販売ネットワーク，商品開発体制，容器の内部製造などサプライチェーンにおけるさまざまな機能をどのように整備・調整したのか，(3) これらの機能を遂行するためには，同社はどのような組織体制を取り，経営資源や組織能力を構築したのか，同時にどのような課題を抱えているか，といった問題を明らかにする。

　そのため，本章はワハハの成長段階を4つに分けて分析を進める。第1節では，設立の経緯や健康食品，乳酸菌事業の展開がどのように行われたのかについて分析する。第2節では，生産と販売の全国展開を中心に，連鎖体チャネルの構築や清涼飲料市場の参入について議論する。第3節では，総合飲料メー

カーへの拡大に伴い，販売チャネルの調整や都市市場の進出，情報システムの導入，組織体制の特徴などについて分析する。第4節では，さらなる拡大に向けて，ワハハはなぜ差別化製品戦略を導入したのか，また調達，生産，販売，製品開発などの機能をいかに調整したのかについて考察する。最後の第5節では本章をまとめ，ワハハの成長経緯を整理し，またそれが抱える問題点について議論する。

1 初期の成長（1987－1993年）

1.1 設立と健康食品の発売

ワハハの前身は，1987年5月に設立された杭州市上城区小学校の購買部（「校弁企業経銷部」と呼ばれる）である。購買部は公立小学校の系列企業であるため，一種の国有企業の性格を持っていた。この購買部の経営を請け負ったのは，同学校の系列工場で働いていた宗慶後であった。

宗慶後は1945年杭州生まれ，1963年に知識青年の下放運動に参加し，舟山群島の馬木農場や紹興茶場で14年間働いた。1978年末，小学校の教師であった母親の退職を機会に彼は杭州市に戻された。学歴が低かったため，彼は教育系列の杭州工農校弁紙箱工場に配属されることになった。営業として1年間勤務した後，彼は杭州のある電気メーター工場に移り，生産・販売の業務を担当した。1982年，再び杭州工農校の関連工場に戻り，4年間の営業を務めた[1]。

1987年校弁企業経銷部が設立された際，すでに41歳になった宗慶後はその経営の請負を申し込んだ。学校側は年間4万元の利益を上納することを条件としたが，彼は自らその額を10万元に引き上げた。周囲から驚きや不信の念が示されたが，かつて全国を駆け回った営業経験から彼は数字が計算に合うものであると考えた。こうして，購買部は宗慶後と2名の退職した女性教師のわずか3人体制からスタートした。当初，市内にある40の小・中学校に文房具などの卸売販売を行ったり，小学生にアイス棒を売ったりしたことすらあった[2]。

購買部は全民所有制の学校系列企業として教育局に直属し，性質上国有企業である。しかし，設立当初から統一分配・統一販売の計画経済とは無縁であっ

た。指定された物資供給先も販売ルートも全く持たず，宗慶後は教育局から借り入れた14万元の資金のもと，単価が低く，利益もほとんど出ない商品しか取り扱えなかった。しかし，どんなに注文量が少なくても，彼はきちんと商品を届けるようにし，信用力を築きながら，徐々に取引先を増やした。このような購買部は，国有企業体制を取っておらず，むしろ宗慶後個人の経営による企業であった。また，経営の請負により自主的経営権を持ち，利益の50％を教育局に上納し，30％内部留保，残り20％を福利厚生金や奨励金として従業員に配当し，自社の収支バランスを維持した[3]。

取扱商品を徐々に増やしていくうちに，宗慶後は当時人気の高かった健康食品に注目した。1987年杭州市で表彰された業績の良い10社のうち，5社が健康食品メーカーであった[4]。チャンスを感じた彼は，校弁企業弁公室や上城区教育局から20万元を借り入れ，1987年7月に杭州保灵児童栄養食品廠を設立した。新会社は，蜂花粉とハチミツを原料とした「花粉口服液」という健康食品の代理販売を行い，3カ月で120万ケースを販売した。好調な売れ行きに刺激され，宗慶後は次第に瓶詰め作業を自社で行うことを考えた。これも教育局の協力を得ることができ，4,000平方メートルの事業用地が提供されたほか，いくつかの教育系統の企業から30人が従業員として配属された。こうして，宗慶後は充填設備を導入し，瓶詰め作業を行うようになった。翌1988年5月まで，工場の生産高は270万元に達し，従業員も130人に増加した[5]。

しかし，瓶詰め作業だけでは利益が限られており，商品の売れ行きが悪化すれば，自社の存在も危うくなる。こういった懸念から，宗慶後は次第に自社製品の開発に取り組むようになった。特に，彼が気付いたのは，市場で販売されていた健康食品の多くが中高年向けのものであり，子供専用のものがほとんどないということであった。これまで取り扱っていた「花粉口服液」も子供専用のものではなかった。

実際，1人っ子政策の実施以降に生まれた多くの子供に，偏食や栄養不足といった現象が多く見られた。宗慶後は自ら3,006人の子供を対象に市場調査を行ったところ，1,336人の子供に偏食による栄養失調が見られ，特にカルシウム，亜鉛，鉄分の不足が全体の44％を占めた。こうして，彼は全国約3億5,000万の子供という空白市場に向けて，子供専用の健康食品の開発に取り組

んだ[6]。

　開発にあたって,彼はまず当時中国唯一の栄養学科があった浙江医科大学栄養学部の朱寿民教授に依頼した。朱教授はリュウガン,ナツメ,サンザシ,蓮子,くるみ,クイニン,鶏の肝といった天然食品を主要原料とし,食欲の増進効果がある栄養ドリンクを開発した。また,その製法を宗慶後に5万元で譲渡した。これを商品化するために,宗慶後は老舗製薬工場の杭州胡慶余堂の技師である張宏輝に原液の製造を依頼し,また医薬品工場を退職したエンジニアの顧馥恩の協力を得て生産ラインを整備した[7]。

　試作から量産体制の整備までわずか3カ月間で,1988年10月に「娃哈哈児童栄養液」が発売された。商品名の「娃哈哈（Wahaha）」は新疆民謡のタイトルである。「哈哈」は笑い声を音写した言語として,健康や喜びを表現できる。宗慶後は子供たちによく知られているこの歌が商品やブランドを想起させることができれば,商品の普及につながると考えた[8]。

　新商品の発売に合わせて,彼は同年11月に杭州にある2つのテレビ局と21万元の広告契約を結んだ。広告費を支払った後,社内に残った資金はわずか10万元となった。広告に大量の資金を費やすことは,当時周囲ではほとんど理解されなかった。しかし,宗慶後は「市場の打開が何より重要であり,テレビだけでなく,新聞やラジオ,屋外看板など複合メディアによる大規模な宣伝も行う。また,浙江省の地域市場にとどまらず,上海,天津,北京,広州,鄭州,成都など市場にも進出し,限られた資金を集中させ,短時間で最大効果を上げながら1つひとつの市場を突破していく」方針を決めた[9]。

　また,宗慶後は少ない費用で宣伝効果をあげる奇抜な宣伝手法も考えた。例えば,1989年秋に成都で開催された「全国糖煙酒展示会」の際,彼は数十人の外国人留学生を雇い,自社の製品とブランド名が付いた横断幕を持ち歩かせ,会場外で無料サンプルを配布した。当時の成都では外国人がまだ珍しく,この宣伝がすぐに話題となり,「娃哈哈」ブランドの知名度は大きく上昇した[10]。

　一方,販売チャネルにおいて,この時期主に従来の国営チャネルを活用し,特に糖煙酒,副食品,医薬品分野の国営卸売企業およびその2次,3次卸を通じて都市を中心に販路を拡大した。当時,国営メーカーの多くが自社製品を多く仕入れるようにと卸や小売りに頼むケースが多かった。しかし,宗慶後は,

これは本当の消費者のニーズでなく，単なる在庫の移転に過ぎず，結果的に本当の市場需要をつかめず，資金回収難の状況が生じると考えた。そのため，市場開拓の計画を立て，有効な広告宣伝を行い，消費者に商品やブランドを浸透させたうえでチャネルを拡大することにした[11]。

こうして，「娃哈哈」の商品は全国で大ヒットし，売上高は1988年の469万元から1990年に1億元を突破し，税込利益も210万元から2,638万元に大きく上昇した。「娃哈哈」ブランドの確立に伴い，宗慶後は1989年に社名を杭州娃哈哈栄養食品廠（ワハハ）に変更した。

1.2 乳酸菌飲料の展開

需要の増加につれ，当時工場の生産規模では十分対応できなくなった。しかし，新規工業用地を申請したところ，杭州市政府から認可を下すまで1年以上も要すると告げられた。拡大のタイミングを逃すことを懸念し，宗慶後はすぐに政府関係者と話し合い，他の方法を探った。1991年8月，政府関係者はワハハへの実地調査を行った後，ワハハに経営不振の国営缶詰工場の杭州缶頭廠を売却することを提案した。同社は杭州市の大規模な国営食品企業の1社であるが，1980年代以降経営不振に陥り，すでに4,000万元の負債を抱えていた。一晩考えた末，宗慶後は政府の提案を受け入れ，缶詰工場を8,000万元で買収することを決めた。

当時，ワハハは設立してまだ5年も経たず，従業員数も180人程度であった。一方，缶詰工場は2,000人規模でかつての有力な国営企業であった。缶詰工場の従業員は国営企業で働くことに誇りを持ち，ワハハの買収に対してかなり不満を抱いた。また，ワハハの従業員は，せっかく成長の軌道に乗った自社が，赤字経営の缶詰工場に足を引っ張られることを心配し，買収せず現状維持のほうが良いではないかといった反対意見もあった。こうした状況の中，宗慶後は「買収が両社の今後の発展のためであり，古い体制や現状満足の意識ではいずれも生き残れなくなる」と主張し，反対を押し切って買収を進めた[12]。

買収後，宗慶後はすぐに組織改革に取りかかった。缶詰工場には，35の職能部門があり，総従業員数（退職者を除く）は1,587人にのぼっていた。このうち，管理幹部は232人であるのに対し，生産現場の従業員がわずか400人程

度であった。これを調整するために，宗慶後はワハハの11の職能部門と缶詰工場の35の職能部門を12部門に統合し，管理幹部を75人まで削減した。また，従来，工程別の原液，缶詰，印刷，飲料などの7つの分工場に生産量，品質，コストを評価指標とした独立採算体制を取り入れた。さらに，新たに農民工の契約社員約600人を募集し，遊休設備となっていた生産ラインや冷蔵倉庫をすべて稼働させた。こうした組織改革を進めながら，ワハハの健康食品の生産ラインを整備し，缶詰工場を買収した3カ月後に生産がスタートした[13]。

　生産が需要に追いつかない状況の中，各地域市場は常に供給不足状態となり，これが逆に好調な販売につながった。迅速な増産体制に支えられ，1991年にワハハは生産高2億2,508万元，税込利益4,360万元を上げた。しかし，健康食品市場での急成長に対し，宗慶後は逆にその製品の先行きに不安を抱き始めた。市場には種々の子供向けの健康食品が出回っており，健康食品による誇大広告，健康被害，詐欺などの社会問題も続発した。こういった不安定な状況を克服するために，彼は新たな商品の導入が必要と感じた。

　「娃哈哈」のブランド効果を活かすために，宗慶後は再び子供市場に目を向け，当時まだ目新しかった子供向け乳酸菌飲料へ参入することを決めた。乳酸菌飲料は，製造技術が比較的シンプルで常温保存も可能である。広東省今日集団の前身である中山市楽百氏保健制品公司は1989年に中山医科大学，華南理工大学，広東医薬学院，杭州微生物研究所などと共同で「乳酸奶」（乳酸菌飲料）を開発した。また，「楽百氏」ブランドによる製品を同年6月1日の「子供の日」に合わせて発売した。市場もほとんど空白であったため，「楽百氏」乳酸菌飲料はすぐに人気商品となった[14]。

　宗慶後は，乳酸菌飲料市場が今後拡大し続けると見込んだ。生産ラインを導入し，1992年1月にフルーツ風味の乳酸菌飲料の「娃哈哈果奶」を発売した。2種類の味に限定された「楽百氏」に対し，ワハハはパイナップル，ライチ，ハニウリ，イチゴ，リンゴ，グレープの6種類を展開し，セットにして販売した。また，発売に合わせて，1991年12月26日から1992年1月1日の間に『杭州日報』や『銭江晩報』に数回にわたり無料配布の広告を出した。当初20万本の配布を予想したが，1992年2月までには約50万本が配られた。テレビ広告と相まって，市場が一気に拡大した。

乳酸菌飲料の販売において，ワハハは国営チャネルではなく，各地に急速に増えていた食品卸売市場を活用した。1990年代以降，政府主導の流通改革により，行政区域などに基づいた3次制卸売機構の撤廃や統合，供給する地域・対象・価格の固定化といった「三固定」流通政策の廃止が行われ，卸売業への自由参入が許可されるようになっていた[15]。こうして，各地では食品，雑貨，衣料品の卸売市場や自由市場が普及し，卸売市場を拠点とした個人経営の卸売商が急速に増加した。こうした背景から，ワハハは国営のチャネルから，卸売市場を拠点とする個人経営の卸売商チャネルに移行し，卸売商を通じて販売ネットワークを拡大し，特に個人商業が盛んな農村地域に参入することができた。

しかし，ブランド認知度の高まりや販売網の拡大に伴い，偽物の問題も浮上した。「娃娃楽」や「哈哈笑」などの類似したブランド名の商品が市場に出回った。宗慶後はいち早く商標の重要性を認識し，1991年に「娃哈哈」ブランドを国家商標局に登録した。また，各地の工商や検査，裁判所などの機関と協力し，偽物の摘発を強化した[16]。

乳酸菌飲料の生産と販売を拡大させる一方，宗慶後は健康食品の生産を縮小した。また，旧缶詰工場の一部の商品を継続して生産・販売を行ったため，1993年までにワハハは子供用健康食品，飲料，缶詰商品と子供用風邪薬の4種類30余りの商品を展開するようになった。同年，ワハハは3,000万元の投資により科学研究検査センターを設け，開発機能を強化した。

1993年，ワハハは生産高6億100万元，税込利益1億5,700万元をあげ，それぞれ前年より53.85％，79.51％の増加となった（図4-1）。従業員数は3,500人にのぼり，創業から7年間の急成長は国内で大きく注目された。

一方，この時期国内では株式会社化の動きが広くみられ，宗慶後はワハハの株式会社化に取り組んだ。しかし，ワハハは国有企業の性格を有し，株式改革が困難なため，宗慶後は新たに企業を設立することにした。また，成長拡大に多大な資金が必要なため，持株構造を明確にした新会社ならば，株式上場も可能であると考えた。

1993年2月，ワハハは杭州工商信託投資公司や王家蜂業経営部（浙江金義集団の前身）との共同出資により，娃哈哈美食城股份有限公司を設立した。出

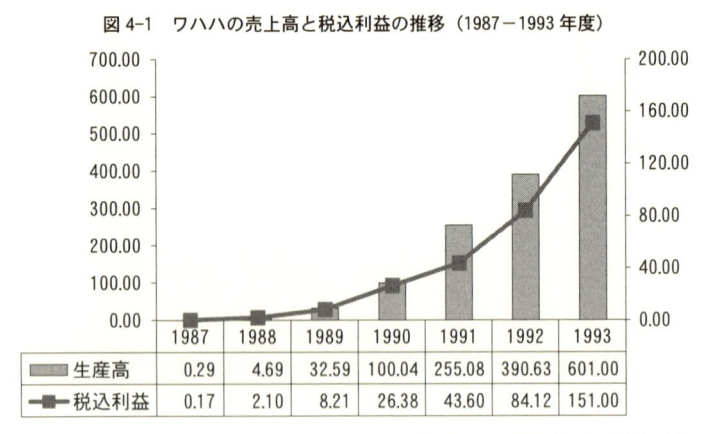

図4-1 ワハハの売上高と税込利益の推移（1987-1993年度）

	1987	1988	1989	1990	1991	1992	1993
生産高	0.29	4.69	32.59	100.04	255.08	390.63	601.00
税込利益	0.17	2.10	8.21	26.38	43.60	84.12	151.00

出所：宗慶後「"娃哈哈"的経営和営銷謀略」『商業経済与管理』（杭州商学院学報），1994年2月，56頁より作成。

資比率は，ワハハが20％，工商信託投資19％，王家蜂業0.5％のほか，ワハハの従業員や社会募集方式（1株当たり28元）により2億3,600万元の資金を集めた。美食城は飲料・食品製造を行うワハハとは別に，当初杭州市内の商業施設や郊外の下沙開発区にワハハの新たな生産工場の建設を主要業務としていた[17]。

2 生産と販売の全国化（1994-1998年）

2.1 保証金制度の導入と西部進出

実のところ，ワハハは販売面で資金問題が見られた。個人経営の卸売商チャネルを通じて急速に各地の市場に参入することができた反面，彼らの短期的取引志向や低い信頼性により，売上代金回収難の問題が発生した。1993年時点で流通段階における未回収資金は1億元にのぼり，同年売上高の16.7％を占めた。営業担当者は，ほとんど売上代金の回収だけに追われることになった。

代金回収の問題に対応するために，1994年初頭，宗慶後はワハハの全国卸売業者大会において「保証金制度」を発表した。保証金制度とは，卸売商が年間販売額の10％を保証金（預かり金）としてワハハに前払いし，その販売状

況に応じて，ワハハが年末に同期銀行利息より高いリベートを付けて卸売商に返却するという制度である[18]。これを導入することにより，ワハハは卸売商の売上代金支払いの遅れや不払いなどに対応しようとした。

また，保証金制度をもとに，ワハハは「連合銷售共同体」（連銷体）と呼ばれる独自のチャネルを展開し始めた。同年7月から，各地で約1,000社の卸売商を選別し，これらを特約卸として「連銷体」契約を結んだ。連銷体の契約内容は次の3つである。第1に，特約卸は年間売上規模の10％を保証金としてワハハに支払い，一定の地域内における独占的販売権を与えられる。第2に，保証金の範囲内において，ワハハは特約卸の要求に応じて優先的に商品を供給することを保証する。第3に，契約を履行し，また期限内に支払いを終了した特約卸に対し，ワハハは保証金を返却するほか，同時期の銀行利子率より高い利息を支払う。一方，契約を履行しなかった特約卸に対し，保証金から契約違反による損失分の代金を差し引く[19]。

保証金制度の導入と連銷体チャネルの構築は，代金回収難への対応だけでなく，流通チャネルにおける個人経営の卸売商の短期的取引志向や無秩序な販売行為を抑制する目的があったと考えられる。ワハハは，基本的に長期的な取引関係を維持する方針をとっているが，特約卸に対し定期的に調査や評価を行い，1年ごとに契約を更新する。売上高の上位特約卸に対し奨励政策を設ける一方，契約違反や年間販売計画を達成できない特約卸を全体の10～20％の割合で淘汰した。

連銷体は直営や代理販売とは異なり，ワハハと特約卸との利害関係を一体化させた「中間的」販売組織である。特約卸にとって，その支払い条件はかなり厳しく，高い資金力や健全な経営体制が求められる。一方，契約を履行すれば，その見返りはかなり魅力的なものであった。卸売商の販売行為をコントロールしながら，ともに成長を図っていくこの戦略は，ワハハの安定した販売網の拡大を大きく支えた。

しかし，販売チャネルが全国に拡大するとともに，ワハハはもう1つの問題に直面するようになった。乳酸菌飲料は，比較的単価が安く，長距離輸送の場合，重量当たりのコストが高い。全国市場に取り組むためには，生産拠点の分散的配置が必要である。しかし，そこには多地域展開による豊富な資金だけで

なく,現地会社を運営できるマネジメント人材の育成も必要である。

1994年,ワハハにとって,そのチャンスが訪れた。三峡ダムの建設に伴い,国務院は経済発展の遅れた四川省涪陵市(現重慶市涪陵区)を浙江省の重点的支援地域に指定した。同年9月,宗慶後は涪陵市を視察し,同市にある四川涪陵城区糖果廠,涪陵缶頭食品廠,涪陵枳城区百花潞酒廠の国有企業3社の買収を考えた。

しかし,涪陵市の地理的条件や労働力環境は芳しいものではなかった。交通不便な立地に加え,労働者の働く意識や自律性が低く,買収予定の3社の工場や設備もかなり老朽化していた。また,涪陵市が杭州とかけ離れており,これまで他地域で事業を展開する経験がなかったワハハにとって,独立した子会社を運営する管理幹部の育成,本社の指示,子会社への監督をいかに行うかといった課題が浮かび上がった。涪陵への進出に伴うさまざまなリスクがあり,社内から多くの反対意見があがってきた[20]。

一方,西部地域の経済発展を促進することが国策になったため,涪陵市政府も東部沿岸地域の有力企業を誘致し,買収や合併によって現地企業の再生を図る一連の優遇政策を打ち出した。こうした好条件だけでなく,多地域展開が今後ワハハの発展にとって避けて通れない道と考えた宗慶後は,涪陵市への進出を決定した。

1994年10月,ワハハは涪陵市枳城区政府とそれぞれ4,000万元を出資し,15年間の経営権委譲の協定を締結した。その後,ワハハは本社から技術者チームを涪陵に派遣し,工場の改装や生産ラインの整備を行い,同年12月に娃哈哈集団涪陵有限責任公司を設立した[21]。ワハハは涪陵公司に経営幹部のみ派遣し,生産業務を現地の従業員に任せることにした。

こうして,乳酸菌飲料の現地生産,現地販売が可能となり,輸送コストを大きく抑えたことで,四川,貴州,湖北などの西部地域での市場シェアが急速に拡大した。また,宗慶後は旧工場の設備や現地の資源を活かし,1995年1月から旧工場の酒や小パッケージのザーサイなどの一部の製品を継続して製造した。しかし,乳酸菌飲料の製造工程や販売チャネルとは大きく異なったため,行き届かない管理による品質問題や,ワハハの販売チャネルとの不適応などの問題も生じた。

1995年のワハハの売上高は11億1,000万元に達したが，成長率は前年の46%から26%へと大きく低下した。乳酸菌飲料の単独商品では，市場規模に限界がある。成長を図るために，宗慶後は再び市場の潜在的需要の大きい新商品を探索し始めた。

2.2　清涼飲料市場への参入

　1995年，宗慶後は海外視察を通じて，宇宙飛行士のために開発された飲料水（当時「太空水」とも呼ばれた）を知った。この時期，中国では所得水準の上昇やライフスタイルの変化を背景に，清涼飲料市場が急速に拡大した。「軟飲料」と呼ばれるソフトドリンクの全国生産量は1980年の29万トンから1995年には1,128万2,366トンに増加した。製品別でみると，炭酸飲料は554万3,875トン，果実・果汁飲料144万5,312トン，ミネラル・ウォーターを中心とする飲料水は169万7,087トンであった[22]。

　飲料水は1980年代半ば頃から登場したが，経済発展に伴う水質汚染が深刻化し，その需要は増加し続けた。しかし，この時期まで飲料水のほとんどはミネラル・ウォーターであった。ミネラル・ウォーターは，水源の立地に制限され，全国展開が難しく，製造業者の急増や悪質商品の氾濫により品質問題も多発した。また，製造や輸送のコストが高いため，1本当たりの小売価格は2.5～3元で，当時の消費水準ではかなり高価なものであった。一方，太空水は逆浸透膜（Reverse Osmosis: RO）による濾過技術を応用し，水道水を浄化し商品化するものである。水源の立地に拘らず，どこでも生産可能でコストを大きく抑えられる。広東省ではすでに一部の企業が生産を始め，「蒸留水」と名付けて販売していた。

　宗慶後が注目したのはミネラル・ウォーターではなく，太空水であった。彼は量産体制によりコストを引き下げ，低価格で需要を呼び起こし，市場規模を拡大することができると考えた。しかし，新規事業の展開に伴う多額な資金，製造技術と設備の導入が必要であり，それらを内部で準備することは難しい。また，1995年に娃哈哈美食城を上場させようとしたが，市政府から個人株式の割合が規定を超過したといった理由で許可されなかった[23]。こうして，宗慶後は資金や技術を求めて外資企業と提携しようと考えた。

これまで急成長してきたワハハは投資会社の目にとまっていた。1995年末に香港投資会社の百富勤投資集団有限公司の紹介を通じて，ワハハはフランス食品メーカーのダノンとの提携交渉を始め，1996年2月に合弁契約を結んだ。ワハハは工場建物や設備，また「娃哈哈」商標を1億元の無形資産として出資し，出資比率はワハハ39％，美食城10％，ダノン49％，百富勤2％となった[24]。

また，合弁の前提として，宗慶後は3つの条件をあげた。第1に，合弁会社は「娃哈哈」ブランドの商品を生産し，合弁によりブランドを失ってはならない。第2に，宗慶後が合弁会社の董事長や総経理を務め，経営権を握る。第3に，合弁会社は45歳以上の従業員を解雇してはならない[25]。厳しい交渉を経て，ダノンはワハハの子会社11社のうち，収益の高い5社に4,500万米ドルを出資することになった（表4-1）。

合弁後，ワハハは飲料水生産に必要な設備をイタリア，フランス，ドイツなどから導入し，またペットボトルや蓋の製造設備を日本から輸入した。密栓や包装，殺菌などの工程を依然として手作業に頼る乳酸菌飲料の生産工程に比べ，飲料水は当初からボトル製造，充填，箱詰め出荷など完全に自動化された生産ラインを整備することができた。

1996年夏，ワハハは「娃哈哈」ブランドの飲料水を発売し，宗慶後が自ら名付けた「純浄水」を商品名とした。純浄水はミネラル・ウォーターより30％安い価格に設定され，大規模なテレビ広告宣伝により，需要を喚起し，市場シェアを順調に伸ばした。

また，需要の増加に対応するために，ワハハはすぐに増産体制に取り組み，

表4-1　ワハハとダノンの合弁事業（1996年当時）

合弁会社	投資総額	外資の出資額	設立時期
杭州娃哈哈百立食品有限公司	1,800	831	1996年6月
杭州娃哈哈飲料有限公司	2,800	1,584.85	1994年11月
杭州娃哈哈食品有限公司	2,910	1,484	1994年4月
杭州娃哈哈速凍食品有限公司	2,800	1,428.2	1994年11月
杭州娃哈哈保健食品有限公司	2,800	1,224	1996年2月

出所：劉華・左志堅『出軌―娃哈哈与達能的"中国式離婚"―』中信出版社，2008年，64頁。

杭州の蕭山区や近隣の平湖市，建徳市に子会社を設立した。しかし，輸送コストを削減するためには，消費地立地生産体制が必要である。特に中国の場合，広大な国土に多数の生産工場を配置し，輸送距離の短縮で輸送コストを引き下げることが市場シェアの拡大につながる。そのため，ワハハは1996年にまず西部地域の涪陵公司に8,000万元を投じて純浄水の最新製造設備を導入した。また，涪陵公司で培った現地会社の運営ノウハウを活かし，ワハハはこれ以降全国各地での生産子会社を設立し，消費地立地生産（ワハハでは「銷地産」と呼ばれる）戦略を進めた。

1997年から，ワハハは四川省広元市，安徽省巣湖市，湖北省宜昌市と紅安県，河北省高碑店市，湖南省長沙市などの華中，華北地域，また翌1998年に東北地域の遼寧省瀋陽市に生産子会社を設立した。これらの子会社は，ダノンと百富勤との共同出資による合弁会社であり，比較的発展の遅れた地方都市の工業開発区に立地している。外資を取り入れたことで，現地政府からさまざまな優遇政策を受けることができた。こうして，資金が限られていたワハハは，きわめて低コストで多地域展開を実現させた。一方，ワハハへの進出により，農産品や水道，運輸サービス，段ボール製造など関連産業の需要が増加し，ワハハが進出地域の経済発展を牽引する重要な役割を果たすようになった。

2.3 販売チャネルの系列化

全国的な生産体制を整備する一方で，ワハハは全国的な販売ネットワークの構築にも取り組んだ。保証金制度と連銷体契約の導入により，卸売商の売上代金回収難や無秩序な販売行為などの問題に対応しようとしたが，その徹底は容易ではなかった。1995年，売上規模の拡大に伴い，未回収代金が全体に占める割合は19.52%に高まった[26]。

実際，宗慶後は中間段階を省き，小売店との直接取引を試みたこともある。1995年，ワハハは全国30の省級都市に一定数の小規模な小売店を選び，乳酸菌飲料の商品を中心に統一配送，統一価格での現金取引を実施した。小売末端へのコントロール力を強化し，低価格の実現や販売情報の収集，偽物の排除を目指した。また，全国に営業所を設け，営業人員を約400人に増やした。しかし，こうした施策を約半年間実施した結果，多数の小売店との直接取引には管

理コストが上昇し，配送効率も低下した。また，連鎖体チャネルと並列されることで，市場の取引秩序を混乱させ，特に2次，3次卸の利益率が圧迫されることになった[27]。

　こうした失敗経験から，宗慶後は小売店との直接取引よりも，卸売商チャネルを介したほうが有利であると認識した。しかし，卸売商とはどのように取引し，彼らの無秩序な販売行為をどのように統制するかは難題である。そのため，彼は単なる保証金制度の導入が不十分であり，また特約卸だけでなく，2次卸以下の取引チャネルへの統制も強化しようと考えた。1996年から，ワハハは2次卸とも契約を結ぶようになり，特に2次卸が特約卸に保証金を支払うように指示した[28]。

　また，ワハハは地域販売責任制（テリトリー制）を実施し，地域ごとに取引秩序の維持を強化した。これは全国展開に伴い，地域間の経済格差や消費水準の差異により，仕入れ価格の低い地域で仕入れ販売価格の高い地域に移動させて販売する，「沖貨」と呼ばれる卸売商の販売行為が多くあったからである。特約卸の資金力やその2次，3次卸の販売ネットワークの取引範囲により，ワハハは販売地域を合理的に分割・調整し，テリトリーを超えた販売行為や同一テリトリーにおける卸売業者間の競争を抑制する。また，比較的大規模な特約卸を選別する一方，地域市場の需要をより深く掘り出すために，意図的に特約卸のテリトリーを縮小させた。

　地域販売責任制の実施に続いて，宗慶後は取引価格体系の構築に取り組んだ。彼は，メーカーと卸売商との関係は「コントロールすること」と「コントロールされること」であり，経営者の市場能力が主に「何を，いかにコントロールするか」といったことにあると考えた。「何をコントロールする」については，マージン（差益），テリトリー，商品，市場開拓のペースといった4つの要素がある。これらのうち，特に重要なのはマージンのコントロールであり，3～4の取引段階を経ても，各取引業者が必ずマージンを取れる「合理的」な利益配分の保証は取引秩序を維持する前提であると指摘した[29]。そのため，ワハハは商品別に特約卸から2次卸，小売店まで各取引段階のマージン配分を設定し，卸売価格が一定幅の中で設定される，いわゆる再販売価格維持制度を導入し，取引秩序の維持を図った。

このように，ワハハは保証金制度，地域販売制度，再販売価格維持制度の三位一体の制度により連鎖体の組織化を行った。しかし，メーカーにとって卸売業者の販売行為を維持することは容易ではない。連鎖体の管理の強化や地域間の乱売問題に対応するために，ワハハはいくつかの対策を実施した。第1に，各地域に出荷する包装箱に製造番号や日付を印字し，配送先などをすべて記録する。契約違反の場合，番号と記録によって追跡する[30]。第2に，社内に専門部署を設け，特約卸が契約を守っているかを定期的に巡回しチェックする。第3に，テリトリー制を維持するための保証金を設け，違反行為が発覚された場合，ワハハはその保証金を没収する。

実際，ワハハは契約によって特約卸，2次卸に縛りをかけるだけでなく，信頼や人間関係に基づく長期的な取引関係や相互依存のパートナーシップを構築しようとした。契約により卸売商の販売行為を統制・監督すると同時に，自社の営業部隊により，品揃え，在庫管理，販売促進などの手厚い販売支援を行い，共同で市場開拓することを方針としている。一部の地域では，特約卸は資金や倉庫，運搬作業員のみを提供し，その他販売機能をワハハの営業組織が補うこともあった。

1997年頃，各地の営業所が分公司（販売支社）に切り替えられ，ワハハの主要営業人員は杭州本部で集中的にトレーニングを受けてから各地に派遣されるようになった。彼らは定期的に本社に戻り，現地の状況を報告するとともに，本社の指示や任務を受けた。分公司は本社と一体になり，情報のフィードバックが素早くできるようになった[31]。当初営業人員を本社から各地に派遣していたが，取扱規模の拡大に伴い，現地採用も急速に増えた[32]。

また，営業組織には「地区経理制」（エリア・マネジャー制）と呼ばれる体制を取り入れた。すなわち省レベルの地区行政単位に「分公司」（販売支社）を設け，1人の「省経理」（総営業責任者）を配置する。省経理は，省全体の販売目標や販売計画の作成，地域内の特約卸と2次卸の配置，卸売商会議の開催などの業務を担当する。そして，省にある各2級都市に1人の「地区経理」を配置する。地区経理は，地域内の広告企画，大型販促活動の企画・実施，地域内の価格体系と販売責任制の実施状況の確認などの業務を担当する。

1990年代後半までに，ワハハは約40人の省級経理と約200人の地区経理お

よび各地域市場で採用された現地の営業人員約1,000人の営業組織を構築していた[33]。営業人員に対し，厳格な選抜と研修を行い，公平な業績評価制度と賞罰制度を設けた[34]。省経理から営業人員までの全員が卸売商への訪問を定期的に行い，問題を抱えている卸売商の相談に乗ったりした。

このようなワハハの連銷体チャネルと営業組織の関係を図4-2のようにまとめることができる。ワハハは独立資本の卸売商の自立性の活用を図り，彼らの不備な機能を補完しながら自社のマーケティング政策によってコントロールしようとした。こういったチャネル戦略は，実は日本の流通系列化に類似している。流通系列化とは，製造業者が自己の商品の販売について，販売業者の協力を確保し，その販売について自己の政策が実現できるように販売業者を掌握し，組織化する一連の行為である[35]。中国において，ワハハの連銷体は，製造業者が多段階にある卸売業者を組織化し，自社にとって統制可能なチャネルを構築するのは初めてであり，チャネル組織における大きな革新と見られている。

特約卸は，当初専売店ではなく併売店であったが，取引規模の拡大につれ，ワハハの商品のみを取り扱う業者も増えた。地理的広さと複雑さを持つ中国市場において，ワハハは各地域の有力卸売業者を活用することにより，自ら直営チャネルを展開するよりはるかに低いコストで統制可能なチャネルを展開することができた。卸売商の力を借り，ワハハは全国各地，特に地方都市や農村地域で強固な販売ネットワークを構築した。また，ワハハにとって各地域での取引の流れの把握，安定した市場価格の実現，偽物氾濫の抑制なども可能となっ

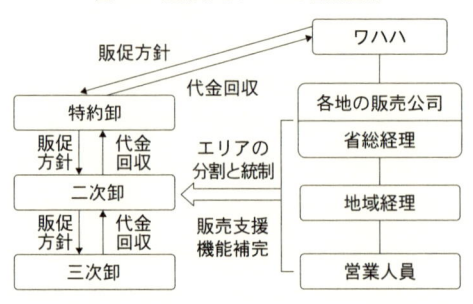

図4-2 連銷体とワハハの営業組織

た。しかし，その最大の効果は，豊富なキャッシュ・フローの実現であった。一連のチャネル政策の導入により，保証金制度の実施が徹底され，売上代金回収の問題はほぼ解消された。毎年特約卸からの保証金は，原材料の仕入れや広告契約にも使用することもできた。

2.4 コーラの発売

全国的な生産・販売ネットワークが徐々にでき上がりつつあった1998年，宗慶後は敢えてコカ・コーラやペプシコに挑み，炭酸飲料市場への参入を決定した。これまで両社はワハハの直接の競合相手ではなかったが，宗慶後は清涼飲料分野で成長するには炭酸飲料に取り組むことが必要であり，特に強力なコカ・コーラといえどもまだ農村市場に浸透しておらず，市場の空白が存在すると考えたからである。

当時，コカ・コーラやペプシコの生産量を合わせると中国コーラ市場全体の約8割を占めていた。コカ・コーラは，国務院直属の大規模国有企業の中国糧油食品進出口（集団）有限公司，飲料や食料品事業を持つ香港嘉里集団と香港太古集団有限公司の3社を合弁パートナーとし，1997年までには中国全土で19の合弁ボトリング工場を設立し，年間生産量が175万6,000に達していた。一方，ペプシコは12の合弁ボトリング工場を設立し，年間生産量が66万9,000トンであった。このような寡占市場への参入は無謀と見られ，合弁相手のダノンにも強く反対された。

1997年後半，ワハハは1億ドルを投資し，コーラのレシピ開発を行い，中国人の嗜好に考慮して甘みを若干加えた。コカ・コーラが中国進出して約20年が経ち，その赤のラベルやボトルの形がすでに中国消費者に浸透しているため，ワハハは法律上問題にならない範囲内に，できるだけコカ・コーラのボトルに類似したデザインを取り入れた。また，赤色を基調色としたのは，吉祥を象徴する中国の伝統であり，消費者の目にとまりやすくするためであった[36]。さらに，海外からペットボトルを製造する最新鋭の設備を導入し，ペットボトルや蓋の内製化により，外注に頼るコカ・コーラより安い価格を実現した。

1998年6月，ちょうどワールドカップの開催時にワハハは「非常可楽」（Future Cola）というブランドでコーラを発売した。「中国人のためのコー

ラ」をうたい文句に大規模な広告宣伝を行い，また連鎖体チャネルを通じて農村地域を中心に販売を始めた。600mlペットボトル入りのコカ・コーラは2.6～2.7元であるのに対し，非常コーラは2.1～2.2元で販売された。発売して半年で非常コーラの販売量は7万トンに達し，特に湖南，新疆，大連等の地域では，コカ・コーラやペプシコのシェアを上回ることもあった。

急成長の非常コーラに対し，コカ・コーラは脅威を感じた。非常コーラの「中国的」訴求に対し，コカ・コーラは中国での合弁工場の大半は中国側が過半数株式を持ち，特に砂糖と香料を輸入に頼る非常コーラに比べ，水以外の原材料でも98%中国現地調達を行うコカ・コーラの方が実は中国的であるといったことをアピールした。また，当初需要の急増にペットボトルの内部生産が追いつかず，ワハハは外部から調達しようとしたが，コカ・コーラが取引先のペットボトル製造業者にワハハへの供給を阻止するよう働きかけたこともあった[37]。

ワハハはペットボトルの増産体制を整えるとともに，1999年に8,000万元を投じて本社の精密機械部門を精密機械製造公司に子会社化し，海外から先進的な設備の導入とともに，技術の吸収・改善や技術者の育成に力を入れた[38]。これまでワハハは積極的に海外から最新の設備を導入している。例えば，アメリカから水処理設備，ドイツやカナダからラベリング機，イタリアから充填機，日本からボトルの製造機械などがある。各地での生産工場の建設に伴い，輸入した製造ラインの整備やメンテナンス，故障時の修理や部品の製造と交換などの業務が急増し，海外技術者や部品の外部調達には莫大なコストや時間がかかった。そこで，ワハハはグループ内部に設備技術の子会社を配置することにより，コストの削減を図り，いち早く生産規模を拡大することを目指した。

3 総合飲料メーカーへの成長（1999－2004年）

3.1 環境変化と戦略調整

1999年8月，杭州市政府は「杭州市国有企業経営者期権激励施行弁法」を公布した。これにより，3年間の平均純資産利益率が国有及び国家過半出資企

業の平均水準に達した企業は，経営者が現金による社内株の購入が許可されるようになった。

こうして，ワハハはようやく株式改革に取り組むことが可能となった。国有企業として本社所在地の上城区政府は100％の株式を所有していたが，宗慶後が1億5,000万元の出資により29.4％，38名の経営幹部が合わせて2.26％，上城区政府が2億6,245万元の出資により過半数51％といった持株構造へと変わった。また，従業員持株体制を取り入れ，1,885名の従業員は合わせて8,923万元の出資により持株率が17.34％となった。宗慶後は董事長（取締役会会長）を務め，取締役会は宗慶後のほか，杜建英，倪天堯，袁建強，丁培玲，方霞群，施幼珍の7人の経営幹部から構成された[39]。

2001年5月に，上場区政府は5％の株式を従業員持株会に売却し，持株比率が46％となった。また，2002年8月に管理職幹部は所有株をすべて従業員持株会に売却し，図4-3に示した持株構造が現在に至るまで維持されている[40]。

一方，この時期からワハハと合弁相手のダノンとの関係に変化が現れた。1990年代末頃，ワハハのライバルである広東楽百氏は厳しい競争に耐えられず，ダノンとの提携を求めた。2000年3月，楽百氏はダノンに92％の株式を売却し，事実上買収されることになった。一方，ダノンとワハハとの合弁会社の場合も，ダノンの持株比率は過半数の51％となった。これは，1998年アジア金融危機の時，合弁パートナーの百富勤が倒産し，2％の持株をダノンに売却したからであった。

宗慶後はダノンとの提携関係を共同出資による生産子会社の設立にとどめていた。しかし，楽百氏の買収から危機感を持ち始め，1999年以降，ダノンの

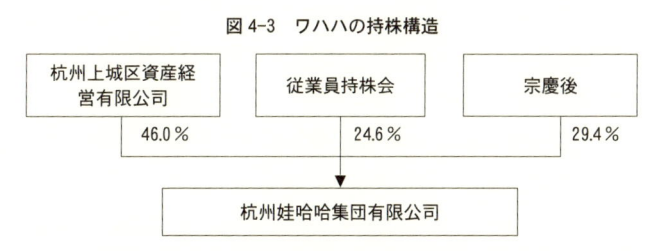

図4-3　ワハハの持株構造

杭州上城区資産経営有限公司	従業員持株会	宗慶後
46.0％	24.6％	29.4％

↓

杭州娃哈哈集団有限公司

出所：謝孟霖「求解娃哈哈資本困局」『CFO WORLD』2007年7月，51頁。

出資を受けない非合弁生産子会社を急増させた。1999年3月に湖南省長沙市に設立された娃哈哈長栄飲料有限公司は，宗慶後個人が30%，現地企業40%，「離岸会社」のJunjie Investment 30%という出資構造を取った。

離岸会社とはオフショア・カンパニーとも呼ばれ，会社の登録地域と実際にビジネスを行う地域が異なる企業のことである。中国本土の企業が，外資系企業のように中国でさまざまな優遇政策を受けるために，香港やイギリス領バージン諸島などの地域に会社を設立し，「外資」になって中国国内に投資するというケースは少なくなかった。離岸会社は登録地域の政府に税金を支払う義務がなく，少額の年間管理費のみ徴収される。

宗慶後は家族や知人を通じて，Golden Dynasty, Bountiful, Platinum, Ever Maple, Junjie Investmentなどの離岸会社を設立し，ダノンの出資を受けない非合弁子会社への投資を行った。非合弁子会社も，一応「外資」を取り入れたことで地方政府からの優遇政策を受けることができた。

2000年まで，ワハハのグループ会社42社のうち，ダノンが51%の株式を持つ合弁子会社は15社，そのほか資本参加の合弁子会社は7社であった。一方，ワハハの完全出資もしくは過半数の株式を持つ非合弁子会社は20社であった。総資本金35億元のうち，ダノンは32%を占めていたが，ワハハの経営陣に1人も派遣することができなかった[41]。また，当初「娃哈哈」の商標権を合弁会社に移譲する予定であったが，中央商標管理局が中国商標の保護を理由にこれを許可しなかったため，両社は1999年5月に新たに「商標使用許可契約」を結んだ。また，非合弁子会社は合弁会社の下請工場として，「娃哈哈」商標の製品の生産が許可された。

持株構造や企業体制を整える一方，宗慶後は今後の成長における戦略調整が必要と感じた。飲料水やコーラへの取り組みにより，彼は清涼飲料を主力事業にすることを決めた。この時期から，中国の清涼飲料市場には大きな変化が見られた。1990年代総生産量の半分を占めていた炭酸飲料は，シェアが低下し続けていた。一方，飲料水は大きく上昇し続け，2000年以降約4割を占めるようになった。また，果汁・果実飲料は1990年代にシェアが一時低下したものの，2000年以降再び上昇傾向に戻り，約2割を占めていた（第2章表2-7，2-9を参照）。

果汁・果実飲料市場が拡大した背景には，消費者の栄養訴求と健康志向の高まりにあった。それに向けて多くの飲料メーカーは競ってこの分野に参入した。台湾系の食品メーカーは，コカ・コーラやペプシコとの競争を避けるために，炭酸飲料以外の分野を強化した。2001年，統一は「鮮橙多」，頂新は「康師傅 鮮の毎日C」を発売し，大規模な増産体制により市場シェアを伸ばした。コカ・コーラも非炭酸飲料事業を強化するために，「酷児（Qoo）」を中国市場に投入した。

　一方，ほぼ同じ時期に茶飲料市場も拡大を見せた。経営不振に陥った国内茶飲料メーカーの旭日昇に代わり，統一や頂新はともに1995年から茶飲料を発売し，多様な製品ラインを揃えた。ACニールセンの市場調査によると，2001年4～5月の茶飲料市場では，「康師傅」と「統一」はそれぞれ46.9%，37.4%のシェアを持ち，2社だけで市場の8割を占めた[42]。

　こうした中，ワハハは2001年に茶飲料市場に参入し，緑茶飲料の「龍井茶」を打ち出した。また，翌2002年，オレンジ味の「鮮橙汁」を発売し，果実飲料にも参入した。炭酸飲料，茶飲料，果実飲料の展開に伴い，これらの分野にすでに寡占体制を築いた外資系企業との競争が激化した。2002年，宗慶後は「市場の全面開発，製品の全面開発，チャネル資源の全面動員（三全戦略）」を打ち出し，ワハハを「全方位型」飲料企業に成長させていく目標を掲げ，真正面から外資系企業との競争に取り組もうとした。同年，ワハハは製品開発力の強化を目的に，200万元を投じて新製品開発センターを設け，また年間売上高の1%を技術開発費とした。

　総合飲料メーカーへと発展するにつれ，ブランド・アイデンティティにも問題が生じた。当初子供向けの商品展開に使用された「娃哈哈」ブランドは，そのまま清涼飲料の展開にも使用された。宗慶後は「娃哈哈」の子供の笑いの擬声語として，無邪気で純粋なイメージを持ち，子供と成人の両方の市場で使用することに問題ないと考えた。しかし，「娃哈哈」が子供のイメージを連想するといったブランド・アイデンティティは徐々に薄まることになった。こういった問題を抱えながらも，ワハハは子供服市場に参入することになった。

　宗慶後は，中国には総人口の22.5%を占める0～14歳の子供が約2億8,700万人にのぼるが，子供服の年間生産量がわずか6億枚にとどまっており，そこ

に市場の潜在的成長性を感じた。2002年5月，ワハハは北京で香港達利集団と提携し，子供服事業の展開を発表した。達利が商品企画や生産を行い，ワハハはフランチャイズ方式により全国で2,000店舗の子供服専門店を展開する計画であった。

また，加盟条件として，加盟店側は売場面積が50平方メートル以上，売上代金の先払いが必要であり，売上目標が達成された場合には，年末に3％のリベートを支払う。ワハハは管理ソフトの提供，物流支援と販売員研修を行う。当初，ワハハは商品の仕入価格を半額にし，100％返品可能など加盟店に有利な条件を提供した。しかし，予想を裏切って，加盟店数は約800店舗にとどまった。

ワハハは基本的に飲料製品と同様のやり方で子供服事業を展開しようとした。しかし，子供服は，飲料商品以上に細かな在庫管理や売場の品揃え，接客サービスなどが必要である。加盟店の管理が不十分だった結果，一部の加盟店ではワハハ以外のブランドの子供服を取り扱ったり，食品やベビーカー，書籍などを販売したりすることもあった。また，提携パートナーの達利はシルク生地と高級ファッションに得意だったが，子供服の経験をほとんど持っていなかった。特に中・低レベル品質で量産を図ろうとするワハハとは，原材料調達や商品企画，販売などにおいて合意できず，結局わずか3カ月で提携が解消されることになった[43]。

3.2 販売チャネルの調整

ブランド・イメージの矛盾を抱えながらも，ワハハは清涼飲料市場での拡大を続けた。しかし，総合飲料メーカーへの拡大に伴い，コカ・コーラ，ペプシコ，頂新，統一などの強い競合相手との真正面の競争となった。また，純浄水，炭酸飲料，茶飲料，果実飲料などの商品分野において，製品自体の差別化が困難であり，同質化による価格競争も激しくなる一方であった。これは，多段階取引や価格体系の維持を前提とするワハハの連鎖体チャネルにきわめて不利な状況となる。

チャネル統制を強化するために，ワハハは2001年から3年間かけて，販売ネットワーク全体を「蜘蛛の網」のようにクローズド化し，秩序のある流通シ

ステムの中で自社のチャネルを運営するという実験を始めた。これは，1990年代の仕組みをさらに高度化しようとしたものであった。

その内容は，まず一定のエリアに特約卸1社を設け，ワハハが指定する2次卸のみに商品を供給する。そして2次卸がワハハの指定した範囲内の3次卸や小売店とのみ取引するといったネットワークである。これを実現するために，ワハハはまずテリトリーを改めて分割し，新たな設定基準を設け，卸売商の再選別を行った。

特約卸に対し，そのテリトリーの設定を当初省・市といった行政単位による分割手法から徐々に商品や取引の流れによる調整に変え，基本的に商圏人口100万人，年間販売額500万元以上の地域に1社を設けることとした。また，新たな選定基準として，経済力や信用力，マネジメント力が高く，広い販売ネットワークや物流機能を持ち，鉄道沿線あるいはワハハの生産子会社の輸送半径内に立地するといった項目を設けた。実際，これまでの特約卸は比較的規模が小さかった。売上規模100万元以下の特約卸は企業数では47.6％を占めていたが，売上高ではわずか7.3％に過ぎなかった。これらの特約卸に対し，契約終了もしくは2次卸への降格という措置を取ることにした[44]。

一方，2次卸に対し，最低25店の小売店ないし3次卸の販売ネットワークおよび物流機能を持つことを前提に，商圏人口5万人，年間販売額25万元の地域に1社といった原則で販売地域が重複しないように再配置した。また，2次卸の売上規模を特約卸の半分以下とし，他社商品を併売する比較的大規模の2次卸と契約しないこととした。さらに，県また郷・鎮レベルの地域や交通不便な地域に特に2次卸を設けた。

このように，ワハハはチャネルの統制において，戦略の重心を当初の特約卸の系列化による連鎖体の構築から，2次卸，3次卸および小売店を含めた販売ネットワーク全般のコントロールに移していった。これは，競争の激化につれ，市場に近い末端の販売組織までを把握することで，より細かく市場の変化に対応しようとしたことによる。

また，ワハハは頂新の営業手法を参考にしながら，営業組織の調整を行った。頂新は2000年から3年間をかけて4,000万米ドルを投資し，即席麺を中心に販売チャネルの改革を行った。全国を東西南北中の5つの大区に分け，

300の営業拠点と139の倉庫を持ち，約5,000社の卸売商，55万の小売店を網羅する販売ネットワークを展開した。さらに，中国全土に1,500の重要エリア（商圏）を設定し，各1人の営業担当を配置し，1日80の小売店を訪問させ，販売や在庫状況を把握する，「通路精耕」と呼ばれる戦略を実施した[45]。これは，頂新がコカ・コーラを参考に，中間流通段階の削減や小売末端へのコントロールの強化，チャネルへの細かい対応を目的として考案したものであった。専門の営業チームを育成し，地域内の小売店への訪問により，販売効率を高めていく。2000年までに頂新は，こうした都市部チャネルの調整をほぼ完成させた後，同様の戦略で農村地域への浸透も始めた[46]。

一方，ワハハは2001年から全国を華南，西北，華北，華東と浙江の5つの地域に分割し，「大区経理」という層を設けた。しかし，大区経理制は組織階層の多段階化による管理上の混乱をもたらすだけであったため，2001年末から組織の再調整を行い，「大区」といったエリア分割を廃止し，省級の管理単位に戻した。その代り，翌年に省級副経理制を取り入れ，従来のように1人の地区経理が1つの行政地区単位を管理するのではなく，3〜4人の省級副経理が1つの省を管理するといった体制に変更した。管理地域の設定は各省の状況や担当経理の能力も考慮した[47]。

また，地域的な営業組織の調整とともに，ワハハは「跑単員」と呼ばれる小売店頭を訪問する短期雇用の営業人員を急増させた。一般的に，省経理はワハハの杭州本社から派遣される正社員であり，地区経理や顧客経理は現地で雇用し，本社で社員登録を行う。しかし，末端の営業人員は現地採用で，ほとんど短期雇用契約のもとにある。ワハハの分公司と卸売商は共同で彼らを管理し，給料の支払いについては一般的に卸売商が建て替えし，ワハハが年末に卸売商に払い戻す。最も多いときは，営業人員は8,000人規模に達した。

しかし，チャネル体制や営業組織の大規模な改革を行ったにもかかわらず，2002年と2003年の売上増加率は16％にとどまっていた。急激に膨らんだ営業組織を管理するのに多大なコストがかかり，また特約店への強引な資本参加と現金の要求など区域経理や営業人員の不正行為が多発した。2003年11月から，ワハハは10数組の監察チームを作り，全国の営業組織の規律を整える一方，階層組織の簡素化や営業人員の選別・削減を行った。一部の優秀な営業人

員を2級顧客経理に昇格させたりし，新たに設けられた販促企画や新製品の市場開発を担当する市場開拓人員に転換させたりした。それ以外の営業人員は解雇し，営業組織全体を5,000人規模までに削減したのである[48]。

3.3 都市市場への進出

2000年前後，外資系企業との競争が激化するにつれ，ワハハは急成長を維持することが困難となった。売上増加率は1996年に90.09％に達し，高い成長率を維持したが，1999年以降10〜20％台で推移することになった（図4-4）。

成長スピードが落ちた原因は，競争の激化や売上増加を牽引する有力商品の不在，チャネル優位性の維持困難の3点が考えられる。炭酸飲料，茶飲料，果実飲料はいずれも外資系企業の強い分野であり，これらの市場でシェアを伸ばすことがきわめて難しかった。当初，中国人のためのコーラといったうたい文句や農村地域の市場空白，また連鎖体チャネルの優位性により，「非常コーラ」は15％前後の市場シェアを占めるようになったが，それ以上拡大することは困難となった。また，茶飲料や果実飲料においても，頂新や統一は都市と農村の両方で販売ネットワークを展開しており，農村地域を基盤としたワハハにとって大きな脅威となった。

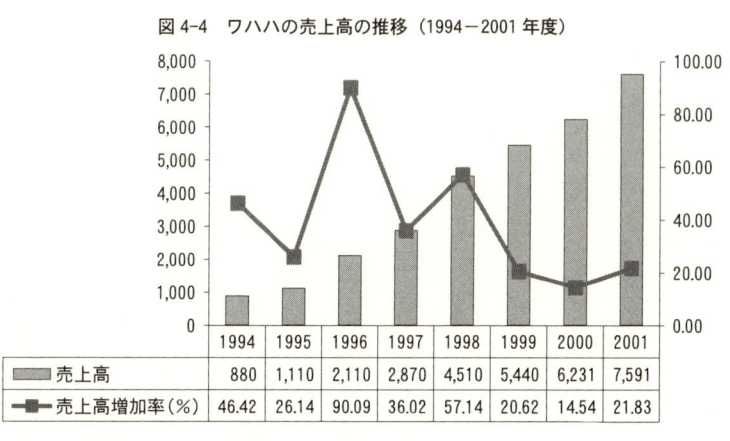

図4-4 ワハハの売上高の推移（1994－2001年度）

	1994	1995	1996	1997	1998	1999	2000	2001
売上高	880	1,110	2,110	2,870	4,510	5,440	6,231	7,591
売上高増加率(%)	46.42	26.14	90.09	36.02	57.14	20.62	14.54	21.83

出所：各種の資料および『娃哈哈集団報』より作成。

コカ・コーラも，1999年以降2級，3級都市や農村市場での販売を強化し始め，2002年に各地のボトラーが相次いで1元のガラス瓶入りの「コカ・コーラ」を発売した[49]。また，農村市場開発戦略に合わせ，2001年からコカ・コーラは卸売商との関係を緊密化するための「101計画」を実施した。101とは，2級，3級都市において卸売商と契約し，末端の小売店に冷蔵庫や展示棚などのハード設備や商品知識などのソフト・サービスを提供するチャネル体制である[50]。これにより，卸売商を通して中小小売店との取引をさらに強化した。

　一方，ワハハは2004年4月に北京，上海，広州などの都市市場に進出し，全国新聞にキャンペーン広告を出したり，地方テレビ局のゴールデンタイムに大規模な広告を放映したり，コカ・コーラとの競争をさらに拡大させた[51]。こうして，ワハハとコカ・コーラは，従来農村と都市といった市場の棲み分けから，互いの市場に進出するようになった。

　都市市場の進出に伴い，ワハハは商品開発機能を強化し，2004年3月に「激活」活性ビタミン水という機能性飲料を発売した。疲労回復の効果があるこの商品は，18～35歳の若い世代をターゲットとしている。人気キャラクターのライブ・コンサートに合わせて販促イベントを開催したり，オンラインゲームと提携したりなどさまざまな販促活動により若い顧客を取り込もうとした[52]。また，サブブランドの「激活」は成長鈍化が見えたワハハの組織内部の小さな細胞を刺激し，社員1人1人の活力を発揮させるといった意味もあったのである[53]。

　また，販売面では，「激活」の小売価格は他社とほぼ同じであるが，卸売価格は比較的安く設定された。マージンをあげること，卸売商の新商品を扱う意欲を高めることが狙いであった。さらに，これまでと違って連鎖体だけでなく，都市のハイパーマーケットやレジャー施設，学校などの販路も積極的に開拓した[54]。2004年5月，ワハハは市場開拓部と市場企画部を設けた。これらの部門は，まず上海，重慶，成都，南昌の4都市において，製品と販売チャネルの市場受容度や消費習慣などについて調査した。これは，人口規模や消費特徴が異なる都市市場の特徴を類型化することにより，全国の都市に取り組むための準備であった[55]。

しかし，都市市場への進出は容易ではなく，すでに広告傘，路地看板，店頭看板，POPなどの販促道具がコカ・コーラやペプシコなどの外資系企業に「占拠」されており，自動販売機，体育場，デパートなどのレジャー・商業施設にも外資系ブランドの広告やポスターが多く見られた。また，農村市場と違って，都市市場ではメーカーの商品力やブランド力，小売店への交渉力などが要求され，売場確保から商品陳列，店頭の在庫管理・補充システムなどを含めた総合力が必要とされた。さらに，ハイパーマーケットやスーパーマーケットなどの小売チェーンは入場費，バーコード費，祝日費などさまざまな費用を徴収しており，支払サイトが長いため，取引コストの上昇が予測された[56]。

ワハハは，都市市場においても基本的に既存の連鎖体チャネルを通じて取引しており，小売チェーンとの直接取引はほとんど行われていない。宗慶後は，「直接取引は自社の強みである連鎖体の取引秩序を混乱させ，さまざまな費用徴収がコスト増をもたらし，長い支払サイトはキャッシュ・フローを悪化させる危険性がある」と考えたからである。例えば，フランスのカルフールと直接取引する場合，ワハハにとってチャネル維持の費用は年間50万元にのぼるのに対し，卸売商を通じて取引すると，費用がわずか10万元で済む[57]。また，ワハハの営業部隊は，卸売商とのやり取りに慣れているが，小売チェーンとの交渉の経験が少ない。また，総合力がまだ弱いため，交渉が難航するケースがよくあった。しかし，直接取引を行わないワハハに対し，都市部の小売チェーンが大きな不満を抱いた。卸売商介在の取引は，品揃えがヒット商品に限定されており，店頭管理が散漫で欠品が多く見られた。これに対応するために，ワハハは都市市場において，外資系のハイパーマーケットではなく，むしろ中堅規模の内資系小売企業を主要チャネルとした。また，卸売商に「精耕細作」（きめ細かな市場開拓）や末端への販促力の強化を要請した。

都市市場へのチャネルの拡大において，ワハハは商品力，品揃え，営業などの面で経営資源の不足や従来は強みだったチャネル資源の不適合といった問題が生じ，大きな壁にぶつかるようになった。さらなる成長拡大のために，上述の問題のみならず，ワハハの組織体制と資源配分においても，地域対応の不十分さや生産・物流・販売構造の不合理さなどの問題が浮上した。

3.4 情報システムの導入

ワハハはこの時期まで乳酸菌飲料,純浄水,炭酸飲料,茶飲料,機能性飲料,サプリメント,即席麺などの約300品目の製品ラインを展開した。2003年,ワハハの杭州以外での生産量が初めて杭州地域のそれを超え,全体に占める比率は2002年の42.7％から60％に上昇し,銷地産戦略が本格的に確立された[58]。杭州以外の工場の生産能力は,大きい場合に4～5ライン,小さい場合に1ラインとかなりばらつきがあった。売れ筋商品の純浄水にしても,すべての工場で生産されていたわけではなかった。また,新商品の多くは杭州地域の工場のみで生産されていた[59]。

進出当初,現地の需要を一定程度に考慮したとしても,その後製品ラインの多様化や地域需要の変化により,生産構造がかなり偏るようになった。そのために,製品の地域間調整が頻繁に行われており,長距離輸送は大幅なコスト増をもたらした。

この問題に対し,宗慶後は「新商品発売のスピードがますます速まっており,各生産子会社にすべての製品ラインを備えることは不可能であり,異なる地域性を持ち,常に変化する市場ニーズに完全に対応するには,消費地立地生産体制だけでは不十分である」と認めていた[60]。つまり,消費地立地生産戦略は,実際は輸送コストの削減においてそれほど大きな効果を上げられなかった。

不十分な地域対応をもたらす根本的な原因は,経営者依存・本社依存の組織体制にあると考えられる。2003年までに,ワハハは全国に38の営業所,69の生産子会社,2,000社の特約卸,1万2,000社の2次卸からなる生産・販売ネットワークを持つようになった。しかし,生産と販売に関する重要な意思決定は,すべてカリスマ的経営者である宗慶後1人の意思によって行われていた。彼は日々注文・資金回収日報,発注日報,生産日報といった重要な情報データを自ら確認し,10数名の職能部長や40名の省・区の営業経理,100社以上の子会社の総経理から直接報告を聞いていた。

宗慶後の強いリーダーシップのもと,ヒト,モノ,カネなどの経営資源や原材料調達・生産・販売などの事業活動は高度に集中化された(図4-5)。「企管部」はグループ全体の調整中枢として,毎月下旬にマーケティング・センター

図 4-5 事業活動の高度集中化

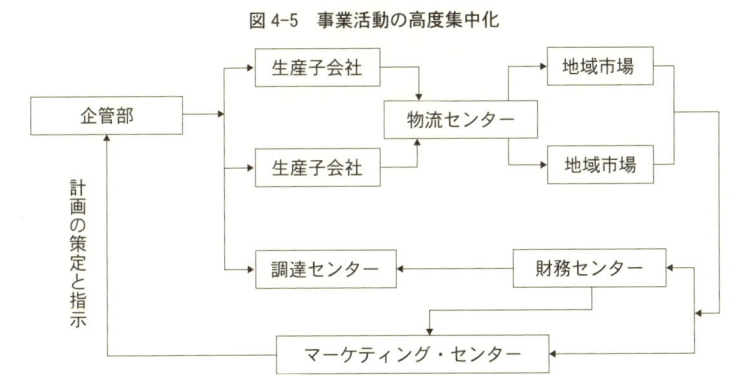

出所:「娃哈哈集団的産品戦略」『企業文化』2002 年 9 月,52 頁。

の販売計画により各生産子会社の生産計画の指示を下す。生産子会社は物資需給計画や資金使用計画を本社に提出し,本社の認可を受けた後,調達センターが原材料の集中仕入れを行う。生産子会社の現地調達が必要な場合,価格と品質に関する本社の審査や認可を受ける必要がある。こうして生産された商品は,直接販売支社が指定する特約卸に配送される[61]。

　こうした統一的な管理・配分の組織体制により,ワハハは限られた経営資源と低い管理コストで急速に規模を拡大してきた。子会社へ権限移譲しない理由として,宗慶後は地域間競争を引き起こす危険性の回避,また原材料の集中仕入れによる価格交渉力の強化といったことをあげている[62]。しかし,集権による資源配分の迅速さと徹底的なトップダウンが実現された一方で,市場の拡大や業務内容が複雑化するにつれ,経営者依存・本社依存の組織体制では十分対応しきれなくなった。特に生産と販売ネットワークの急拡大に対応する物流面での合理化や効率化が遅れていた。そのため,現地生産が地域需要に十分対応できない際に発生する長距離輸送は,大幅な物流コストの増加をもたらした。

　2003 年半ばからワハハはアクセンチュア（Accenture）と提携し,ERP（Enterprise Resource Planning: 企業資源計画）の導入に取り組み,機能間の連携と調整により効率性の向上とコスト削減を図ろうとした。情報化への取り組みでは,ワハハはすでに 1997 年に社内に情報センターを設け,レガシー

(Legacy) システムを自社開発し，生産と販売業務に導入した。その後，財務電算化や在庫管理システム，調達管理システムも導入した。また，2002年，特約卸にも情報システムを導入させ，2003年に2次卸までに拡大した。しかし，これらのシステムは相互に連携しておらず，情報の共有もできなかった。また，基礎フレームの技術レベルが低く，情報量の増大に伴い，処理効率が大きく低下した[63]。

ワハハに対し，アメリカのコンサルティング会社のアクセンチュアは，ERPパッケージにはドイツのシステム会社SAPのR/3を，サプライチェーン全体の計画と管理には同じくSAPのAPO (Advanced Planner and Optimizer) ツールの導入を提案した。ERPプロジェクトは2004年2月にスタートした。

しかし，設計段階においてワハハとアクセンチュアの食い違いが多く見られた。例えば，宗慶後はAPOに対し，処理結果だけでは満足できず，調達，生産などの各段階の処理結果も入手したいと要求した。プロセスごとに結果を把握することにより，どこでどういった問題が生じたのかは一目瞭然となるからである。しかし，これまでSAPが提供したシステムはすべて一体化したものであり，プロセス別にデータを確認することはきわめて困難であった。

また，宗慶後は先進国仕様のR/3は柔軟性に欠けるため，従来自社で開発されたLegacyシステムをR/3に接続すると依頼した。ワハハは，競合他社の動きに迅速に対応するために，常に販売政策や販促活動を柔軟に調整することが必要であった。R/3の設定が硬直的で，宗慶後の意思をシステムに反映するにはかなり時間がかかり，戦略実行の遅れが生じることになる。また，特約卸に直接配送するワハハは，特約卸の要望や支払状況に応じて，リベートの提供や細かな対応が必要であるが，これについてもR/3が十分対応できない。しかし，LegacyとR/3は異なるフレームに基づいており，直接に接続するとプロセスが複雑化し，さらに長い処理時間を要することになる[64]。

数えきれないほど話し合いや意見調整の結果，2004年9月初頭にR/3が稼働した。8月末にワハハはすべての生産や出荷業務を停止し，36時間をかけて全国にある46の通過型物流センターと完成品倉庫，杭州にある24の倉庫の在庫状況をすべてR/3システムの初期データとして入力した。続いて，10月に各子会社のR/3システムを連携するAPOの導入がスタートした。APOは，

DP (Demand Planning: 需要計画／予測), SNP (Supply Network Planning: 調達計画), TP (Transport Planning: 輸送計画) の3つのモジュールから構成されている。DPは過去のデータや市場からフィードバックされた情報により需要を予測し，SNPに提供する。また，すべての部門がDPを通じて情報を共有することができ，同一のデータに基づく予測が可能になる。

APOは本来供給と販売への予測精度を高め，配分を最適化し，生産に指示を出すといった役割を果たす。しかし，ワハハではAPO稼働後，さまざまな問題が見られた。第1に，DPモジュール1回の処理には24〜48時間かかり，過去のデータの不足もあり，予測結果が現実とは大きくかけ離れたことである。これに対し，SAPのドイツ本部がワハハにいくつかのプログラムを開発し，ワハハも入力する情報量を減らすことで，処理時間をやっと10〜12時間に短縮させることができた。

第2は，顧客（卸売商）満足度とコストのどちらを優先するかによって，SNPのシステム設計が大きく異なったことである。宗慶後は顧客満足度を前提にコストを最大限に引き下げようと考えたが，アクセンチュアはこれをコスト優先と理解し設計した結果，顧客への対応が不十分となった[65]。

第3に，APOは卸売商の立地，輸送時間，輸送手段など一定の要素条件を考慮し，輸送計画を作成できるため，ワハハは売上高の7％を占める完成品の輸送コストを5％に削減することを期待した。しかし，先進国の市場環境をベースとしたAPOは，多数の特約卸や広域で複雑な販売網を持つワハハの事情と，多様な交通手段と輸送ルートが混在する中国の事情への対応が不十分であった。特に物流コストの削減を目的に進められた混載輸送は非常に複雑なものであり，うまく実施することができなかった[66]。

約70の生産子会社と2,500の特約卸を結ぶシステムの設計はきわめて困難である。アクセンチュアはワハハの生産と物流網の複雑さを緩和するために，生産計画サイクルを従来の10日間から3日間に短縮し，需要による生産面の頻繁な変動を回避することを提案した。宗慶後はこの提案を一旦採用したが，R/3が稼働した2週間後に，再び10日間のサイクルに戻した。彼がこれまでの経験や勘から，10日間が最も適切なサイクルと考えたからである。また，アクセンチュアからは，物流センターを整備することにより生産構造の不合理

さを回避しようという提案もあったが，それも受け入れられなかった。宗慶後は現状の通過型倉庫で 10 日間サイクルに十分対応ができ，生産された商品を直接特約卸の倉庫に運ぶことが最も効率的であり，特約卸が事実上ワハハの物流センターとしての役割を果たしており，物流センターの整備が逆に輸送距離の拡大とコスト増をもたらすことになると考えたからである[67]。

ワハハは，生産，物流，販売の仕組みを恣意的に複雑化させてきたわけではない。短期間で急拡大した結果，経営資源の蓄積や分権的組織体制の整備が十分間に合わず，また中国市場の急激な変化や高い不確実性といった環境条件もあり，経営資源を集中化して対応することが必要であったからと考えられる。

多くの課題を抱えた APO の導入は，2005 年春節以降一旦停止することになった。一方，ワハハは国内需要の膨張に対し，地域対応の分権体制が未整備のまま，さらに生産と販売のネットワークの拡大に走ることになった。

4　さらなる事業拡大（2005 年以降）

4.1　差別化商品戦略の導入

主力商品の純浄水が発売されてからすでに 10 年経っており，マージン率は大きく圧縮されていた。一方，炭酸飲料，茶飲料，果実飲料では強力な競合相手との厳しい競争に引きずり込まれ，ワハハにとって次なる主力商品の開発が重要な成長課題となった。

これまでワハハが自ら開発した新商品は少なく，宗慶後の勘により，すでに市場に存在し，かつ潜在需要の大きい商品を見つけ出し，大規模生産や製品の改良を行っていた。こうしたやり方は，市場参入の失敗リスクが低く，広告宣伝費用の削減にもつながる[68]。しかし，他社の真似だけでは市場をリードすることができず，厳しい競争に対抗するには，今までにない新商品の開発が市場でリーダーシップを取るカギとなる。

都市市場への進出に合わせ，ワハハは社内に食品飲料研究所と分析センターを設け，製品開発力を強化した。2004 年夏，市場開発部と製品研究開発センターは共同で新商品開発のプロジェクトを立ち上げた。開発はまず都市部の消

費者を対象とした定性的な市場調査からスタートした。調査結果から，多くの消費者は比較的栄養豊富なジュースと牛乳を好むことが分かり，また一部の消費者からジュースと牛乳のどちらかだけの単調な味には満足しないという意見も得られた。牛乳は一般的に食品に分類され，食事や栄養補給を目的として比較的決まった時間帯と場所で飲用され，家庭消費が中心である。一方，ジュースは水分やビタミン補給を目的に飲用され，時間や場所に特定されない嗜好品である。開発チームはすぐに牛乳とジュースの混合飲料というアイディアに思いつき，家庭消費と個人消費を同時に取り組むことができるだけでなく，今までにない新食感の飲料を開発することができると考えた[69]。

新商品のターゲットとして，開発チームは高校生や22歳以上の働く世代といった若者，また6〜12歳の子供がいる家庭に設定した。エネルギー補給を重視する若い世代は，都市市場では最も影響力の大きい消費層であり，新商品への受容性も比較的高い。特に市場調査では，上海で働く若い女性たちは忙しい朝にワハハのビタミンADカルシウム入り乳酸菌飲料（220ml）をよく飲むといったことが分かった。しかし，この商品は子供向けであるため，新聞かハンカチで包んで持ち歩いた。この情報は，若い世代向けの栄養訴求飲料のニーズの発見につながった。一方，6〜12歳の子供がいる家庭を対象としたのは，市場調査では若い母親は栄養豊富で食感の良い商品を選ぶ傾向が高いことがあったからである[70]。

こうして，ワハハは2004年12月にジュースとミルクを混合し，15種の栄養素を添加し，食感と栄養機能を同時に訴求した混合飲料の「栄養快線」を発売した。容器に口径38mmで500mlの最新ペットボトルを使用し，小売販売価格をこれまでに最も高い3.5元に設定した。発売に合わせ，中央テレビ局で大規模な広告宣伝を行う一方，高校やバス停，小売チェーン店頭などで無料試飲キャンペーンも実施した。

栄養快線の発売は，ワハハにとって画期的な意味を持った。これまで清涼飲料は外出時の消費が中心であったが，栄養補給の訴求により家庭消費を取り込むことができた。また，高価格・高付加価値の差別化商品として，利益増も期待できる。原材料やエネルギー価格の高騰などによるコスト上昇に対応し，また同質化や価格競争から脱却するために，ワハハは引き続き付加価値の高い新

商品への研究開発を強化し，2005年には研究開発への投資額が4億6,000万元に達した。

　栄養快線は消費者から大きく支持され，好調な販売を見せた。この商品を持って，ワハハは都市市場の開拓をさらに強化した。2005年，これまで16年間ほとんど体制が変わらなかった「広報広告部」を廃止し，新たに「市場部」を設けた。市場部には，広告や企画・デザイン，市場開拓などの部署が配置され，特にワハハの競争力が弱かった都市部での販促活動が重点となった。また，小売チェーン，鉄道，航空，レストラン，レジャー施設などの販売チャネルを開拓するために，専門的に担当する「KA（Key Account）チーム」や「特通チーム」を設けた。さらに，ワハハは新たに300余りの市場開拓人員を上海，北京，広州，杭州，重慶，成都，武漢などの大都市に派遣し，栄養快線などの重点商品の市場開拓を担当させた[71]。こうして，「栄養快線」は2005年に7億7,500万元の売上をあげ，同年売上高140億6,000万元の5.5%を占めた。

　2006年に入り，ワハハはさらに付加価値の高い新商品開発を加速した。それに合わせ，製造機能も強化した。ボトル製造から，原料の調合，充填，キャップ巻締，箱詰めなどの全工程による自動化ラインを整備し，最新鋭の設備を備えたことで，開発した新製品をすぐ量産化できる体制を確立した。また，これまで海外からの技術導入が多かったが，中性（低酸性）飲料の生産に対応するために，ワハハは自ら超浄熱間充填技術を開発した[72]。

　2006年春，ワハハは子供向け乳酸菌飲料新シリーズのプロバイオティク発酵の「爽歪歪」を発売した。また同年夏にコーヒー味のコーラ「非常珈琲可楽」，年末に都市の若い働く女性向けにダイエット効果がある混合飲料の「思慕C」を発売した。販売好調な新商品の勢いに乗り，2006年ワハハは売上高187億元，純利益22億2,900万元をあげ，それぞれ前年より33.0%，46.6%の増加を実現した。特に新商品は売上高40億元強，純利益9億元強で，それぞれ全体の21.3%，40.3%を占めた[73]。

4.2　生産規模の急拡大

　高付加価値の新商品の展開により，ワハハは再び成長軌道に乗ることができ

たが，依然として不合理な生産・物流構造の問題を抱えていた。ERPを導入したにもかかわらず，対応が不十分なAPOのため輸送コストの増大に歯止めがかからなかった。特に新商品の大半が杭州地域の工場で製造されており，その販売が拡大すればするほど，長距離配送による物流コストが膨らむといった悪循環が続いた。2005年以降，ワハハは省経理に対し，各担当地域でワハハの全品目商品が販売されることを業績評価指標の1つとした。しかし，すべての品目が現地工場で生産されるとは限らず，また物流プラットフォームの欠如による全国範囲での調整はさらに問題を複雑化した。

こうした問題に対し，ワハハは社内で解決策を探り，複雑な情報システムに頼るよりも，地図を基に最短距離を計算するといったアナログ的な方法を取り入れた。つまり，発注した卸売商に最も距離の近い工場で生産し，かつコストの最も低い手段で配送するということを原則に，工場から販売拠点までの配送ルートの合理化を図ることである。また，これを基に各工場の製品種類，卸売商の数と発注規模，必要な輸送時間などいくつかの要素を考慮し，「自動認知システム」を開発した[74]。

このシステムの導入により，輸送コストの問題はある程度緩和されたが，その根本にある地域ニーズに対応していない不合理な生産構造の解決には至らなかった。2006年に本社の企管部は，各地の販売状況や消費特性に対する調査分析を行い，どの商品はどれくらいの需要があるのかといったことを把握した。そして2007年以降，ワハハは全国の生産子会社を対象に，2度目の大規模投資を行う計画を立てた。

大規模投資の背景には，中国の飲料消費の急増があった。2006年以降，全国生産量は約20%以上のスピードで急増し，2011年には遂に1億トンを突破した（表4-2）。膨張する全国市場を網羅しようとするワハハは，各地に工場を建設し，生産量を拡大し続けた。2008年初頭，宗慶後は生産量を前年の689万トンから1,000万トン規模に拡大する目標を発表した。これまで生産への投資は年間約20億元であったが，2008年には60億元を投じて新たに90ラインを投入する計画が立てられた。また，華中，華東，西北，西南，東北などいくつかの地域で同時に工場建設を進めることになった（表4-3）。

しかし，大規模な生産ラインの増設に伴い，本社の技術部門は深刻な人員不

表 4-2　全国およびワハハの飲料年間生産量の推移 (単位：万トン)

年度	全国生産量	増加率 (%)	ワハハの生産量	増加率 (%)	全国シェア (%)
1995	949	50.87	20	-	2.11
1996	884	△6.85	50	148.00	5.61
1997	1,069	20.93	93	87.50	8.70
1998	951	△11.04	176	89.25	18.51
1999	1,186	24.71	224	27.27	18.89
2000	1,491	25.72	250	11.61	16.77
2001	1,680	12.68	323	29.20	19.23
2002	2,025	20.54	370	14.55	18.27
2003	2,374	17.23	402	8.65	16.93
2004	2,912	22.66	462	14.93	15.87
2005	3,380	16.07	543	17.53	16.07
2006	4,220	24.85	558	2.76	13.22
2007	5,110	21.09	689	23.48	13.48
2008	6,415	25.54	832	20.75	12.97
2009	8,086	26.05	1,024	23.08	12.67
2010	9,984	23.47	1,061	3.61	10.63
2011	11,762	17.81	1,266	19.32	10.76

出所：『中国食品年鑑』(1996－2012年)，『娃哈哈集団報』より作成。

足になり，彼らは全国を駆け回って急ピッチで作業を進めた。1つの生産工場には1～3本の生産ラインが必要とされており，それぞれ品種や生産規模，制約条件が異なり，ラインの設計・配置，生産現場での調整には時間がかかった。そのため，2008年には実際投入したのは62ラインであり，生産量は832万トンに留まった。2009年，ワハハは70ラインを新たに追加し，チベットや青海にも工場の建設を進め，やっと1,000万トンを突破した。しかし，急拡大の反動もあり，2010年は再び停滞し，増加率はわずか3.61％であった。また，全国シェアをみると，2001年の最高19.29％から2011年の10.76％に大きく低下した。これは，拡大意欲とは裏腹に経営資源の制約を受けたワハハの「焦り」の理由でもあった。

　急速な生産拡大の一方，ワハハはダノンとの関係が悪化し，遂に合弁解消に

表 4-3 ワハハの生産工場の全国展開

時期		進出地域	時期		進出地域
1989 年	華東	浙江省杭州市,蕭山区,海寧市	2004 年	華東	福建省アモイ市
				華北	山西省晋中市
1994 年	西南	重慶市涪陵	2005 年	華南	広西チワン自治区桂林市
1997 年	華中	湖北省宜昌市		華東	江蘇省宿遷市
	華中	湖北省紅安県		華北	内モンゴル自治区バヤンノール市
	華中	湖南省長沙市			
	華北	河北省高碑店市		西北	陝西省咸陽市
	西南	四川省広元市	2006 年	華東	安徽省合肥市
	華東	安徽省巣湖市		西南	四川省成都市
1999 年	東北	吉林省盤石市	2007 年	東北	遼寧省瀋陽市
2000 年	華南	広西チワン自治区桂林市		華南	広東省広州市
	華中	河南省新郷市		華中	湖北省武漢市
	東北	吉林省盤石市		西北	新疆ウィグル自治区昌吉市
2001 年	華北	天津市			
	華南	広東省深圳市		華東	江蘇省南京市
	華東	山東省濰坊市		東北	黒龍江省虎林市
	西北	甘粛省天水市	2008 年	華中	湖南省懐化市
	東北	吉林省延辺市		華東	山東省章丘市
2002 年	華東	江蘇省徐州市		西北	寧夏回族自治区呉忠市
	華中	江西省吉安市			
	東北	黒龍江省ハルビン双城市		西北	青海省西寧市
	東北	吉林省白山市		西南	雲南省昆明市
	華中	江西省南昌市		華中	湖南昌衡陽市
	西南	貴州省貴陽市		東北	吉林省延辺自治州
2003 年	華南	広東省韶関市		西北	陝西省西安市
	西南	雲南省大理市	2009 年	華東	安徽省巣湖市
	華中	河南省南陽市		華東	浙江省衢州市
	西北	新疆ウィグル自治区石河子市	2010 年	西北	チベット自治区ラサ市青海省西寧市

出所:各種の資料を参考に作成。

踏み切った。2005年7月，ファーベル（Emmanuel Faber）はダノンのアジア太平洋地域総裁に就任した。彼は，ダノンが出資していないワハハの非合弁子会社に目を付けた。2007年，ワハハの生産子会社約100社うち，ダノンとの合弁会社が39社あり，非合弁子会社が61社あった。合弁会社は純浄水や炭酸飲料などの古い製品ラインを中心に製造するのに対し，非合弁会社は茶飲料や果実飲料，付加価値の高い混合飲料などの新しい製品の生産を中心としていた。2006年度には非合弁子会社は10億4,000万元の利益を上げ，総資産が56億元に達した。

非合弁子会社は当初合弁会社の下請工場と位置付けられていた。しかし，ファーベルはその高い収益率に注目し，非合弁子会社の51%株式を40億元で買収することを持ち掛けた。宗慶後はこれに強く抵抗し，またこれまでのダノンとの合弁関係への不満を表明した。

1996年以来，ダノンの総投資額は1億7,000万米ドルに対し，急成長していたワハハからの配当金は3億8,000万米ドルにのぼった。非合弁子会社の多くは，当初ワハハが政府の呼びかけに応じて，比較的発展の遅れた地域や中西部地域に設立した工場であり，ダノンが収益の悪さを見込んで投資しなかったこともある。合弁会社の経営には全く貢献せず，しかも収益の高い子会社に出資し，収益の悪い子会社から撤退するといったダノンの行為に対し，宗慶後はこれを「合弁」というよりも，単なる「株投資」にすぎないと見ていた[75]。

またダノンは，ワハハのほか，1998年に深圳益力54.2%，2000年に楽百氏92%（2001年に98%），2003年に光明乳業5.85%（2006年に20.01%），2004年に梅林正広和50%，2006年に滙源22.18%などの有力飲料メーカーの株式を次々と取得した[76]。こうしたダノンの買収行為に対し，宗慶後は強い危機感を持った。

交渉が失敗した後，ダノンは「娃哈哈」商標の帰属先が合弁会社であり，非合弁子会社の「娃哈哈」商標製品の製造が商標侵害であるといったことを理由に，2007年5月から国内や海外で38回の裁判を起こし，ワハハの非合弁子会社や離岸会社を起訴した。一方，ワハハは，合弁会社への「娃哈哈」商標の譲渡が国家商標局に許可されておらず，商標権はワハハ側にあるという主張を堅持した。この商標権紛争は2年間続き，結局2009年5月に杭州中級人民法院

は「娃哈哈」商標がワハハに帰属するという最終裁決を下した。同年9月，ワハハはダノンの持分を買い取り，合弁関係を解消した。なお，買収額は未公開であった。

4.3 各機能の調整と強化

　ダノンとの合弁関係の決裂は，ワハハの拡大のスピードにはさほど大きな影響を与えなかった。それよりも，生産規模の急拡大や工場の急増に伴い，ますます複雑化した内部の機能間調整が成長課題となった。すでに過剰な負荷を抱えているERPシステムは，購買計画管理や資源の配分・調整などに十分対応できなくなっていた。

　2007年，調達部はERPプロジェクト・チームと共同でシステムの改善に取り組んだ。この時期，ワハハは8大種類，45品目，695の単品を展開しており，生産計画を達成するために，原材料や包装ラベル，機械部品などをすべて指定の時間内に全国各地の工場に配送しなければならなかった。複雑な調整のため，調達部はほぼ毎日受注，計画，配送などの業務や突発事件への対応に追われていた。

　この状況を改善するために，ERPプロジェクト・チームは半年をかけて，既存システムを改善する一方，新たに供給計画システムを導入した。これにより，生産子会社は販売会社が指示した翌日や翌々日の出荷に基づき生産計画を立て，そして調達部門は月間生産計画や調達サイクル，在庫状況，市場の需給状況に合わせて計画を作成する。また，原材料調達，生産，販売などの各プロセスにおけるモノと資金の流れ，卸売商との取引状況，配送や代金の支払いなどもシステムの中に反映させることができた[77]。

　但し，システム上の調整はそれほど難しくなかったが，実際にモノを運ぶ物流面の調整は容易ではなかった。ワハハは各地域で全品目の販売を目指しているが，地域の消費特性，市場開拓や販売ネットワーク展開の度合いにより，かなりばらつきが生じる。また，飲料消費が季節や天候条件にも影響され，需要変動が大きい。さらに，複雑な販売ネットワーク，各地の倉庫条件の差異，多様な輸送ルートなどを加えて，経験効果や標準化を図ることが困難であった。

　ワハハは基本的に物流業務をサードパーティ物流（3PL）会社に任せている

が，企業ごとに業務手順や車両規格が大きく異なっている。例えば，配送単位がトラックのサイズに制約されたり，運転手が出荷や配送先の情報を十分把握しておらず，出荷や到着が集中したといった問題が多く発生した。特約卸が多い杭州地域では，配送半径の標準化や効率化が進められているが，他地域でいかに物流効率を高めるかを，ワハハは3PL会社と共に模索している[78]。

一方，ワハハの製品構造の調整や生産規模の急拡大に伴い，チャネル構造の調整が必要となった。2008年の金融危機以降，宗慶後は新たなチャネル戦略を計画し，販売ネットワークをさらに強化した。特に競争の激化で，純浄水などの古い製品ラインのマージン率が大きく縮小したことを受け，ワハハは中間取引段階の削減により卸売商の収益を確保し，連鎖体チャネルを維持しようとした。当初，宗慶後は卸売商の販売地域の縮小や取扱品目数の削減により，取引する特約卸を増やそうと考えていたが，既存の特約卸に反対された。また，特約卸による2次卸のネットワークの拡大や，特約卸と小売店との直接取引を要請したが，特約卸が応じようとしなかった。そのため，宗慶後は一部の2次卸を特約卸に格上げし，主にマージン率の低い古い製品ラインを取り扱うよう，ワハハと直接契約させた。こうして，ワハハの連鎖体チャネルは，特約卸，2次卸，小売店といった従来の3段階チャネルと，新たに加わった特約卸，小売店の2段階チャネルの2つに分かれた[79]。

2009年までに，ワハハの販売ネットワークは特約卸約6,000社，2次卸約30,000社，小売店約100万店に達した[80]。宗慶後は，自社独自の連鎖体チャネルを外資系企業との厳しい競争に対抗するための1つの有力な手段とし，有力な特約卸との共存共栄を図り，取引関係以上に信頼や人間関係を強化している。一部の有力特約卸は，1990年代中頃の数十万元の規模からスタートし，ワハハと10年以上取引を続けたことで現在数千万や1億元を超える売上規模に拡大している。卸売商の年平均利益率は4〜5％であるが，ワハハは不透明で柔軟なリベートによって彼らにインセンティブを与えている[81]。さらに，ワハハにとって連鎖体チャネルによる最大のメリットは代金回収問題の解決である。販売規模が拡大するにつれ，保証金総額は2002年に6億5,000万元から，2007年に46億元，2011年に80億元に達し，原材料調達や生産規模の拡大に潤沢な資金を提供した[82]。これは，上場していないワハハが，無借金経営を実

現した大きな要因となった。

　強固な連鎖体チャネルを築いたワハハは，その売上高の約60％以上は農村市場によるものである。都市市場は，現在直接取引しているのは小売大手の大潤発のみであり，それ以外はすべて特約卸を通して取引を行っている。直接取引には，煩雑な費用徴収や長い支払サイトが必要であり，また連鎖体チャネルを乱す可能性もあるため，宗慶後は既存のチャネル体制を堅持する方針を示している。しかし，都市市場において，小売チェーンとの直接取引を抜きにしては開拓が困難である。既存の連鎖体チャネルをいかに調整し，またその強みをどのように発揮していくのかは重要である。

　この問題に対し，ワハハは自ら小売事業の展開により解決策を探ろうとしている。2010年6月，ワハハは河南省商丘市に生産工場の建設とともに，5億元を投じてショッピングモールを展開することを発表した。河南省を選んだのは，東部から中西部地域への産業移転という政府の方針があり，河南省が浙江省から産業移転先と指定されたからである。常住人口9,402万にのぼる河南省は，潜在的な市場需要が大きい。ワハハは商丘市を実験都市として，今後3〜5年に河南省で100以上のショッピングモールを展開する計画を立てている。また，浙江省や湖南省の卸売商と共同で商超集団を設立し，多様な小売業態で展開する方針も決めている。

　調達，物流，販売などの面においてさまざまな問題を抱える一方，ワハハは国内消費の拡大に向けて商品開発機能を強化している。2007年，新商品の売上高は80億7,000万元，純利益は16億6,000万元であり，それぞれ全体の37.2％，49.4％を占めた。2006年にコーヒー味のコーラを発売した後，ワハハは次々と新商品を市場に送り込んだ。近年のコーヒー飲料の普及に伴い，2007年にカフェラッテの「呦呦咖咖」を発売した。また，2008年10月にノンアルコール「啤児茶爽」を発売し，同年末に抗酸化，低糖低酸の果実飲料「Hello-C」と独特なボトルのデザインの「水溶C100」を発売した。

　また，混合飲料の「栄養快線」の新シリーズがヒットし続け，この一品目だけで2009年に120億元を売上げ，売上全体の28％を占めた。しかし，「栄養快線」の大ヒットを受け，競合他社もこの市場に参入し，次々と類似商品を売り出した。2009年，乳業メーカーの蒙牛や伊利はそれぞれ「真果粒」，「果立

享」を発売し，コカ・コーラは「美汁源」ブランドで「果粒奶優」を発売した。また，果実飲料メーカーの匯源も乳業会社を買収し，参入意欲を示した。

同質化競争に陥りやすい飲料市場において，継続的なヒット商品の開発が重要である。2009年，ワハハは社内の技術センターに機械電子研究所，金型研究所，食品飲料研究所と分析センターの4つの部門を設け，博士10名，専門家28名，中・高級専門技術者136名を含む236人の研究開発チームを持つようになった。

宗慶後は，激しい競争に対抗するには，連鎖体チャネルの他の，もう1つの武器が新商品開発のスピードであると見ている。彼は「技術が著しく進歩している今日において，最先端の機械では飲料商品の成分をすべて解析することができる。嗜好品となった飲料の消費において，製品ラインを拡張し，多様な品揃えを持つことが重要である」と主張している。スピーディな開発と商品化を実現するには，最新の設備と技術とを整備しなければならない。これまで，ワハハは海外一流の機械メーカーとの取引を通じて，最新の技術を取り入れることができた。また，グループ内部の精密機械子会社が技術を吸収した結果，一部の金型も自社で生産できるようになった[83]。こうした取り組みは，研究開発から量産体制の整備までのサイクルを短縮させ，新商品の素早い展開を支えた。

4.4 集権的組織体制の維持

こうして，ワハハは外資系企業との競争の中で，付加価値の高い新商品の開発，生産規模の急拡大，連鎖体チャネルの調整と強化などにより，急速な成長を遂げることができた。2002年から2004年の間に成長率が一時鈍化したが，2007年には前年比38.03%の売上増加率という急拡大を見せた（図4-6）。また，「栄養快線」などの新商品の牽引により，純利益は2009年に最高の87億元に達し，前年比87.72%の増加率を実現した。

しかし，2004年や2010年には純利益増加率がマイナスに転じる事態が見られた。これは，主に砂糖や輸入粉乳，PET樹脂などの原材料価格の上昇，また原油価格の高騰による輸送コストの増加によるものと見られる。中国飲料工業協会の調査によれば，2010年に飲料用農産品や初期加工の原材料の価格が

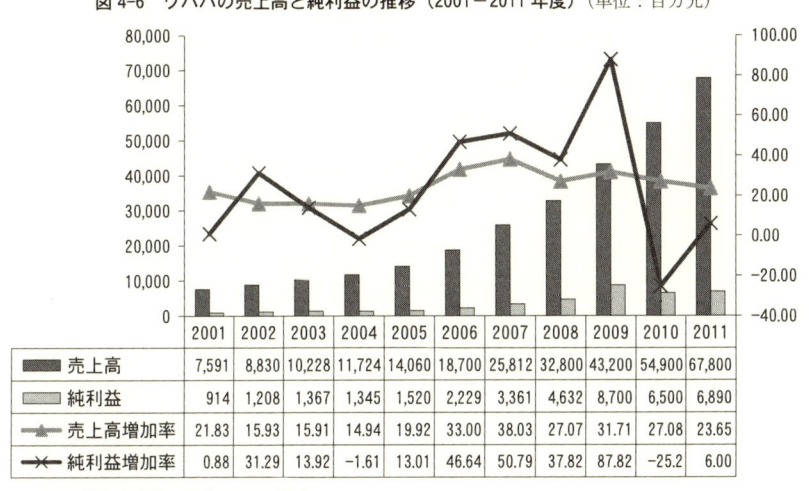

図 4-6 ワハハの売上高と純利益の推移（2001－2011 年度）（単位：百万元）

	2001	2002	2003	2004	2005	2006	2007	2008	2009	2010	2011
売上高	7,591	8,830	10,228	11,724	14,060	18,700	25,812	32,800	43,200	54,900	67,800
純利益	914	1,208	1,367	1,345	1,520	2,229	3,361	4,632	8,700	6,500	6,890
売上高増加率	21.83	15.93	15.91	14.94	19.92	33.00	38.03	27.07	31.71	27.08	23.65
純利益増加率	0.88	31.29	13.92	-1.61	13.01	46.64	50.79	37.82	87.82	-25.2	6.00

出所：『娃哈哈集団報』により作成。

前年より約50%，包装材料が20%以上の上昇となった。飲料製造に最も重要な原料である白砂糖の価格は2009年1月には1トン当たり3,000元であったが，2010年11月に7,500～7,800元に高騰した。また，ペットボトルの平均価格は，2010年1月から10月まで月平均で20%上昇したが，11月にはさらに50%も上昇した。ペットボトルの原料であるPET樹脂の価格も倍に上がった。このほか，天然ガス，水道，電気などのエネルギー価格も跳ね上がり，最低賃金の引き上げにより人件費も大幅に上昇している[84]。ワハハにとって，これらのコストの上昇は収益を圧迫する大きな要因となった。

ワハハの工場の多くは，農業が盛んな地域に立地している。原材料の品質や供給量を確保するために，現地政府との提携により，農産物原料の生産基地を作り，農家に良質な農産物原料の耕作を促している[85]。また，乳性飲料の需要拡大に向け，これまで原料粉乳を主に輸入に頼っていたが，2008年から黒竜江，新疆，寧夏，雲南，河南，吉林の6つの地域に牧場や原料粉乳の生産工場を設けた。他方，価格の変動が大きい砂糖などの原料は，内部生産よりは外部調達を維持している。

また，コストの削減や安定した供給先の確保のために，ペットボトルや蓋な

どの包装材料はすべて自社生産している。金型の設計から製造までCAD (Computer Aided Design), CAPP (Computer Aided Process Planning), CAM (Computer Aided Management), CAT (Computer Adaptive Testing), PDM (Product Data Management) などの情報システムが導入され，シミュレーション化により効率が大幅に改善されている[86]。

一方，組織体制では，ワハハはこれまで大きな組織変革をせず，依然として集権的な職能別組織を維持し，経営資源の配分や調整を高度に集中化させている（図4-7）。社内には副総経理のポストが設けられず，強いリーダーシップを持つ宗慶後が企業のさまざまな側面の意思決定を行っている。子会社は独立法人ではあるが，自主的な生産・販売権を持たせていない。各地の子会社に駐在する中堅幹部から財務スタッフまで，ほとんどは本社の社員が自由応募によって選出される。また，本社の職能部門（一部は子会社化）は，グループ全体の管理上の支援や監督，チェックの機能を果たしていた[87]。例えば，能源工程公司は新設工場の水道・電気などのインフラ整備を担当し，設備工程部は設備機械のメンテナンスや修理，生産ラインの設置などを担っている。

2007年，ワハハはオフィス・オートメーション（OA）システムによる共同プラットフォームの開発に取り組んだ。このシステムには，申請報告，命令処

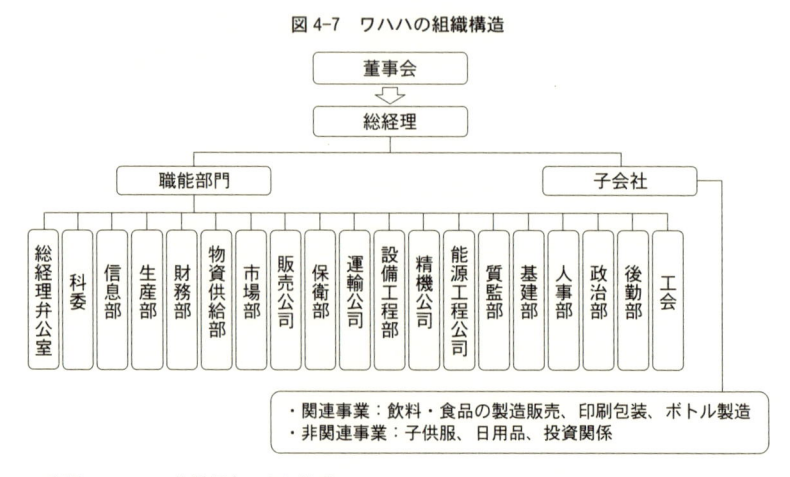

図4-7　ワハハの組織構造

・関連事業：飲料・食品の製造販売，印刷包装，ボトル製造
・非関連事業：子供服，日用品，投資関係

出所：ワハハの企業紹介により作成。

理，人事異動，財務処理などの日常業務のほか，総経理専用線，契約審査などのシステムが含まれる。ワハハの高度で集権的な管理組織において，このシステムは中間的管理階層を省き，指令や業績評価を迅速に行い，また人為的な干渉を防ぐといった効果をあげることができた[88]。

しかし，急激に拡大してきたワハハは，近年では新規採用を増加させ，2009年だけで研究開発，生産，営業，管理職など各部署を含めて7,000人を採用した[89]。2005年から，出稼ぎ労働者も社内株を持つようになり，重要な職務の人材流失率を2.7％に抑えている。また，2006年にワハハは台湾明基（BENQ）のGuru eHR（Human Resource）システムを本社および全国のすべての子会社に導入し，業績評価，人事採用，教育研修などを含めた総合的な人事情報管理システムを整備した。

人材教育を強化するために，ワハハは毎年総賃金の1.5％，約400万元余りを教育訓練費としている。部長や工場長などの管理職，専門技術職の半分以上は大卒者が担当しているが，現場経験を積み重ね，技術を磨いた若い出稼ぎ労働者も設備科長や生産現場の主任，子会社の総経理などに選ばれている[90]。

また，近年本社と子会社間の組織内学習を促進し，子会社の管理幹部に一定の権限を委譲し，生産現場での改善活動を全面的に推進している。例えば，濰坊公司は2010年8月からグループ内で，社内で初めて全員参加型の生産保全のTPM（Total Productive Maintenance）を導入し，2011年3月に天津公司も導入を始めた[91]。

5 まとめ

以上，本章では中国最大の飲料メーカーであるワハハが，なぜ，どのようにして成長してきたのかについて分析した。同社の成長プロセスを次のようにまとめることができよう。

まず，第1段階（1987－1993年）では，ワハハは公立小学校の系列の卸売企業としてスタートした。創業者の宗慶後は，資本や技術がまったく不備な状況から子供専用の健康食品という空白の市場を発見した。外部の専門家からの

協力や既存のチャネルの活用により，初期資本を蓄積し，自社ブランドの「娃哈哈」も確立することができた。また，健康商品市場の不安定性から，ワハハは子供向けの乳酸菌飲料市場に参入し，急増した卸売商チャネルを活用し，特に個人商業が盛んな農村地域に販路を拡大した。

　第2段階（1994－2000年）に入ると，まず直面した大きな問題は資金の不足であった。これは卸売商による売上代金回収難の問題や，株式上場の挫折によるものであった。また，中央政府の政策に応じて，西部地域に進出し，他地域での事業展開を行った。次に，ワハハは飲料水の莫大な需要を発見し，ダノンとの合弁により清涼飲料事業への参入を果たした。一方，販売面において，卸売商の系列化による連鎖体チャネルを構築した。これにより，ワハハはコーラ市場に進出し，コカ・コーラがまだ浸透していない農村市場で優位を築くことができた。

　第3段階（2001－2004年）になると，ワハハは果実飲料，茶系飲料などを発売し，製品や市場の全面的開発といった戦略を打ち出し，総合的飲料メーカーへの拡大を図った。これに伴い，コカ・コーラやペプシコ，頂新，統一などの外資系企業との競争が激化した。ワハハは，自社の独自なチャネルの優位性を発揮させるために，営業組織の調整や，卸売商の再選別を行った。しかし，ヒット商品の不在やブランド力の弱さにより，売上高や利益の増加率が大きく低下した。また，ワハハはこれまで弱かった都市市場への取り組みを強化し，機能性飲料などの新商品を展開した。製品ラインの拡張や業務内容の複雑化につれ，情報システムの導入を進めたが，経営者依存や権限集中の組織体制のもとでは十分効果をあげることができなかった。

　第4段階（2005年－）では，外資系企業との厳しい競争に迫られる中，ワハハの商品力，ブランド力，小売チェーンへの交渉力などの面では経営資源の不足やその未熟さが表面化した。都市市場への拡大に伴い，従来強みであった連鎖体チャネルの不適合の問題も生じた。競争を回避するために，ワハハは差別化戦略を取り入れ，高機能・高付加価値の製品の開発を強化した。また，飲料市場の旺盛な需要に応じるために，全国各地での工場建設を進めた。一方，ダノンとの間に商標権の紛争が起き，結局合弁関係が解消となった。これ以降も，ワハハは勢いを落とさず拡大し続けたが，ますます複雑化する調達，生

産，物流，販売などの機能間調整が成長の課題となった。

　このように，ワハハはゼロからスタートし，約25年間にわたって中国最大の飲料メーカーに成長しており，その成長プロセスはきわめて急激なものであった。鋭い市場的感覚を持つ経営者の宗慶後は，次々と潜在的市場を発見し，急成長を導いた。特に彼が卸売商の代金回収難や無秩序な取引慣行に対応して考案した一連のチャネル制度により，ワハハは卸売商と共存共栄の関係を構築し，特に農村地域においてチャネルの優位性を発揮することができた。実際，中国の他の消費財メーカーにも系列化の動きが見られるが，緻密に作られたワハハの連銷体は最も完成度の高いものと言える。宗慶後は，こうした系列化チャネルを外資系企業との競争に対抗する有力な武器としている。しかし，これは都市市場の進出に伴う小売チェーンとの取引拡大への対応を難しいものとした。

　チャネル資源の不適合などの問題だけでなく，ワハハは権限集中による調整・配分の困難さと地域対応の不十分さ，急激な規模拡大に伴う生産・物流構造の不合理さなどの問題も抱えていた。これらの問題の本質は，経営資源や組織能力の構築が成長に追いつかないといった「矛盾」にある。チャネルの系列化によりキャッシュ・フローが改善され，資金不足の問題が緩和されたが，急激な規模拡大に伴うマネジメント人材，技術者の不足などに示されたように，長期間にわたって蓄積される経営資源が不足していた。また，全国展開に伴い，地域対応が必要となってきたにも関わらず，経営者依存の集権体制のままでは，組織として対応する能力が不十分であり，成長を制約する大きな要因となる。今後の成長において，ワハハはこういった問題にいかに対応するのか，持続的成長を実現する重要なポイントとなる。

注

1　呉昊「経営大師宗慶後」『中国商人』，1996年4月，93-94頁。
2　黄運成・張偉剛「勇立潮頭乗風馳―記娃哈哈食品集団公司総経理，人武部長宗慶後―」『中国民兵』，1993年第1期，10頁。
3　『娃哈哈集団報』，第173期，2003年8月28日。
4　宗慶後「論娃哈哈廠的成功与戦略管理」『管理工程学報』，1991年6月，第5巻第2期，62頁。
5　呉昊「宗慶後和他的"娃哈哈"」『中国商人』，1996年2月，18頁。
6　黄運成・張偉剛「勇立潮頭乗風馳―記娃哈哈食品集団公司総経理，人武部長宗慶後―」『中国民兵』，1993年第1期，11頁。

7　呉昊「宗慶後和他的"娃哈哈"」, 19 頁。
8　夏文革・杜躍「娃哈哈的商標戦略」『江蘇紡績』, 1995 年第 11 期, 34 頁。
9　「西湖巨人―記娃哈哈食品集団公司総経理宗慶後―」『経済工作通訊』, 1998 年第 1 期, 35 頁。
10　覃祖強「娃哈哈成名啓示録」『経営管理者』, 1995 年 6 月号, 22 頁。
11　「校弁工業的"金鳳凰"杭州娃哈哈食品集団公司的成功之路」『広西商専学報』, 1992 年 2 月, 18 頁。
12　「西湖巨人―記娃哈哈食品集団公司総経理宗慶後―」, 35 頁。
13　宗慶後「娃哈哈的経営機制」『企業管理』, 1992 年 7 月, 258 頁。
14　「娃哈哈楽百氏在競争中成長」『銷售与市場』, 1999 年 12 月, 20 頁。
15　謝憲文『流通構造と流通政策―日本と中国の比較―』同文館, 2008 年, 112 頁。
16　陳頤「運用法律集団　保護商標専用権―杭州娃哈哈集団公司総経理宗慶後一席談」『中国企業家』, 1994 年 8 月, 51 頁。
17　劉華・左志堅『出軌―娃哈哈与達能的"中国式離婚"―』中信出版社, 2008 年, 61-62 頁。
18　金順星「娃哈哈的営銷原創」『企業活力』, 1999 年第 12 期, 31 頁。
19　張大亮「営銷網絡創新―娃哈哈営銷聯合体―」『企業経済』, 2001 年第 4 期, 77 頁。
20　「三峡壮歌―杭州娃哈哈集団公司対口支援三峡庫区建設紀実―」『今日浙江』, 1996 年 11 月, 12 頁。
21　陳新華「娃哈哈的一歩険棋」『企業管理』, 1999 年 6 月, 30 頁。
22　『中国食品工業年鑑 1996 年版』, 368 頁。
23　劉華・左志堅『出軌』, 61, 70 頁。
24　宗慶後「娃哈哈的成功之路」『中外管理』, 1996 年 9 月, 32 頁。
25　程煒「実施名牌戦略　発展規模経営」『宏観経済管理』, 1996 年 9 月, 75 頁。
26　「娃哈哈：企業拡張中的財務運作」『浙江財税与会計』, 2003 年第 11 期, 12 頁。
27　羅建幸「渠道創新―娃哈哈"連銷体系"的利弊分析―」『経済論壇』, 2008 年第 24 期, 124 頁, 173 頁。
28　呉暁波・胡宏偉「娃哈哈"非常営銷完全解密"」『南風窓』, 2001 年 9 月（下）, 68 頁。
29　同上, 65 頁。
30　高定基「娃哈哈是怎様控制軍貨的」『中国商貿』, 2003 年第 1 期, 53-54 頁。
31　呉文芳「創中国人自己的可楽―訪娃哈哈北京代表処経理任少英」『中国経貿』, 1999 年 1 月, 50 頁。
32　金順星「娃哈哈的営銷文化」『企業文明』, 1996 年第 7 期, 35 頁。
33　尚陽・陳勁『娃哈哈密碼―中国式経営管理的道, 法, 術―』北京大学出版社, 2005 年, 65 頁。
34　高定基「娃哈哈是怎様控制軍貨的」, 53-54 頁。
35　野田実編『流通系列化と独占禁止法―独占禁止法研究会報告―』大蔵省印刷局, 1980 年, 9 頁。
36　「非常可楽成為中国人的非常選択」『中国食品工業』, 1999 年 4 月, 52 頁。
37　呉暁波・胡宏偉『非常営銷―娃哈哈―』浙江人民出版社, 2002 年, 230 頁。
38　「娃哈哈精機：里程碑式的変革」『中国製造業信息化』, 2009 年 8 月, 62-63 頁。
39　劉華・左志堅『出軌』, 77 頁。
40　謝孟霖「求解娃哈哈資本困局」『CFO WORLD』, 2007 年 7 月, 51 頁。
41　胡宏偉「娃哈哈会不会入主楽百氏」『経済世界』, 2002 年 3 月, 13 頁。
42　郭珍「康師傅：師徒只是一瞬間」『当代経理人』, 2002 年第 9 期, 22 頁。
43　許揚帆「娃哈哈童装上演"跑路新娘"達利中国攻略受挫」『21 世紀経済報道』, 2002 年 8 月 15 日。
44　尚陽・陳勁『娃哈哈密碼』, 65 頁。
45　劉春雄「康師傅通路創新」『銷售与市場』, 2004 年第 19 期。
46　恵正一・施平「拚渠道　康師傅娃哈哈各有千秋」『第一財経日報』, 2007 年 8 月 15 日。
47　尚陽・陳勁『娃哈哈密碼』, 103 頁。
48　張静「2004, 娃哈哈的非常変革」『21 世紀商業評論』, 2004 年第 2 期, 48 頁。

49　杜晨「娃哈哈：長大的難題」『IT経理世界』, 2004年9月, 42頁。
50　鄧地「可口可楽中国営銷戦」『網際商務』, 2003年10月, 56頁。
51　「土洋可楽開始正面交鋒」『中国経済時報』, 2004年5月27日。
52　李蕪「娃哈哈：把"激活"兌到時尚里喝」『市場観察』, 2004年8月, 30-31頁。
53　張静「宗慶後：要譲毎一個人都有圧力」, 51-52頁。
54　趙暁飛「娃哈哈的分銷実験」『経営管理者』, 2005年10月, 27頁。
55　張静「宗慶後：要譲毎一個人都有圧力」, 51-52頁。
56　小売チェーンの費用徴収問題について、以下を参照。陳立平「中国におけるチェーン小売企業の『入場費』問題―その進行過程および規制を中心に」(第2章) 渡辺達朗・流通経済研究所編『中国流通のダイナミズム』白桃書房, 2013年。
57　「看娃哈哈如何"進城"」『中外管理』, 2006年5月, 118頁。
58　『娃哈哈集団報』, 第177期, 2003年12月28日。
59　張静欽「娃哈哈的系統極限」『21世紀商業評論』, 2005年第12期, 60頁。
60　張静欽「娃哈哈能不能簡単些」『21世紀商業評論』, 2005年第12期, 62頁。
61　謝絢麗・鄭春建「娃哈哈集団的産品戦略」『企業文化』, 2002年9月, 51-52頁。
62　「非常管理模式―記"袁宝華企業管理金奨"獲得者, 杭州娃哈哈集団有限公司董事長宗慶後―」『企業管理』, 2006年6月, 81頁。
63　張静欽「娃哈哈能不能簡単些」, 62頁。
64　彭禎芸「娃哈哈速戦速決」『互聯網週刊』, 2004年12月13日, 58頁。
65　張静欽「娃哈哈能不能簡単些」, 63-65頁。
66　彭禎芸「娃哈哈速戦速決」, 58頁。
67　張静欽「娃哈哈能不能簡単些」, 66頁。
68　謝絢麗・鄭春建「娃哈哈集団的産品戦略」『企業文化』, 2002年9月, 51-52頁。
69　「精細営銷　成就非凡―娃哈哈"栄養快線"上市策劃回顧」『中国市場学会2006年年会暨第四回全国会員代表大会論文集』, 2006年, 594-595頁。
70　同上, 596頁。
71　励春雷・羅建幸「非常珈琲可楽―娃哈哈華麗転身―」『品牌』, 2006年第11期, 44頁。
72　法生明・曹寶「娃哈哈：科学発展的奇観」『中国郷鎮企業』, 2007年4月, 71頁。
73　『娃哈哈集団報』, 第215期, 2007年2月28日。
74　『娃哈哈集団報』, 第203期, 2006年2月28日。
75　張楽・裴立華・王小波「宗慶後後悔了」『経済参考報』, 2007年4月3日。
76　謝孟霖「求解娃哈哈資本困局」『CFO WORLD』2007年7月, 52頁。
77　黄浩「信息化：娃哈哈可以公開的秘密」『中国信息化』, 2010年4月12日。
78　胡麟星「娃哈哈産品杭州地区分銷体系及物流運輸優化方案」『科技信息』, 2008年第34期, 389頁。
79　「宗慶後実施渠道手術　娃哈哈経銷商体系裂変」『経済観察報』, 2010年3月8日。
80　「娃哈哈輝煌22年―営収1817億, 税収133億―」『商品与質量』, 2009年4月, 14-15頁。
81　販売実績上位の特約卸に対し、ワハハは表彰や自動車の贈呈などをインセンティブとして与えている。例えば, 2007年創立20周年の際は, 特約卸の2社にメルセデス・ベンツ, 5社にBMW, 13社にカムリ, 20社にパサート, 100社にマイクロバスを贈呈した。
82　『娃哈哈集団報』, 第224期, 2007年11月28日。
83　潘偉民「宗慶後：娃哈哈不会"閉関鎖国"」『経理人』, 2009年7月号 (第180期), 85-86頁。
84　中国飲料工業協会「成本高企　飲料行業企業運営日顕艱難」『中国工業報』, 2011年1月5日。
85　単啓寧「"銷地産"戦略扶貧」『経済導刊』, 2006年第5期, 84頁。
86　「娃哈哈精機：里程碑式的変革」『中国製造業信息化』, 2009年8月, 62-63頁。

87 謝絢麗・鄭春建「娃哈哈集団的産品戦略」『企業文化』, 2002 年 9 月, 51-52 頁。
88 黄浩「信息化：娃哈哈可以公開的秘密」。
89 『娃哈哈集団報』, 第 254 期, 2010 年 5 月 28 日。
90 法生明・曹賽「娃哈哈：科学発展的奇観」, 71 頁。
91 『娃哈哈集団報』, 第 263 期, 2011 年 2 月 28 日。

第 5 章

納愛斯集団（ナイス）

　本章では，中国最大の日用化学品メーカーであるナイスの事例を取り上げる。地方都市に立地する零細な国営化学工場として，同社は40年以上の歴史を持つが，飛躍的な発展を遂げるようになったのは1990年代である。ナイスは，革新的な洗濯石鹸を発売して従来品を代替し，いち早く石鹸分野の首位企業へと成長した。また，低価格戦略と情緒訴求の広告戦略を取って洗剤分野に参入し，全国シェアの3分の1を占めるまでに成長した。

　しかし，中国市場における日用化学品産業の企業間競争は，外資系企業の早期参入により，飲料産業と同様に激しいものがある。P&Gに代表される外資系企業は，国内メーカーの急成長に脅威を感じ，低価格市場開発戦略を強化し，価格競争を拡大させた。競争の激化，急成長による反動，次なるヒット商品の不在，ガバナンス問題の発生など一連の打撃を受け，ナイスの成長は一時鈍化した。こうした状況から脱却するために，ナイスは高付加価値の差別化商品の開発に取り組んだが，人材や資金など経営資源の不足の問題にも直面した。

　本章では，ナイスの成長プロセスを通して，(1)同社がいかにして石鹸や洗剤のヒット商品を打ち出し，ブランドを確立することができたのか，(2)全国的な生産・物流・販売体制をどのように構築し，外資系企業との厳しい競争に対抗するためにどのような戦略を打ち出したのか，(3)急成長の過程ではどのような課題を抱えていたのか，といった問題を中心に議論していく。

　そのため，ナイスの成長段階を4つに分け，分析を進める。第1節では，国営企業としてのスタートや1980年代に直面した問題について分析する。第2節では，ようやく自主的経営を始めたナイスがブランドの構築，株式会社化，マーケティング組織の展開をどのように進めたのかについて議論する。第3節

では，急成長の実現や全国的な生産・物流・販売体制の構築を分析する一方，価格競争の激化や内部のガバナンス問題の発生などによる成長鈍化の要因についても考察する。第4節では，高機能・高付加価値の商品・ブランドの展開，シャンプー市場の参入，またそれに合わせた組織体制の調整について分析する。最後の第5節では本章をまとめ，ナイスの成長経緯と抱えている問題点について議論する。

1 横向連営の時代（1985－1990年）

1.1 国営企業としてのスタート

ナイスの前身は，1968年に浙江省麗水市に設立された国営化学工場の「国営麗水五七化工廠」（以下麗水工場）である。浙江省の4つの化学工場のうち最も規模が小さいため，統一調達，統一販売の計画経済体制下では省全体の原材料の10％しか割り当てられなかった。また，省政府による適宜供給の確保を除くと，実際は7％程度であった。資金も技術も持たず，手作業中心で洗濯石鹸を生産していた同工場は，全国118社の国営化学工場の中で117位であり，いつ閉鎖を命じられてもおかしくない状況であった[1]。

1985年，約100名の従業員を持つようになった麗水工場は，1つの「転機」を迎えた。当時の工場長が他の政府部門に昇進したが，後任者は政府からなかなか派遣されなかった。将来性のない工場と見られたため，誰もその任命を受けたくなかったからであった。こうして，麗水工場は社内で工場長を選抜することを申請し，許可をもらった。この選挙で選ばれたのは，副工場長の庄啓伝であった。彼は後に同社の飛躍的発展を導き，現在に至るまで経営を続けている。

庄啓伝は1952年麗水市生まれで，1968年に下放された。1971年に都市に戻され，麗水工場に配属された。生産現場，仕入・営業などの仕事を経て科長や副工場長を歴任した。1985年に工場長に就任した後，彼はすぐに改革を進め，工場長責任制や出来高賃金制を主とする経済責任制を実施した。この改革は，当然ながら「競争」に馴染まない旧幹部や一般従業員から大きな反発を受ける

ことになった。しかし，反対や抵抗を押し切って改革を進めた結果，従業員の自主性や積極性を大きく引き出し，後に旧幹部が社内選挙で落選したり，農民工が現場のリーダーに選ばれたりすることも見られた[2]。

　庄啓伝は意識改革を進めると同時に，当時，比較的大規模だった国営石鹸メーカーとの「横向連営」（同業企業間の連携）により，麗水工場の存続を図ろうとした。1986年，麗水工場は上海最大の石鹸メーカーである上海製皀廠と連営契約を結び，化粧石鹸の製造技術の移転を受けながら，「緑宝」ブランドの化粧石鹸の受託生産を行った。化粧石鹸の製造技術の取得により，麗水工場は従来洗濯石鹸という単一製品への依存体制を変え，さまざまな経営ノウハウを学ぶこともできた。生産性が向上し，同年に生産高1,635万元，純利益203万元を実現し，前年比で各15.50%，16.08%の増加となった[3]。

　1987年に入り，上海製皀廠との提携は単一品種から多品種に拡大し，生産量も300トンから1,000トンに増加した。翌1988年，麗水工場は上海製皀廠の化粧石鹸の分工場になった。このほか，麗水工場は1987年に新たに杭州東南化学廠や西安日化総公司と，それぞれ化粧石鹸と洗濯石鹸の連営契約を結んだ。また，1988年に江西油脂化工廠と連営契約を結んだ。さらに，初めての垂直的連携として，国営卸売企業の上海中百站および地区二級站と提携し，商品を提供することができた[4]。

　横向連営により，麗水工場の経営状況は大きく改善された。1988年，生産高は連営実施前の1,278万元から3,385万元，純利益は101万元から505万元に増加し，生産高の半分，利益の3分の2が連営契約によるものであった。特に，連営を通じて麗水工場は資金や原材料調達において，これらの企業から協力を得ることができた。

　改革開放以降，市場改革が進む一方，日用化学品産業では計画経済と市場経済が並行する（「双軌制」と呼ばれる）二重構造が長く続いた。1988年，麗水工場の生産高は浙江省全体の5分の1を占めるまでになったにもかかわらず，原材料の割り当てでは依然10分の1程度であった。化学原料や油脂などの価格の値上がりが続き，計画体制外からの物資調達も非常に困難であった。大企業との提携により，受託生産分の原材料を調達することができ，在庫リスクを抱えることがなく，自ら販路を開拓する必要もなかった。

1.2 経営困難と対応策

　1989年に入ると状況は一転した。金融・財政の引き締め政策により，需要は急速に縮小し，大規模な国営メーカーの経営状況が厳しくなった。連営契約を結んでいた麗水工場もその影響を受け，約1,200万元に相当する在庫を抱え，未回収代金が1,500万元にのぼった。生産を続けると，原材料を仕入れる資金もなく，しかも在庫を膨らませるだけである。しかし，生産ラインを止めると，毎月35万元の赤字を抱えることになる。経営困難に陥った当時の麗水工場では，従業員の給料を現物の石鹸で支払うこともあった。

　危機から脱出するために，庄啓伝はとにかく在庫を処分するよう，経営幹部と社員を7つのチームに分けて全国各地で捌いた。在庫処分を通じて，麗水工場は初めて「市場」に接することができ，品質粗悪な自社製品が消費者ニーズとは大きな差があることも分かった。また，庄啓伝はこれまでの成長が連営に依存しすぎており，自主的な製品・ブランドの開発や市場開拓などを怠ったことを反省した。

　自ら商品開発力や営業力を備えなければ，市場の変化に対応することができず，いずれ淘汰される。こうした意識を持つに至った庄啓伝は，まず人材の整備に取り組み，商品開発を試みた。同年，麗水工場は4名の美術スタッフや32名の技術者を招き，商品開発や社内の研修教育を担当させた。また，新たに営業組織を設け，営業人員を配置した。さらに，他社に品質検査員を派遣し，品質管理のノウハウを学習することで，自社製品の品質レベルを高めようとした。

　こうして1989年後半に入り，麗水工場は「西麗」「白海麗」「児童石鹸」「透明石鹸」と名づけた新商品を次々と開発した。しかし，高度な製造技術や市場開拓のノウハウが不備であった麗水工場にとって，新商品の展開は容易でなかった。同年の生産高は3,079万元と前年比マイナス9.04％落ち込み，利益も前年の半分以下の213万元に減少した。

　力不足を感じた庄啓伝は，当面は連営パートナーのネットワークをなくして独自に成長を図ることは難しく，連営方式の維持により大企業の技術や経営ノウハウを吸収する必要があると考えた。しかし，これはすでに困難となっていた。1990年，日用化学産業は政府の戦略調整の対象と指定され，油脂や石鹸

購入の財政補助が撤廃され，7月に洗剤や石鹸の販売価格の30〜40%引き上げを実施した。これにより石鹸や洗剤の販売が落ち込み，一部のメーカーは大量の在庫を抱えるようになった[5]。麗水工場と連営契約を結んでいた西安日化は，従来年間1,000万元以上の利益をあげた企業であったが，同年度では480万元の赤字に転じた。上海制皂廠なども経営不振に陥り，相次いで麗水工場との連営契約を打ち切った。

こうした中，幸いなことに麗水工場は1990年に省内外の貿易部門を通じて広東省江門市や福建省厦門市の輸出向け石鹸メーカーと提携することができ，初めて輸出向け加工生産を行った。輸出向けの生産業務により，麗水工場は全社をあげて品質管理を強化した。また，連営契約の解消による注文の減少を補うことができ，1990年の生産高は3,320万元に達し，このうち約1,000万元が輸出業務によるものであった。しかし，純利益は前年とほぼ横ばいの215万元にとどまった（図5-1）。

国内市場が低迷する中で，麗水工場の主力商品である「47型」洗濯石鹸の年間販売量は，最も多いときの80万ケースから10万ケースに激減した。庄啓伝は市場開拓を強化しようとしたが，営業人員の多くは商品力もブランド力もない自社の商品には販路がないといった悲観的な考えを持っていた。

実際，1980年代後半は外資系企業の中国市場の進出に伴い，消費者ニーズが大きく変化した。ユニリーバの「上海ラックス」化粧石鹸が大きな人気を呼

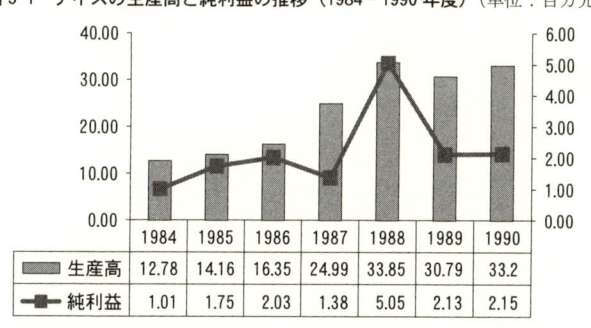

図5-1　ナイスの生産高と純利益の推移（1984−1990年度）（単位：百万元）

	1984	1985	1986	1987	1988	1989	1990
生産高	12.78	14.16	16.35	24.99	33.85	30.79	33.2
純利益	1.01	1.75	2.03	1.38	5.05	2.13	2.15

出所：納愛斯株主代表大会および従業員代表大会での年度事業報告（1984−1990年度）より作成。

び，P&Gの「ヘッド＆ショルダーズ」と「リジョイス」シャンプーは，それまで石鹸で髪を洗っていた中国人の生活スタイルを大きく変えた。

中国の消費者は外資系企業が持ち込んだ格段にレベルの高い商品に目を開かれ，また生活水準の上昇に伴い，品質の良いものを求めるようになった。こうした消費者のニーズに対応するために，庄啓伝は「消費財メーカーとして市場こそが経営の基本であり，市場の変化を察知し，消費者に必要とされるものを自ら発見し，有力な商品を開発しなければならない」と考え，自社ブランドの開発に取り組んだ。

2 ブランドの確立（1991－1999年）

2.1 自社ブランドの構築

1991年に入り，経営環境はさらに厳しくなった。政府による石鹸の買い上げの財政補助が撤廃され，主要原料である油脂の価格が大幅に上昇した。良質な商品を開発するために，麗水工場は海外からの技術導入を考えた。運営時代で培った化粧石鹸の製造技術を活かしながら，アメリカの専門家を通じてスイスのGivaudan Roureから技術を導入し，品質が大きく改善された。またスイスの香料エッセンスを使用し，化粧石鹸の新商品を開発した[6]。

しかし，当時国内では重複投資への批判が高まり，重複投資への工業用地，資金，輸入原料を提供しないといった「三不主義」の論調が盛んになった。化粧石鹸の全国的な生産と需要のバランスがほぼ均衡状態にあったにもかかわらず，麗水工場が海外から新たに化粧石鹸の製造ラインを導入することは重複投資と見られていた。

これに対し，庄啓伝は問題の本質は「計画経済が競争を阻止することにあり，消費水準の向上に適応する高品質の商品を展開することは不必要な重複投資ではなく革新である」と主張し，化粧石鹸への投資を堅持した。融資がほとんど受けられず，限られた資金を節約するために，海外から製法と配合技術のみを導入することにした。また，既存のグリセリンの生産ラインを改造して利用したり，設備の一部を社内で製造することで何とか新製品の生産ができるよ

うになった[7]。

　また，生産規模の拡大を優先し，市場開拓を後に回すといった計画経済体制下の製造企業のやり方ではなく，庄啓伝はまず市場を開拓し，次に生産規模の拡大に取り組むという逆の行動を取った。これは，資金が限られたこともあり，早期に販路を確保できなければ，大量な在庫を抱えてしまうリスクを考慮したからである[8]。

　こうして，1991年に麗水工場は初の自社ブランドである「納愛斯（NICE）」を立ち上げ，比較的高い価格設定で化粧石鹼を発売した。発売に合わせて，麗水工場は広告宣伝200万元を投じ，新聞やテレビ，ポスター，製品パンフレット，看板などさまざまなメディアを活用して「一流の品質に輸入品の半分の価格」を消費者に訴求した。また，同年5月にハルビン市，11月に南昌市で展示会を開いた。

　また，市場開拓において，当時多くの国営石鹼メーカーは主に国営卸や小売店を販売チャネルとしていたが，庄啓伝は1990年代初期の計画経済と市場経済が並行する二重構造から，チャネルを二分化した。すなわち，上海，天津，北京の3都市を総販売拠点とし，国営卸売企業の1次，2次チャネルを利用する一方，大規模な卸売市場が立地する義烏に自ら「経営部」（営業所）を設立し，そこを拠点に卸売商を代理商として統一価格・統一配送を実施する卸売商チャネルを構築した[9]。

　こうした一連の新たな経営手法により，「納愛斯」化粧石鹼の売上高は徐々に拡大した。1991年，ナイスの生産高は前年比22.35％増の4,062万元に達した。売上高は3,479万元で前年比マイナス18.22％となったが，純利益は前年より17.21％増の252万元を実現した。

　しかし，化粧石鹼は個人嗜好の差があり，市場がセグメント化されている商品分野である。すでに外資系ブランド，従来の有力な国営ブランドが多く存在しており，彼らから市場シェアを奪うことは容易ではなかった。そうした中で，麗水工場は洗濯石鹼の分野に力を入れ，革新的な商品で勝負をかけようとした。

　1992年5月，麗水工場は香港麗康発展公司との共同出資により，浙江納愛斯日化有限公司を設立した。合弁の狙いは，海外からの技術導入や国際市場の

最新情報の収集，また政府の外資導入政策による税金免除などにあった。合弁会社は，早くも6月に「雕牌」というブランドを立ち上げ，洗浄効果の高い洗濯石鹸を発売した。これまでの洗濯石鹸が黄色で嫌な臭いが付き，包装なしのものが一般的であったが，ナイスは水色で無着香，プラスチック包装入りの新商品を市場に送り出した。ブランド名の「雕」は，ワシのイメージで洗浄力の強さを表わし，英文名では"Attack"（後に中国語読みの"DIAO"に変更）が付けられた。

その発売に合わせ，中央や地方テレビ局に大規模な広告宣伝が行われた。しかし，期待したほどの売れ行きではなかった。庄啓伝は卸売商や小売店での調査を実施したところ，包装付きの「雕牌」石鹸が化粧石鹸と勘違いされ，店頭では化粧石鹸の棚に陳列されていたといったことが分かった。つまり，新商品として，「雕牌」石鹸はまったく小売店や消費者に浸透していなかった。このため，彼は1993年6月21日の『浙江日報』新聞に一面広告を掲載し，「雕牌」石鹸の優れた点を列挙しただけでなく，広告の切り抜きで1個の石鹸が無料で配布され，海外ツアーの抽選キャンペーンも行った。この広告キャンペーンは大きな話題となり，「年間100万元しか納税できない国営企業が国や従業員の財産を無駄遣いする愚かなマネだ」といった批判の声もあった。しかし，無料配布を通じて，「雕牌」石鹸は多くの家庭に使用されるようになり，従来の洗濯石鹸の代替品としてようやく定着するようになった[10]。

「雕牌」石鹸の需要の高まりにつれ，麗水工場は営業組織を整え，責任感や学識の高い社内人材を営業部隊に配置した。また，彼らの積極性を引き出すために，公平かつ柔軟な業績評価制度を設けた。全国市場を目指しつつも，販売の重心を本拠地の浙江省に置く方針が決められた。

この時期，義烏の卸売市場に各地から多くの卸売商が仕入れに訪れるようになり，義烏は全国の集散地としての役割を担うようになった。これに合わせ，麗水工場は従来の義烏にあった経営部を販売会社の義烏納愛斯商行として独立させ，自社の製品を中心に販売するほか，他のブランドの代理業務も行った。また，省内の重要都市である杭州や寧波に経営部を新設した。台州や麗水，温州では代理商との取引を強化し，まだ浸透していなかった金華，衢州，嘉興，紹興などでは市場開拓を行った[11]。これらの取り組みにより，「雕牌」石鹸は

浙江省内で90％以上の市場シェアを占めるようになった。他社が真似て「鷹牌」「大鵬」「龍牌」などの類似したブランド名の商品も出たが，「雕牌」の地位を揺がすことはなかった。

こうして，麗水工場の生産高は1992年の6,133万元から1993年に1億2,104万元，売上高は6,662万元から1億5,682万元，利益は542万元から979万元に急増した。特に1993年の対前年増加率はそれぞれ97.36％，135.39％，80.63％に達した。

革新的な製品，大規模な広告展開，また販売チャネルの整備により，麗水工場は化粧石鹸では「納愛斯」，洗濯石鹸では「雕牌」といった2つのブランドを確立した。柔らかさや優しさを表現する「納愛斯」により，化粧石鹸のほか，ボディソープ，シャンプーなどを展開し，一方で洗浄力の強さを表現する「雕牌」により，台所洗剤，洗濯洗剤を展開する計画を立てた。

自社ブランドの確立は，自主的経営を模索し始めた麗水工場にとっては画期的な意味を持っていた。しかし，地方に立地する国営企業の旧体質から脱却し，全国展開ブランドへと成長するには多くの課題に直面することになる。

麗水工場は多くの浙江省の企業と同様に，株式会社化に取り組んだ。1993年12月，資本金3,000万元の浙江納愛斯化工股份有限公司（以下はナイス）が設立され，庄啓伝が董事長兼総経理に就任した。また，従業員持株制度を導入し，その持株率は28.27％であった[12]。株式会社化により，政府が企業の経営に直接関与することができなくなり，経営者である庄啓伝の意思決定が，ナイスの成長に大きく影響することになった。

2.2　株式会社化と規模拡大

化粧石鹸と洗濯石鹸の好調な販売を受け，ナイスは1993年以降生産規模の拡大と技術の改善に力を入れた。1993年，3,000万元を投じて第1期計画をスタートしたが，潜在的な需要を見込んで，1994年の第2期計画では6,000万元を投じた。1995年も引き続き設備導入を含めて1億7,000万元（後に2.2億元に増資）を投資した。規模拡大のみならず，技術改善による生産性の向上やコスト削減にも取り組んだ。また，OEC（Over all every control and clear）管理法を採用し，1995年12月に国内の石鹸業界では初めてISO9000認証を受

けた企業となった。

　生産規模の拡大と同時に，ナイスは新製品の開発も進めた。大ヒットした「雕牌」石鹸開発の成功体験から，固定観念に縛られず，常に市場ニーズを察知し，革新的な商品を開発することを方針とした。化粧石鹸において，ナイスは1995年に「納愛斯」ブランドで天然植物原料の高級化粧石鹸やダイエット石鹸を発売し，また「潔宝」や「麗雪」などの新しいブランドにより良質で手頃な価格の化粧石鹸を展開した。一方，「雕牌」ブランドでは洗濯石鹸の新製品を開発した。新製品は，より洗浄効果が高く，半透明黄色で薄い香りが付き，片手で持てるようにサイズをコンパクト化し，再び洗濯石鹸のイメージを一新することができた。また，「雕牌」ブランドのシナジー効果もあり，この透明石鹸は爆発的人気を呼んだ。

　また，ナイスは台所洗剤工場を建設し，1995年に「雕牌」で台所洗剤を発売した。「野菜や果物の表面の残留農薬を除去することができる」「きれいに洗って，安心して食べる」といった分かりやすい訴求ポイントと大規模なテレビ広告の展開により，需要が一気に拡大した。ブランドのシナジー効果を活かし，ナイスは「雕牌」で洗濯洗剤も展開した。しかし，製造機械が不備であったため，自社生産できず，他社から原粉を購入し，成分を添加し配合したものであった。

　一方，販売面では，ヒット商品の勢いに乗り，ナイスは浙江省を核にしながら上海，福建省，江西省，江蘇省，安徽省などの周辺地域に市場を拡大し，卸売市場を中心とした販売ネットワークを築いた。また，東北や華北地域では代理商を通じて販路を拡大した。代理商の多くは，卸売市場を拠点とする個人経営の業者であり，売れ行きの良いナイスの商品を積極的に取り扱った。供給不足のため，彼らへの売上代金をほとんど先払いとした。これを機に，ナイスは資金回収難の懸念から，売上代金の先払いを徐々に制度化し，良好なキャッシュ・フローを維持することができた。1996年，全国で契約した代理商は約600社にのぼった。

　「雕牌」洗濯石鹸の登場と拡大は，これまでの計画経済体制で分割された市場構図を大きく変え，初めての全国ブランドとなった。ナイスは1996年に生産高5億3,000万元，売上高6億4,000万元，税込利益8,348万元，純利益

5,362万元を上げ，従来無名であった地方メーカーのナイスは，一躍石鹸業界のトップ企業となった（図5-2）。

ナイスの急成長とは対照的に，石鹸市場全体は縮小し続けた。全国年間生産量は1988年の119万7,700トンをピークに，1996年には73万3,300トンに減少し，特に洗濯石鹸は105万200トンから52万4,800トンに半減した。

市場規模の縮小だけでなく，この時期消費者ニーズや競合環境に大きな変化が見られた。1990年代中頃から，市場全体は量的不足から質的不均衡の状態に変わりつつあった。消費者はより品質の高い商品を求めるようになったにもかかわらず，国営企業の多くはそれに対応する製品構造の調整が遅れ，過剰在庫を抱えていた。

また，外資系企業の中国参入は，日用化学品の再編をもたらした。1980年代から1990年代前半にかけて，比較的規模の大きい国営企業は，合弁や委託加工などの形で外資の提携パートナーとなった。当初，先進的な技術やマネジメント手法を求めることが提携目的だったが，結果的に外資に飲み込まれることになり，自社ブランドを失うことになった。P&Gやユニリーバなどの外資系メーカーは豊富な資金力，高度な技術と強いブランド力を持ち，シャンプーや化粧石鹸などの分野でいち早くシェアを獲得し，優位を築いた。ナイスなど

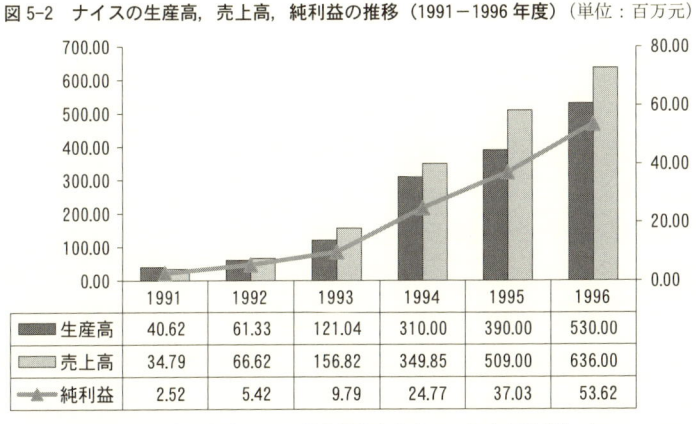

図5-2 ナイスの生産高，売上高，純利益の推移（1991-1996年度）（単位：百万元）

	1991	1992	1993	1994	1995	1996
生産高	40.62	61.33	121.04	310.00	390.00	530.00
売上高	34.79	66.62	156.82	349.85	509.00	636.00
純利益	2.52	5.42	9.79	24.77	37.03	53.62

出所：納愛斯株主代表大会および従業員代表大会での年度事業報告（1991-1996年度）より作成。

の国内企業が成長するには，強い外資系企業との競争が避けられなくなった。

その競争の厳しさを意識した庄啓伝は，規模がまだ小さく，経営資源も限られているナイスには，「納愛斯」と「雕牌」の2つのブランドを同時に育てることは難しいと感じた。彼は，まず経営資源を「雕牌」ブランドに集中させようと考えた。そこには，4つの理由があった。第1に，「雕牌」洗濯石鹸は代替品として，インパクトが強く，全国展開には有利であった。第2に，洗濯機がまだ普及しておらず，手洗いの生活習慣が一般的な中国市場では，洗濯石鹸に対する莫大な需要が存在した。第3に，発売当初からいち早く生産規模を拡大したため，他社より低コストを実現しており，価格面でも有利である。第4に，競争の激しい化粧石鹸分野とは違って，外資系メーカーはまだ洗濯石鹸の市場に参入していない。一部は，マレーシアなどの海外工場で生産された製品を中国市場に持ち込んだが，西南や東北地域でのみ販売されていた[13]。こうした「突破」しやすい分野に資源を集中し，競争優位を築く戦略は，成長初期の経営資源やマネジメント能力が乏しいナイスにとってきわめて重要であった。

しかし，経営資源の不足は急成長するナイスにとって最大の課題となった。1994年にはナイスが麗水市の最大企業となり，納税額は地域全体の半分を占めるようになった。政府から大規模な土地が提供され，工場建設にもさまざまな支援や協力を得ることができた。しかし，地方都市における立地は，融資や人材の誘致などの面で不利なことが多かった。ナイスは規模拡大に資金の供給が追いつかず，財務からパッケージ・デザインなどに及ぶさまざまな業務で専門人材が不足していた。これによる成長基盤の弱さは，外資系企業と正面から競争するようになるにつれ，さらに顕著になった。

2.3 商品展開の失敗と戦略調整

1997年に入り，庄啓伝は新たな戦略を展開し始めた。これまで「雕牌」洗濯石鹸により卸売市場チャネルを中心に販売ネットワークを拡大したが，さらなる成長を図るために，ナイスは「納愛斯」ブランドにより比較的高価格帯の化粧石鹸を展開し，都市部のスーパーマーケットなど小売チェーンのチャネルを取り込もうとした。その背景には，1990年代後半にチェーンストアが急速に拡大したからである。その取引に対応するため，ナイスは全体の営業や販促

業務を担う「市場部」を設ける一方，東北地域の黒龍江省，吉林省，遼寧省，華北地域の北京市，河北省，山西省，華東地域の江蘇省，山東省，中南地域の河南省，湖北省，広西チワン族自治区，華南地域の広東省（潮州市，汕頭市），西南地域の四川省，貴州省，西北地域の陝西省といった全国16の省・市に営業所または分公司（販売支社）を整備した[14]。

　1997年前半，ナイスは「雕牌」の広告宣伝に1.3億元を投入し，需要を掘り起こし，売上を順調に伸した。好調な売れ行きに刺激され，同年後半から化粧石鹼も強化しようとし，予定より半年早く新商品「納愛斯」珍珠化粧石鹼を発売した。「皮膚の生命は栄養にある」をうたい文句に新聞やラジオ，中央や地方のテレビ局のゴールデンタイムの広告放映など大規模な宣伝を行った[15]。

　しかし，実はこういった取り組みには多くの問題点が見られた。第1に，栄養という訴求ポイントは曖昧であり，他の商品との差別化ができなかった。第2に，都市市場において「納愛斯」のブランド力がまだ弱く，しかも価格設定が比較的高かった。第3に，大中都市に新しく設立した16の分公司や営業所は，これまで卸売商や代理商との取引交渉に重心を置いたため，チェーンストアとの交渉に十分対応できなかった。大規模な広告展開を行っても，営業部隊の市場開拓がうまく進まなかった。

　短期間の広告効果があったとはいえ，化粧石鹼の市場反応は予想を大きく下回った。当初，ナイスは化粧石鹼分野には多数のブランドが存在しており，市場開発には長期にわたる努力が必要であると考え，継続的に広告投入を行った。しかし，1998年半ばになっても市場の拡大が見られず，またアジア金融危機の影響もあり，国内市場では安売りや乱売合戦が横行し，偽物も多く出回った。

　実際，ナイスは化粧石鹼の新商品によって，都市部の小売チェーンチャネルを開拓しようとしたが，取引先がかなり限られていたため，新商品は卸売市場チャネルでも取り扱われていた。しかし，売れ行きが鈍くなると，卸売商や代理商の販売意欲も低下した。一部の営業人員は販売目標達成のために，代金先払いや現金取引の規定を違反して販売を続けた結果，同年度の未回収売上代金は1億元にのぼった[16]。こうした中，ナイスは化粧石鹼の生産を一時全面的に停止し，営業人員の不正な販促活動を是正させ，市場秩序の回復と販売価格の

安定を図った。

また,「納愛斯」への資源投入の集中化は,間接的に「雕牌」ブランドを弱めることにつながった。この間,「雕牌」製品の販売は既存のチャネルと製品自体の高い認知度により維持されたが,市場開拓を怠ったために,多くの小規模なメーカーや偽物業者に参入の機会が与えられた。

1998年後半に入り,ナイスは化粧石鹸や洗濯石鹸の新商品を次々と発売したが,業績を挽回することはできなかった。1998年度の売上高は12億5,130万元で,増加率が1997年の90.63％から3.18％へと大きく落ち込んだ。純利益も8,678万元にとどまり,これも8月以降の広告費用の削減によって確保したものであった。

「納愛斯」化粧石鹸で都市市場を開拓しようとした戦略は結果的に失敗となった。しかし,庄啓伝はこの間もう1つ重要な意思決定を行った。1997年,年間生産量では石鹸は64万3,300トンであるのに対し,洗濯洗剤は279万9,100トンで,全体に占める割合はそれぞれ18.69％,81.31％であった。庄啓伝は,縮小し続ける石鹸市場でのさらなる成長を図ることが難しいと感じ,ついに洗濯洗剤分野への本格的参入を決定した。

表5-1 洗濯洗剤工場上位10社の年間生産量(1997－1998年度) (単位：万トン)

順位	企業名	1998年	1997年	増減率(％)
1	上海白猫有限公司※	15.25	15.14	0.73
2	南風集団運城日化	14.82	13.4	10.60
3	安徽全力集団	10.36	6.81	52.13
4	天津漢高洗滌剤有限公司※	7.8	8.76	△10.96
5	南京烷基苯廠	7.63	8.83	△13.59
6	南風集団西安日化	6.85	6.01	13.98
7	開封矛盾集団	6.65	5.29	25.71
8	徐州漢高公司※	6.35	7.42	△14.42
9	蕪湖合成洗滌剤廠	5.49	6.21	△11.59
10	湖南麗臣実業総公司	4.98	－	

注：※は外資と合弁を行った企業。
出所：『中国軽工業年鑑』(1998年) 209頁,同 (1999年) 148頁より作成。

当時，国内の洗剤市場は分裂状態にあり，中小メーカーが各地に散在していた。表5-1に示すように，1位の上海白猫の生産量は1998年に15万2,500トンであり，南風集団は山西運城と陝西西安の2工場を合わせて21万6,700トンであった。また，上位10社の半分は微増あるいは減産体制に入っていた。

　これらの洗剤メーカーは主に3つのタイプに分かれた。第1のタイプは，有力なブランドを持つ国営メーカーであり，彼らは1990年代で外資と合弁したが，自社ブランドを失ったり，経営の主導権を握れなかったりしたため，経営不振に陥り，実質上，外資ブランドの加工工場となっていた。また，計画経済時の古い意識を持ち，市場競争を恐れ，政府の保護政策を求めようとした。

　第2のタイプは，P&Gやユニリーバ，ヘンケルなどの外資系メーカーである。これら外資は国営企業との合弁を通じて中国市場への進出を果たし，高度なマーケティング手法を用いて，ブランド認知度も高かった。ただ，製品の販売価格が4〜6元（400g）で，都市市場のみで展開していた。

　第3のタイプは，農村市場を基盤に新たに成長してきた企業である。例えば，南風集団は2元（350g）という低価格で農村市場を中心に展開し，卸売商を省き，大規模な営業部隊により中小小売店に商品を届けることで急速にシェアを拡大していた[17]。しかし，同社はほとんどテレビ広告などに投資せず，ブランド構築にあまり関心がなかった。

　こうした競合状況から，庄啓伝は低価格でのブランド知名度の高い商品で，農村と都市市場を同時に取り組むことが可能と考え，洗濯洗剤市場の潜在的成長性を見込んだ。ナイスは，1997年末から130ムーの土地を獲得し，1年半かけて年間生産量12万トンの洗濯洗剤工場を建設した。最先端の洗剤噴霧乾燥塔の導入により，生産コストを大きく引き下げた。1999年9月，業界最低価格の1.8元（320グラム）で「雕牌」洗濯洗剤を発売した。

　また，これにより，ナイスは製品構造の主力を石鹸から洗濯洗剤に移行させた。洗濯洗剤の展開に合わせて，3万2,000平方メートルの物流センターを建設し，5台のフォークリフトを導入した[18]。こうしてインフラを整えつつ，ナイスは洗濯洗剤を全面的に展開する新世紀2000年を迎えた。

3 急躍進と競争激化（2000－2005年）

3.1 洗剤分野での急成長

2000年春節後，ナイスは広告費に1億5,000万元を投じて，大規模な販促活動を始めた。当時，国有企業の経営悪化とリストラによる失業者の急増や再就職難が大きな社会問題となり，ナイスは失業者の家庭をテーマとした情緒訴求の広告を中央テレビ局で大規模放映し，多くの消費者の心を動かした。また，外資系企業の高価格帯の洗剤に対し，「価格の高いものよりも，価値の高いものを選ぼう」といったキャッチフレーズで，都市市場にも販売攻勢をかけた[19]。

低価格戦略と広告効果により，「雕牌」洗濯洗剤の市場シェアが一気に拡大した。各地では需要が高まり，ナイスは常に供給不足の状況に追われた。新たに230ムーの土地を獲得し，年間生産能力40万トンを目指す第2，3期の増産体制を進めたが，もはや需要の急拡大に間に合わず，急きょ他社への委託生産を行った。委託工場は，2000年8月に全国7省の10工場，10月に16省の22工場に増加した。これらの工場には，藍星蘭州，河北張洗，開封矛盾など従来の有力国有企業や，ヘンケルの徐州や天津の合弁工場などもあった[20]。

2000年，ナイスの売上高は前年の10億1,102万元から25億340万元に増加し，増加率はこれまで最も高い147.61％であった。また，売上の67.07％は大ヒットした「雕牌」洗濯洗剤によるものであった。同年，「雕牌」洗剤の販売量は33万9,300トンに達し，市場全体の14.44％を占めた[21]。

2001年に入り，ナイスは広告宣伝への投資を3億8,000万元に拡大した。また，製品形態でなく，テレビ番組のスポンサーになり，ブランドや企業イメージの宣伝にも力を入れた。低価格と効果的な広告に支えられ，「雕牌」洗濯洗剤の需要は拡大し続けた。委託工場は19省の29工場に増加し，月間生産量は6万トンに達した[22]。同年，「雕牌」洗濯洗剤の年間販売量は89万6,500トンに達し，市場シェアが36.68％で，2位の南風集団の「奇強」の22万8,300トンと9.34％を大きく上回った（表5-2）。

2001年，ナイスの売上高は前年比102.80％増の50億7,680万元に達し，

表 5-2　ブランド別洗剤販売の市場シェアの推移（%）

順位	ブランド名	2001 年	2002 年	2003 年
1	雕牌	36.68	39.47	33.18
2	奇強	9.34	14.57	14.30
3	立白	6.73	6.01	6.66
4	全力	6.38	6.35	6.79
5	白猫	4.14	3.56	4.30
6	汰漬（タイド）	-	3.47	6.58
7	奥妙（オモ）	-	3.24	3.73
上位企業の寡占度		63.27	76.67	75.54

注：市場シェアは各ブランドの生産量と中国洗濯洗剤協会が予測した洗剤全国生産量との比率である。
出所：『中国軽工業年鑑』（2002-2004 年）により作成。

1999 年からわずか 3 年間に売上規模が約 5 倍に拡大した。また，純利益は 1999 年の 1 億 1,152 万元から 5 億 1,180 万元に急増した。

しかし，このような全国市場における急激な拡大に伴い，生産や販売において，ナイスはさまざまな問題を抱えるようになった。生産体制において，委託生産はあくまで需要に追われて取り入れた暫定措置であり，特に不安定な品質がいちばん悩ましい問題であった。ナイスは委託工場の品質管理を行う専門部署や監督員を配置し，原材料の供給から完成品の出荷まで厳しい品質基準を設けていたが，全国に分散する 29 の工場にすべて目を配ることは容易ではなかった。

販売体制において，ナイスは「雕牌」洗剤を主力に，販売の重心を農村から都市に移行し，再び都市市場に取り組もうとした。2001 年，全国各地にある営業所をすべて分公司に切り替えた。また，小売チェーンとの直接取引に応じ，小売店頭の売場陳列をできるだけ自らで行おうとした[23]。これは，都市市場でのシェア拡大には，売場までコントロールする必要があると認識したからである。しかし，分公司を設立するペースは予想より遅れており，小売チェーンとの取引交渉もうまく進めることができなかった。その理由は，3 つあげられる。第 1 に，営業人員の経験やノウハウの不足，ナイスの比較的弱いブラン

ド力や不十分な品揃力にある。第2に，小売チェーンとの取引には，長い支払サイトが必要であり，そのほか進場費，販売促進費，店舗陳列費など煩雑な費用も徴収された[24]。第3に，低価格訴求の「雕牌」洗剤はすでに価格を限界まで下げられており，小売チェーンのさらなる値下げの要求に応じられないことも，売場確保が難しい一因であった。

一方，卸売商のチャネルにおいては，「雕牌」洗剤の大ヒットにつれ，ナイスと取引する卸売商が各地に急速に増えた。取引を安定化させるために，ナイスは保証金制度を導入した。保証金制度とは，年間取引額に応じて卸売商が一定比率の預り金をナイスに先払いし，年末にナイスが一定の利息を付けて払い返すという契約である。ナイスにとって，これらの資金を原材料調達や広告宣伝などに活用することができた。

保証金制度の導入は，売上代金の回収や良好なキャッシュ・フローの維持に大きな効果を上げたが，チャネルの取引秩序や価格体系の維持，マージン配分などはまだ十分取り組んでいなかった。同一地域で2社の卸売商と同時に取引したり，総代理店の不在などの問題があった。そのため，複雑な地域間取引に伴う安売りや乱売が発生し，利益の確保ができない卸売商の販売意欲も低下した。それに，ナイスの供給不足もしばしば起こり，すでに農村市場の一部では「雕牌」洗剤のシェア低下が見られた[25]。これらの問題を解決するために，ナイスは全国的な生産，販売，物流体制の構築に取り組んだ。

3.2　生産・販売・物流体制の整備

2000年，ナイスは従業員持株会の名義で政府所有の株をすべて買い取り，翌2001年12月に納愛斯集団有限会社を設立した。同社は，全社的な発展戦略の策定，人事評価と任免権，資源配分，財務管理などの本社機能を持つほか，営業組織全体の調整を担うことになった[26]。

2001年から，ナイスは約10億元を投じて，華南地域，西南地域，東北地域，華北地域に順次に工場を建設し始めた。同年12月，華南地域の湖南省益陽市に生産子会社の納愛斯益陽有限公司を設立し，翌2002年12月に稼働した。投資額が3億元，敷地面積約20万平方メートルで，洗濯洗剤15万トンと台所洗剤5万トンの年間生産能力を持っていた。次に，西南地域の四川省成都

市新津県に2002年1月に納愛斯成都有限責任公司を設立し，2003年6月に投資額3億5,000万元の，洗濯洗剤と台所洗剤を生産する工場が稼働した。2003年12月に1億元を追加投資し，2004年4月には年間生産能力20万トンを達成した。また，東北地域において，2002年4月に吉林省四平市に納愛斯四平有限公司を設立し，翌2003年11月稼働した。投資額2億3,000万元，洗濯洗剤や台所洗剤を合わせて年間15万トンの生産能力を持っていた。そして，華北地域においては，2002年10月に河北省石家庄市正定県に納愛斯正定有限公司を設立し，2004年2月に稼働した。投資額が2億5,000万元，年間洗濯洗剤15万トン，液体洗剤5万トンの生産能力を持っていた。

　こうして，華南，西南，東北，華北の4つの生産基地と華東の本社工場を合わせ，ナイスの年間生産能力は洗濯洗剤100万トン，液体洗剤30万トン，石鹸30万トンに達した。進出先は，基本的に地域資源や交通利便性，現地政府の誘致政策などの進出環境を考慮して決定されたのである。また，各地の子会社は現地資源の活用や地域ニーズへの対応に積極的に取り組んでいる。例えば，成都の新津県が芒硝の全国貯蔵量の60％を保有するという利点を活かし，成都公司は周辺地域からの原材料の調達を拡大した。また，吉林の四平公司は，東北地域の水の硬度が高いということから，硬水対応の洗剤や台所洗剤を開発した。さらに，子会社を自立させるために，ナイスは独立採算制を取り，マネジメント人材の育成にも力を入れた。

　自社工場の稼働につれ，ナイスは2003年11月に他社への委託生産，特に外資系企業の合弁工場への委託をすべて打ち切った。ただ，新疆，山東，蘭州など一部の地域において，現地の国有企業への支援として一部の工場に委託を続けた。

　全国的生産体制の整備とともに，ナイスは販売チャネルの整理と調整を行った。まず，卸売商チャネルにおいて，2002年後半から全国市場を地域的に分割し，「地域代理分銷制」（テリトリー制）を実施した。各地域では，ナイスは1社の代理商を選定し，独占的な販売契約を結ぶ。また，その代理商に2次卸，3次卸と契約してもらう。テリトリー制の導入に伴い，ナイスは各地に資金力や販売ネットワークを持つ有力な代理商を選別し，小売店を奪い合うことがないよう，卸売商の販売テリトリーの設定も行った。

また，独占的な地域販売権が与えられた代理商は，地域内における取引価格体系の維持や卸売商の管理，偽物の摘発などを義務とした。他地域から仕入れたり，偽物を販売する卸売商を発見した場合，代理商はナイスの分公司に報告する。ナイスはその報告に基づき調査を行ったうえ，仕入れた地域の代理商の責任を追及し，取引停止やリベート没収などの措置を取る[27]。

　テリトリー制を導入する目的は，多段階チャネル体制の確立と取引秩序の維持にあった。「雕牌」洗剤が急拡大した中，乱売が多く発生し，一部の代理商は不透明な販売政策で自分だけが得えようとする動きも見られた。庄啓伝は，拡大と秩序との矛盾を感じた。彼は，「多段階の取引が1つの社会的な仕組みであり，2次，3次の卸売商と良い取引関係を作ることで全体の発展はできるが，1社だけでカバーすることは不可能である」と強調した[28]。

　また，ナイスは取引価格体系の管理を強化するために，2003年に「市場管理方案」を実施した。この方案は主に4つの内容がある。第1に，すべての卸売商に対し，オープンで公平な取引制度を設け，利益の分配や義務を透明化し，契約書を統一させる。第2に，個々の卸売商へのマージン分配を合理化し，小売販売価格やリベート額を設定し，淘汰制度を取り入れる。第3に，卸売商の管理において，販売や在庫状況，顧客先訪問のほか，卸売商に月間統計表を記入してもらう。第4に，ナイスは代理商とともに市場開拓や管理に取り組む[29]。

　2003年まで，ナイスと取引する代理商は全国で3,000社に増加した。ナイスは，42の分公司を通じて，代理商の支援と監督を行った。分公司は基本的に直轄市・省・自治区といった行政単位で1社を配置する。特に，比較的発展が遅れ，市場規模が小さい西北地域の甘粛や青海，寧夏にも，特に分公司を配置した。一方，広東省や浙江省のような重点地域では都市別に配置した[30]。

　また，都市部の小売チェーンとの取引拡大につれ，ナイスは2003年に本社に「終端管理部」，各地の分公司に「終端弁」を設け，彼らとの直接取引に対応した。終端弁は分公司に所属する一方，本社の指示も受ける。しかし，小売チェーンとの取引交渉には多くの営業人員が必要とされるが，人材の整備も遅れており，都市市場でのチャネル展開は難航した[31]。分公司にとっては，代理商チャネルの管理だけでなく，小売チェーンとの取引にも対応するため，かな

り負担が大きかった。

　生産・販売の問題の取り組みに伴うため，ナイスは物流機能を強化し，情報システムを導入した。これまで財務管理，入出荷・在庫管理には比較的シンプルな情報システムが使われていた。しかし，情報は個々の部門にとどまり，それを共有もしくは交換できる統一的なプラットフォームが整備されていなかった。また，製品や取引先によって支払期間も異なるため，支払情報の管理も難しかった。こういった状況を改善するために，2001年，ナイスはヒューレット・パッカードと契約し，NDLS（Nice Distribution Logistics System）と呼ばれる物流システムの導入を始めた[32]。

　2002年からプロジェクトを立ち上げ，上海異連信息技術有限公司に開発業務を委託し，物流システムの中核となるIDM（Intelligence Distribution Management）を導入した。IDMには，物流，販売，代金回収の3つのモジュールが含まれている。物流モジュールは，単なる地理的距離ではなく，物流センターの立地，在庫コストおよび過去の安全在庫データなどに基づき，最適な配送ルートを提案する。また，販売モジュールは販売状況，特に予測を下回った結果が出た際の要因分析のための参考データを提示する。特に，地域間で売れ行き鈍化と供給不足の状況が発生する場合，システムは自動的に在庫調整を始める。一方，最も重要な代金回収モジュールは，取引先の信用枠や支払い金額を審査し，同時にSKU（Stock Keeping Unit：最小管理単位）と注文量が正常であるかを自動的に検査する機能を持つ。3つのモジュールのほか，IDMにはPDA端末に接続する専用ソフトが設定され，競合商品の価格や販促状況など小売末端のデータを迅速に収集することができる。従来の紙媒体で蓄積された情報はシステムに保存され，これらのデータを有効に活用することにより，管理者が迅速かつ適切な意思決定や判断を行うことが可能になった[32]。

　IDMシステムは同年11月に稼働した。これにより，受注処理期間を従来の7～8日から3～5日に，平均支払期間を従来の30日から20～25日に短縮することができた。需要に合わせて受注，配送，代金回収などの業務を正確かつ迅速に行えるようになり，全国範囲の販売状況の把握，地域間の価格調整，統一した仕入れ価格や販促価格の設定も可能になった。特に，地域間の物流調整や

適正在庫量の提示により，天候や祝日などによる需要変動が物流に与える影響を最小限にとどめることができた。

3.3 成長鈍化

　全国的な生産・販売・物流体制を構築し，急成長してきたナイスは，この時期から大きな壁にぶつかることになった。売上規模は2001年に50億元に達した後，2002年52億1,116万元，2003年53億7,015万元，2004年54億1,104万元と低成長が続き，2005年は前年比10.23％増となったが，依然として50億台にとどまっていた。また，純利益は2000年に3億4,313万元に達した後，増勢が弱まり，2005年には遂に大幅なマイナスに転じた（図5-3）。これは1999年から2001年までの売上急拡大への反動があったと考えられるが，成長鈍化に陥った原因は，ほかにもいくつか挙げられる。

　第1に，新商品の展開が挫折したことによる成長を牽引するヒット商品の不在である。大ヒットした「雕牌」のシナジー効果を活かし，ナイスは2000年9月に歯磨剤を発売した。洗剤の成功経験から，同様に情緒訴求の広告を打ち出し，生産を他社に委託した。当初，洗剤と同様なブランドの使用は消費者を

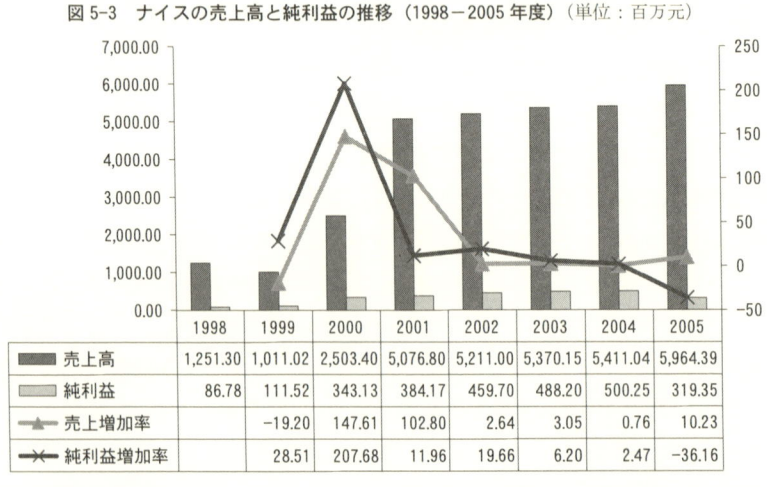

図5-3　ナイスの売上高と純利益の推移（1998−2005年度）（単位：百万元）

	1998	1999	2000	2001	2002	2003	2004	2005
売上高	1,251.30	1,011.02	2,503.40	5,076.80	5,211.00	5,370.15	5,411.04	5,964.39
純利益	86.78	111.52	343.13	384.17	459.70	488.20	500.25	319.35
売上増加率		−19.20	147.61	102.80	2.64	3.05	0.76	10.23
純利益増加率		28.51	207.68	11.96	19.66	6.20	2.47	−36.16

出所：ナイスの年度報告（1998−2002年），『中国企業管理年鑑』（2003−2005年），『中国企業発展報告』（2005−2006年）より作成。

惑わせるといった懸念もあったが，発売して1年間で販売本数が1億本を突破し，ブランドのシナジー効果が市場の拡大に大きく寄与した。

「雕牌」歯磨剤は，漢方薬，フッ素・カルシウム配合，虫歯防止，子供用，美白の5種類が展開されたが，他社への委託により品質管理が不十分で，消費者の反響はあまり良いものではなかった。また，庄啓伝は商品分類上，歯磨剤も「洗浄用品」であると考え，洗剤商品として評された「中国馳名商標」といった表記を歯磨剤のパッケージにも印刷することにした[34]。しかし，これが不正行為として同業他社に告発され，2001年7月から各地の工商局が「雕牌」歯磨剤を没収し，小売店も仕入れを控えた。ここまで事態が悪化すると思わなかったナイスは，慌てて馳名商標の表記を削除し，再販売したが，市場の信頼を挽回することはできなかった[35]。

また，2002年FIFAワールドカップの開催年に合わせて，ナイスは「納愛斯」ブランドでボディソープとシャンプーも展開した。韓国での観戦券の抽選キャンペーンを行い，イベント効果により市場に参入しようとした。しかし，シャンプーは洗剤以上に競争の激しい分野であり，P&Gの1社だけで市場シェアの6割も占めていた。また，品質だけでなく，陳列や販促手法などの比較的高度な技術やノウハウが必要である。ナイスは，売場にPOPなどの販促道具もなく，粗末なパッケージに抽選カードを入れただけであった。キャンペーンは開始当初，一定の効果をあげたが，後に観戦チケットの値下げもあり，ほとんど売れなくなった。結局100万枚用意した抽選カードは5分の1しか販売できず，シャンプーの展開も失敗に終わった[36]。

成長鈍化に陥った第2の理由は，洗剤分野でのP&Gとの競争激化であった。2002年，売上規模が50億元に急拡大したナイスに比べ，中国市場でP&Gの売上高は75億元であった。ナイスの急成長に脅威を感じたP&Gは，ついに反撃に出た。2003年から，P&Gはナイスの「雕」をやっつける，名付けて「射雕」戦略をスタートした。「タイド」洗濯洗剤の包装を「雕牌」に類似する水色に変え，小売チェーンから農貿市場まで「雕牌」の隣に必ず「タイド」を置いた。また，販売価格を2.2元に引き下げ，お笑い芸人を起用し，一般家庭を訪問するシーンで価格の安さを強調した[37]。

実際，「雕牌」洗剤の大ヒットを受け，外資系メーカーも値下げに踏み切っ

た。1999年末，ユニリーバは先駆けて「オモ」洗剤の販売価格を約3元に引き下げ，P&Gも「タイド」を約3.5元に引き下げた。

この時期，P&Gのアメリカ本社では新しいCEOのラフリー（A. G. Lafley）による改革が進み，新興国市場の取り組みを成長戦略に取り入れた。その一環として，中国市場ではP&Gは低価格の市場開発戦略を実施した。2.2元の「タイド」洗剤のほか，2003年に「オレイ」スキンケア化粧品，「セーフガード」化粧石鹸，「激爽」ボディソープについても，それぞれ20%，25%，30%の値下げを実施した。さらに2003年末，地方都市や農村市場に向け，それまで13.5元であった「リジョイス」シャンプーを9.9元で売り出した[38]。

P&Gのこういった動きは，都市市場だけでなく，県・郷などの農村地域でも販売チャネルを確立し，市場シェアを拡大させる狙いがあった。これを実現するために，農村市場に強い国内ブランドを排除すると同時に，農村市場でのブランド力を向上させる必要があった。

2003年末，P&Gは1億7,600万元により中央テレビ局の2004年度ゴールデンタイムのドラマ番組の冠名権を落札した。広告効果の最も高いと見られるこの冠名権は，これまで国内企業の奪い合い対象であったが，外資系企業に落札されたのは初めてであった。広告を強化するとともに，P&Gは「タイド」洗剤や「リジョイス」シャンプーなどの商品の販売価格を下げ続け，2004年に1.7元の「タイド・クリーン・ホワイト」洗剤を発売した。しかし，コストを下げるために，シミ取り効果を弱め，酵素をより安いものを使い，品質も落とすことになった。輸入原材料の比率を縮小させ，中国現地のサプライヤーとの取引を拡大した[39]。

P&Gの攻勢による価格競争が激化する中，ナイスにとって経営を圧迫させる第3の要因は原材料やエネルギー価格などの上昇にあった。2004年前半，プラスチック材料や純炭酸ソーダの価格はそれぞれ60%，77%上昇し，界面活性剤の価格も上がり続けた。2004年，界面活性剤の輸入量は前年比26.08%増の30万900トンに達し，輸入額は4億3,400万ドルで，前年より46.49%増加した。このうち，非イオン性界面活性剤の輸入量は15万3,100トン，輸入額は2億2,800万ドル，それぞれ前年より62.30%，72.63%増加した[40]。また，物流コストや人件費，広告費なども大幅に上昇した。

最後の第4の要因は，投資の失敗という予想外の打撃であった。2004年初頭，社内の18名の経営幹部の出資で設立した会社は，ナイスから9億元を借入れ，証券会社の中富証券の上海南京西路営業部で口座を開き，株取引を行っていた[41]。これらの資金は，2004年度代理商から支払われた保証金であった。経営幹部が株取引を行うようになったのは，ナイスの発展初期に資金面で大きく支援した麗水市にある銀行の関係者に勧められたからである。同関係者は後に中富証券に移り，ナイスとの良好な関係を利用し，10％の高い短期収益を約束し，経営幹部を誘惑したのである[42]。

中富証券は，当時主に新疆徳隆集団の傘下の上場会社である新疆屯河，合金股份，湘火炬の3社の株取引を行った。「徳隆系」と呼ばれる3社の株価は3年間でそれぞれ1,100％，1,500％，1,100％急上昇した。新疆徳隆の重要融資先となった中富証券は，徳隆系の株価にも大きく依存していた。しかし，2004年前半，徳隆系の株価が暴落し，中富証券は一夜にして倒産の寸前に追い込まれた。ナイスの経営幹部たちが投資した6億元の資金も未回収のままとなった。事件発生後，庄啓伝はナイスの18名の経営幹部や中富証券を麗水市中級人民法院に起訴し，裁判所の関係者の同行により中富証券に資金の返済を求めようとしたが，すでに資金が枯渇した中富証券からは何らの対応も得られなかった[43]。

こうした損失を受け，ナイスは同年度の広告費を大幅に削減した。浙江省テレビ局の統計によると，2004年後半におけるナイスの広告放映回数は約70％減少した。また調査会社のCTR市場研究の統計では，ナイスの全国での「雕牌」広告放映数は，4～6月の7万9,433回に比べ，7～9月はわずか3,874回であった[44]。

しかし，今回の事件ではナイスにとって，最も深刻な問題はガバナンス構造にあった。庄啓伝は経営幹部が容易に会社の運営資金を動かせたこと，すなわち経営陣に対する有効な管理・監督体制が不備であったことを強く反省した[45]。これは，ナイスの「地縁」依存体制に起因する。2004年の全従業員約6,000人のうち，特に本社の経営幹部の多くは麗水市や浙江省内の出身者であり，各分公司の責任者の多くも麗水出身である[46]。これまでナイスは，こうした地縁や地域文化による強い結束力に支えられ，急成長を遂げた一方，外部人材の受け

入れや外来文化の吸収などに抵抗感を持つといった弱点を抱えていた。また，短期間に急拡大したナイスは，その成長スピードに見合った組織体制や管理制度の整備も遅れていた。

3.4 戦略調整

こうして，庄啓伝は強力な外資系企業との熾烈な価格競争を勝ち抜き，健全な企業体質を築くことができなければ，持続的な成長はできないと考え，戦略調整を行った。

地縁や地域文化の依存体制から脱却するために，ナイスはこれ以降全国での人材の採用や育成に力を入れ，毎年百名以上の大卒生や専門技術者を採用した。また，社内に明確な昇進制度を設け，学歴に拘らず，優秀な若手社員を抜擢する方針も決めた[47]。

一方，庄啓伝はこれまでの成長，つまり低価格戦略と広告効果による「雕牌」洗剤の大ヒットといった成功体験が，もはや新たな環境変化に対応できなくなったと認識した。彼は，研究開発やマーケティング戦略，ブランド・マネジメント，小売チェーンとの取引などを得意とするP&Gに比べ，「後発であるナイスにとって，自国企業の利点として中国の消費者が何を考え，何を欲しがるのかといった市場ニーズをいち早く察知し，先発的行動を取り，外資系企業がその分野に参入する前に手を打つといった戦略を取るほかない」と覚悟した。

この時期，環境意識が世界的に高まる中で，中国の消費者も省エネルギーや環境に優しいライフスタイルを追求し，健康で安全な天然素材を使用した商品を選ぶ傾向が高まった。こういった変化に合わせ，ナイスは「すべては生活の質的向上のためである」を企業スローガンとし，製品構造の調整を行った。特に，低価格競争から抜け出すために，高付加価値の差別化商品に取り組むようになった。

差別化商品として，ナイスは2003年に椰子（ヤシ）オイルを原料とする天然粉石鹸を「雕牌」ブランドにより発売した。石油を原料とする一般洗濯洗剤の活性物とは違って，粉石鹸は脂肪酸を主成分とし，その原料の90％が再生可能の植物油脂から採取する。そのため，環境に優しく，衣類や皮膚への刺激

も小さい。また，洗濯時に泡が少なく，一回に付き 13.33kg の水を節約することができる[48]。粉石鹸は昔から存在していたが，洗浄力が弱く，販売価格も 15 元前後であった。ナイスは技術改善により，洗浄力を高め，また販売価格をコスト上ぎりぎり採算が取れる 3.5 元に設定した。洗濯洗剤の代替品として，その普及を期待したからであった。

また，2003 年にナイスは最新の設備を導入して歯磨剤の自社生産をスタートし，高価格帯の「納愛斯」歯磨剤の展開を試みた。これまで機能訴求の歯磨剤が一般的であったが，ナイスは透明なチューブ容器と栄養素配合というコンセプトで商品開発に取り組んだ。透明チューブ容器は，多層の材料を合成して作られており，従来のアルミニウム製よりコストが 20〜30% 高く，国内ではほとんど製造されなかった。そのため，ナイスはスイスのチューブ製造機大手の AISA などから設備を導入し，自社で容器の生産を行うことにした。また，国際市場で最も優れた歯磨剤の配合を参考に，ビタミン C，E の栄養素を添加した。

こうして，2004 年 11 月に，ナイスは透明チューブ入りの青，白，黄，緑の四色歯磨剤を「納愛斯」で発売した。その販売価格は 1 本（95g）当たり 6.5〜8 元で，同年 P&G が発売した 2.9 元と 3.9 元の「クレスト」歯磨剤の新シリーズに比べ，かなりに高い価格設定であった[49]。こうして，高機能の差別化商品を展開するナイスは，低価格戦略を推し進める P&G との戦略の違いも明らかになった。また，2005 年に入り，ナイスは広告宣伝にも力を入れ，斬新なアニメーションテレビ広告を大規模に放映し，また「見える品質，味わえるビタミン C，E」，「歯茎に栄養を与え，骨を強くし歯を元気にする」といったうたい文句で栄養効果を強調した。

しかし，高付加価値の商品を展開するには，有効なチャネル管理やマーケティング手法が必要であり，市場を確立するのに長期間の努力が必要である。特に，高価格帯の商品は価格志向の強い農村市場ではなく，所得水準の高い都市市場に販売の重心を置かなければならない。しかし，粉石鹸の場合，一部の地域では農村市場へ先んじて投入し，適切な商品の説明や販促宣伝を行わなかったため，消費者から泡がなく，価格が高いといった不満の声もあった。また，取引価格の管理が不十分であったため，マージン率の高い粉石鹸は安売り

対象とされた。この経験から,「納愛斯」歯磨剤を発売した際,当初から都市部の小売チェーンのみで取扱うことにした。

　また,都市部の小売チェーンとの取引を強化するために,ナイスは2005年に主要取引先に専門的に対応する「重点顧客部」を設け,特定の小売チェーンとの取引交渉を担当する「KA (Key Account) 経理」を配置した。営業人員に対し,取引先の一軒一軒を特定することを通じて,売場陳列の標準化など現場の業務をきちんと遂行することを要求した。また,近年祝祭日に福利厚生として社員に石鹸や洗剤などを配布する企業などの団体購入の増加を受け,ナイスはこうした大口顧客の獲得を営業人員の1つの任務とした。

　他方,代理商チャネルにおいて,ナイスは商品の取り扱い規模により,代理商を総合代理商,専売商,重点的専売商の3つのタイプに分け,最終的に代理商を専売化する方針を決めた。実際,庄啓伝は卸売商チャネルをP&Gとの競争に対抗するもう1つの重要な戦略としている[50]。

　ナイスは,P&Gとの競争は「点」と「面」の争いと認識している。「点」とは,都市市場における小売チェーンとの直接取引を意味する。「面」とは,2級,3級都市及び郷・鎮の農村地域における多段階の代理商チャネルである。ナイスはこれまで都市部の小売チェーンと農村部の代理商チャネルに同時に取り組もうとしてきたが,北京,上海,広州などの一部の大都市を除けば,依然として代理商チャネルを主要チャネルとしていた[51]。一方,P&Gは,小売チェーンとの直接取引が得意であるが,農村市場では壁にぶつかることになった。

　2003年以降,P&Gは,中央テレビ局での広告宣伝を強化し,連続3年間ゴールデンタイムのドラマ番組の冠名スポンサーを獲得し,落札額は3億8,515万元,4億2,000万元,5億元と年々増加した[52]。しかし,それは農村市場での拡大において,あまり効果が現れなかった。その原因は,やはりチャネル構築にあった。1つの問題は,P&G商品の価格変動が激しく,市場が混乱しており,仕入れ先が把握できないことである。取引価格やリベートは仕入れ規模により設定されるため,小売チェーンの販促時の価格は代理商が直接P&Gから仕入れる価格より安いこともある。そのため,一部の小規模な代理商や小売店が直接小売チェーンの店頭で買い付けることもあった[53]。

3 急躍進と競争激化 (2000－2005 年)　193

　また，代理商や卸売商にとって，P&G 商品を取り扱う場合のマージンの低さは 1 つ大きな問題である。内資系メーカーの商品を取り扱うマージン率の 7～8％に比べ，P&G の場合は 2～3％に過ぎない。また，チャネル政策は取引規模に応じたリベートだけで柔軟性に欠けており，あまり代理商や卸売商の支持が得られなかった。市場が分散的な農村地域では，量で勝負することは非常に困難であった[54]。

　P&G にとって，混乱する中国の農村市場において，多段階取引の流れをいかにコントロールするかという課題は最も理解しがたいことであった。しかも，現段階では卸売商の多段階チャネルまで手を広げる必要がなく，代理商を把握して資金の回収さえできれば十分であった。将来的に地方都市や農村地域でもチェーンストアが普及すれば，直接取引のノウハウが十分通用するといった期待があったとも考えられる。

　一方，ナイスは自国企業として卸売商と共通の価値観を持つことで，流通チャネルにおける取引の秩序や価格体系の維持を強化し，共に成長することを図ろうとした。代理商や卸売商といった多段階の取引ネットワークを通じて，自社の商品を広大な市場の隅々まで浸透させるとともに，安売りや乱売競争に陥らないようにチャネルへの統制力を強化した。特に，P&G との厳しい価格競争の中で，ナイスの商品を取り扱う卸売商も大きなダメージを受けたことから，庄啓伝は「三高興」（三方よし）の理念を提唱し，作る側，売る側，消費者ともに喜ぶことをめざし，卸売商の利益確保に努めた。また 2004 年，ナイスはチャネルの系列化に最も優れている飲料メーカーのワハハに社員を派遣し，ワハハの「連銷体」チャネルの構築や管理のノウハウなどを学習し，自社のチャネル管理を強化した。卸売商が共通の価値観や共存共栄の関係のもとに，合理的な利益配分や秩序ある一連の取引ルールを常に維持し，チャネル全体の発展を目指した[55]。

　ナイスは 2003 年からの P&G との厳しい競争の中で鍛えられ，企業体質を強化することができた。2005 年末の事業報告において，庄啓伝は 2006 年以降も高価格帯，高品質の商品の展開を強化し，持続的成長を図るという発展戦略を定めた。

4 迎えた転換期（2006年以降）

4.1 新ブランドの開発

　洗剤市場において，これまで外資が占めてきた高価格帯の商品分野に参入したのは，ナイスが初めてであった。生活水準の向上に伴い，消費者の環境意識は高まりつつあった。天然粉石鹸は合成洗濯洗剤を代替することができなかったが，天然植物原料の環境配慮型洗剤として，すでに固定層を持ち，需要が徐々に拡大した。当初，業界では粉石鹸技術は時代遅れで，品質の良いものは作れないと思われたが，消費者の好評を博した「雕牌」粉石鹸の定着を目にしてメーカーは，ナイスの後を追って研究を急いだ。

　しかし，「雕牌」ブランドは低価格のイメージが強かったため，高価格帯商品を展開するには限界があった。また，洗濯石鹸や液体洗剤，化粧石鹸などの既存製品ラインにおいても，天然植物原料の使用や最新技術の導入により品質が大きく改善され，高価格帯の商品を展開することも可能となった。こうして，ナイスは高品質・高価格帯商品を展開するための新たなブランドを立ち上げることになった。

　2006年8月，ナイスは「超能」ブランド名で天然粉石鹸，液体洗濯洗剤，洗濯石鹸，汚れ除去365洗剤，台所洗剤などの48の新商品を発売した。新商品は，植物由来成分，移染防止，Ascum助剤と双性イオンによる汚れ除去などの最新の技術を採用し，天然，安心，高品質といった訴求点を全面的に打ち出した。また，化粧石鹸では「西麗」というブランドで，天然植物エッセンス配合の新商品を発売した[56]。新ブランドの展開により，ナイスは高，中，低の各レベルの市場をカバーする製品ラインを揃えるようになった。

　一方，「雕牌」の低価格ラインでも，品質の改良を続け，新シリーズの商品を発売した。これは，価格競争により安売り対象とされた「雕牌」商品を，徐々に合理的な価格までに引き上げる目的であった。また，これまで「雕牌」の顧客層は主に中高年や農村地域の消費者であったが，テレビ広告を一新し，都市で働く若い世代にも取り組もうとした。

4 迎えた転換期（2006年以降） 195

　高価格，高品質の「超能」と「西麗」の発売は，都市部の小売チェーンからスタートした。優れた品質を評価したカルフールは，入場費などの費用を免除し，ナイスの要望に応じて陳列するといった好条件を提示し，両ブランドのすべての商品の取扱いを要請した。カルフールの影響もあり，これ以降各地の小売チェーンは相次いでナイスの新商品を導入した。特に，湖北省など一部の地域では，店内の一面陳列や屋外展示広告を行い，売場に専門の販売員も配置した[57]。

　一方，代理商チャネルにおいて，高価格帯商品の展開に合わせ，ナイスは「利益」，「専売」，「標準店・売場」の3つをキーワードにチャネル管理を強化した。専売商をチャネルの重心に置き，各取引段階でのマージン分配を明確化し，取引の流れをコントロールした。また，高品質，高価格のブランド・イメージを損なわないように，小売店舗で「標準売場」を作り，店頭陳列を重視した。新商品の好調な売れ行きに刺激され，多くの代理商は自ら投資して小売店に陳列棚を提供したり，積極的に市場開拓に取り組んだ[58]。

　2006年，各地にあるナイスの分公司は，10万以上の標準売場を作り，新商品の販売に力を入れた。売上高上位3社は，河南，新疆，深せん分公司であった。特に新疆分公司は地域市場だけでなく，キルギス，ウズベキスタン，タジキスタン，カザフスタンに海外代理商を設け，中央アジア市場に向けて販路を拡大した[59]。

　新疆地域で販売が拡大した背景には，ナイスが生産拠点を設けたことがあった。中央政府の西部大開発政策や浙江省政府の省外での事業展開の呼びかけに応じて，2005年11月にナイスは1億元を投じて，新疆ウィグル自治区ウルムチ市に納愛斯ウルムチ有限公司を設立し，翌2006年10月に稼働した。同工場は洗濯洗剤3万トン，工業用グリセリン8,000トン，台所用液体洗剤5,000トンの生産能力を持つ。

　こうして，ナイスは全国の華東，華南，西南，東北，華北，西北の6つの地域に生産基地を設けた。エネルギーや原材料の価格の高騰に対応し，エネルギーの利用効率を高め，技術改善への投資を拡大させる一方，生産工程での廃棄水ゼロを実現し，粉塵や排煙の排出量も国家基準を下回るまでに削減し，環境配慮型・資源節約型企業の実現を目指した。2007年，麗水市22社の重点企業の中で，工業生産高では28.8％を占めるナイスは，エネルギー使用量が全体

の16.8%に過ぎなかった[60]。

　高品質・高付加価値の商品やブランドの展開により，2006年にナイスはようやく売上高60億元を突破し，62億7,358万元に達した。純利益は前年の3億1,935万元から5億2,387万元に増え，64.04%の増加率となった。しかし，売上増加率が前年の10.23%から5.18%に大きく落ち込んだことで，庄啓伝は成長を牽引するには，新たな商品分野への参入が必要であると感じた。

　彼は，拡大しつつあるパーソナルケア用品市場に目を向けた。洗剤などのホームケア用品に比べ，パーソナルケア用品は比較的付加価値が高く，所得水準の向上に伴い，需要がさらに拡大すると見込んだからである。しかし，パーソナルケア用品には，オーラルケアやヘアケア，スキンケア，メークアップなど多くの分類があり，消費者の嗜好性が強い。長期間の研究開発や高度なマーケティング手法を要する一方，外資系メーカーとの競争がさらに拡大することになる。

　すでにオーラルケアの歯磨剤を展開したが，庄啓伝が次に取り組もうとしたのはシャンプーであった。シャンプー市場は拡大し続け，2007年に約300億元に達した。しかし，長い間P&Gなどの外資系メーカーが主導的な地位を占め，国内メーカーのほとんどが中小規模であった。ナイスも2002年に「納愛斯」ブランドによりシャンプーを展開したが，商品力や販促手法の欠如で失敗に終わった。自社の経営資源だけでは限界があるため，庄啓伝は既存企業の買収により，他社のブランドや技術，また研究開発力を外部から取得しようと考えた。

　2006年11月，ナイスはイギリスの中獅グループ傘下の香港奥妮，裕暘，莱然の3社を1,000万米ドルで買収した。中国の日用化学品業界では，国内メーカーによる海外企業の買収がほとんどなかったため，大きく注目された。これらの3社は研究開発力や特許技術を有し，中国や東南アジア市場では一定のシェアを持っていた。この買収により，ナイスは「奥妮」「100年潤髪」「西亜斯」の3つのブランドおよび83の商標の所有権もしくは独占使用権を取得し，また研究開発やマネジメントの人材，シャンプーの生産技術なども獲得した[61]。

　しかし，ナイスはこの買収で，「奥妮」ブランドをめぐる商標権紛争に巻き込まれることになった。香港奥妮の正式社名は香港奥妮新成豊貿易公司であ

る。1991年，同社は重慶化粧品廠との合弁により，重慶奥妮化粧品有限公司を設立し，中国市場に進出した。P&Gの「ヘッド＆ショルダーズ」や「リジョイス」が中国市場の大半を占める中で，重慶奥妮は初めて天然植物のサイカチを原料とした「奥妮皂角」シャンプーを1994年に発売し，1億5,000万元の売上をあげた。また1996年に，漢方薬を信頼する中国人の伝統的観念から，薬用植物の何首烏（かしゅう）を原料とした「奥妮首烏」シャンプーを発売し，黒髪と国産品の訴求ポイントや人気俳優の起用により，ブランドの知名度を大きく向上させた。さらに1997年に発売された「100年潤髪」シャンプーは，人気俳優の起用と感情訴求の広告により大ヒットし，売上高は8億6,000万元に達した。同年，シャンプー市場の12.5%を占め，P&Gの「リジョイス」に次ぎ第2位についた[62]。

しかし，その後マーケティング戦略の挫折や経営者の意思決定の失敗などにより，同社は資金繰り問題に陥り，2002年には負債額8,000万元以上を抱え，深刻な経営不振に陥った。2004年2月，香港奥妮は114万米ドルの追加投資により，重慶奥妮の51%の株式を取得し，経営の再建に注力した[63]。また，重慶奥妮が保有する「100年潤髪」や「西亜斯」など一部の商標の所有権と「奥妮」商標の20年間の使用権を取得した。一方，2006年4月，重慶奥妮の倒産に伴い，「奥妮」などの商標の競売が行われて，広州の日用品メーカーの立白集団は3,100万元で落札した。こうして，「奥妮」の所有権をめぐって，立白は香港奥妮を起訴した。裁判は4年間続き，2010年11月に広東省高級人民法院は，結局「奥妮」の所有者は立白であると裁定した[64]。

判決が下されるまで，ナイスはシャンプーの研究開発を急ぎ，すでに知名度のある「100年潤髪」ブランドの再発売に準備を進めた。しかし，シャンプーを展開し始めたのは，2008年後半であった。

4.2 情報システムの導入

2007年までに，ナイスは「雕牌」，「納愛斯」，「超能」，「西麗」といった4つのブランドを持つようになった。「雕牌」では洗濯石鹸，洗濯洗剤，台所洗剤など6つの品目で約300アイテム，「納愛斯」では化粧石鹸，歯磨剤や歯ブラシなど60以上のアイテム，また高価格帯の「超能」と「西麗」では洗剤，

化粧石鹸など 19 の品目で 81 アイテムを展開した。

価格競争から脱却するために，ナイスはこれ以降高品質・高機能を持つ商品の開発を強化し，特に競争が激しくない分野に参入した。例えば，2007 年 3 月に子供用歯磨剤市場に向けて栄養訴求の「伢牙楽」子供用歯磨剤を発売し，競争の激しい成人用分野ではなく，子供用歯磨剤市場でシェアを拡大しようとした。

一方，全国各地の販売支社は 49 社，配送センター 25 カ所に増加していた[65]。こうして多数のブランドや製品ラインを持つようになるにつれ，資源配分や調整が複雑化し，各業務活動における情報共有が必要となってきた。これまでナイスの情報化は，物流システムの NDLS と 2006 年に導入された人事管理システムの NHRS（Nice Human Resource System）にとどまっていた。グループ全体における原材料調達，生産，販売，財務などの業務をシステムで連結し，資金流，物流，情報流を統合した新たなプラットフォームの構築が必要であった。2007 年 1 月，ナイスはシステム大手の IBM やパッケージ・ソフトウェア専門のオラクル（ORACLE）と共同で，ERP（Enterprise Resourcing Planning：企業資源計画）の導入に取り組んだ[66]。

NDLS は，当初「雕牌」と「納愛斯」の 2 つのブランドに対応して設計されたシステムである。しかし，その後，製品ラインの拡張，生産規模の拡大，販売チャネルの調整などが行われ，システムに係る作業員は従来の 81 名から 700 名，注文明細は 60 万枚から 265 万枚，報告表も 30 枚から 200 枚程度に増加していた。こうした業務の複雑化に NDLS がすでに対応しきれなくなった。

こうして，ナイスの ERP 導入は，まず NDLS を中心とした既存システムの改善とグレードアップから取り組まれた。従来の電話やファックスによる比較的煩雑な業務手続をなくし，作業効率を向上させる一方，計画中の ERP の要求に対応できるように開発と調整を行った[67]。

2008 年 7 月に，ERP の導入がスタートした。試稼働では，システムは膨大かつ複雑な業務データをうまく処理することができたため，同年 11 月に麗水本部，四平公司，正定公司と広州百年公司の 4 つの生産基地，翌年 1 月には益陽公司，成都公司，ウルムチ公司の 3 つの生産基地に順次導入を進めた。

ERP の導入は，グループ全体における情報の集約化やよりきめ細かな管理

の実施に大きく貢献し，原材料調達から在庫保管，生産，配送，販売といった一連のプロセスの管理を強化することができた。これに伴い，ナイスはマネジメント制度の整備にも取り組んだ。2008 年，目標管理を実施し，各地の生産子会社の評価システムを明確にし，駐在監督部署を設けた。また 2009 年，販売支社のマネジメント水準を向上させるために，財務や監査，販売などの 5 つの部門が共同で販売支社管理制度を策定した。これにより，販売支社内部管理のさまざまな業務が連結され，PDCA サイクル（plan-do-check-act cycle）による明確な分業と監督・協力体制を作り上げた[68]。

こうして，ナイスは情報システムの導入やマネジメント体制の強化により，調達や生産，販売などの業務を効率的に遂行すると同時に，全国の子会社・支社を有効に管理・監督するためコストも引き下げようとした。しかし，2007 年以降，中国経済の構造的転換に伴い，地価や人件費，原材料の価格，環境配慮技術への投資など，企業の経営コストが全般的に上昇した。

高付加価値商品の展開に伴い，海外から調達する原材料の割合が大きく上昇した。例えば，粉石鹸に使われるパームオイルやパーム核油は東南アジアなどの地域から輸入しており，石鹸や液体洗剤の原材料である牛脂や羊脂も海外調達に頼っていた。原材料の輸入依存体制は，為替レートの変動に影響されやすく，調達リスクを増大する。

表 5-3 に示すように，2008 年石鹸・洗剤の一部の原材料の輸入量が減少していたが，輸入額はほぼすべて増加傾向にあった。特に，ナイス製品の主要原料である牛脂・羊脂，パームオイル粗油，粗ヤシオイルの輸入額はそれぞれ 47.54%，68.37%，65.13% 上昇した。

また，高価格帯・高付加価値の商品の展開には研究開発や広告宣伝には多額な投資が必要となる。庄啓伝は，本業で稼いだ利益だけでは，事業拡大に追い付かなくなったと感じた。そのため，彼は，金融証券や不動産事業への参入を決定し，比較的収益性の高い分野で得た利益を本業に投資し，資金不足の状況を改善しようとした。こうして 2007 年，ナイスは上海に金融証券業務を行う投資会社を設立し，また不動産会社の山水集団や蓮星不動産と提携し，湖南省長沙市や地元の麗水市で不動産開発を始めた[69]。

実際，2004 年にナイスの経営幹部による株投資の失敗と多額な資金損失の

表 5-3　洗剤用品および原材料の輸入状況（2007－2008 年度）

	輸入量（万トン）			輸入額（億米ドル）		
	2007 年	2008 年	増減率	2007 年	2008 年	増減率
洗剤用品	9.17	8.92	△ 2.73	1.14	1.37	20.18
界面活性剤	28.38	27.65	△ 2.57	5.27	6.26	18.27
原料	17.31	18.04	4.22	2.11	2.70	27.96
助剤（STPP）	0.48	0.30	△37.50	0.06	0.06	0.00
油脂	151.92	144.17	△ 5.10	10.95	14.25	30.14
ステアリン酸	13.54	14.33	5.80	1.47	1.55	32.82
牛脂・羊脂（加工，未加工含む）	36.26	37.20	2.59	2.44	3.60	47.54
パームオイル粗油	43.24	58.42	35.11	3.10	5.27	68.37
パームステアリン（44～56℃）	70.79	63.52	△10.72	4.89	5.41	10.63
パームオイル（19～24℃）	393.88	403.64	2.48	28.70	41.26	43.77
粗ヤシオイル	11.03	11.77	6.75	0.93	1.53	65.13
パーム核油	33.84	31.68	△ 6.38	2.69	3.71	38.05

　注：原料はドデシルベンゼン，脂肪族アルコールを含む。油脂は食品工業用パーム油を含まない。
　出所：『中国軽工業年鑑』（2008－2009 年）より作成。

経験があり，庄啓伝はこれまで株取引などの投資行為には無関心であった。しかし，競争が激化し，経営コストが急速に上昇する中で，伝統的な産業分野において本業だけで成長を図ることがすでに困難となっていた。彼は，経営者として意識観念を変えなければならず，「金儲け」のビジネスにまで手を広げざるを得ないと考えた。そして「本業＋投資」を経営モデルとして確立させながら，研究開発力を強化し，本業で競争力を築くことを成長戦略とした。

4.3　シャンプー市場への参入

　高付加価値商品の展開により，2007 年ナイスの売上高と純利益は，それぞれ 72 億 5,981 万元，6 億 7,600 万元に達し，前年比 15.72％増，29.04％増を実現した。特に，「納愛斯」歯磨剤，「伢牙楽」子供用歯磨剤，「超能」粉石鹸などの高付加価値の商品は好調な売れ行きを見せた。製品別でみると，歯磨剤，天然粉石鹸の販売量はそれぞれ前年比 18.0％，58.2％増加した。

　2008 年，ナイスの創業 40 周年に際し，庄啓伝は 30 年後に「売上規模 1,000

億元に達し，有力なグローバル企業に成長する」という長期目標をあげた。また，同年7月に「100年潤髪」，「YOU R YOU 我的様子」と「麦蓮」といった3つのブランドによるシャンプー商品を発売し，本格的にパーソナルケア事業を展開した。

3つのブランドを同時に展開したのは，顧客をセグメントしながら，高，中，低の価格帯をすべてカバーしようとしたからである。「100年潤髪」は，天然植物エッセンスに N-balanz の健康保養素を配合し，髪を根元から改善することを訴求ポイントとした。比較的高価格帯の商品として，P&Gの「パンテーン」とほぼ同じ価格帯に設定した。「YOU R YOU 我的様子」は個性を主張する若者をターゲットとし，NU-VITA 栄養成分の配合で自然かつ健康な髪の姿を追求することを訴えた。そして「麦蓮」は一般大衆に向けて，10元以下という低い価格設定であった。

また，シャンプーの販売では，洗剤の取り扱いとはまったく異なったマーケティング手法を取り入れた。比較的単価の安い洗剤の場合，より多くの販売拠点を獲得することが重要であるが，シャンプーは顧客ロイヤルティを高めることが重要である。そのため，ナイスは顧客の繰り返し購入や固定客の確保に重点を置き，大規模な広告展開に伴い，小売店頭の商品陳列や売場作りを重視した[70]。

さらに，ナイスはシャンプー類商品の販売に応じて，市場開拓を指導するためのパーソナルケア用品市場開発センターを設けた。情報システムの活用により，偽物の判別，販売動向，単品ごとの管理が実施できるようになった。また，取扱いは専売商のみ可能にし，一部新規創業した中小の専売商に対し，出荷の信用枠を設定し，販売政策上の優遇と支援を行った[71]。

こうして，シャンプーの展開は専売商や小売チェーンを中心とした。また，ナイスは「中心店」や「店中店」と呼ばれる小売店で専用コーナーを設け，良い売場スペースの確保に力を入れた。そのほか，学校内の売店や高速道路のサービスエリアにあるコンビニエンスストア，薬店など新たなチャネルも開拓した[72]。

さらに，接客サービスを強化するために，ナイスは2009年6月に本社で販売員を対象とする全国販売研修会議を開いた。商品知識や陳列方法，販売員の

服装，接客の仕方，健康相談などの内容が含まれたマニュアルを配布し，販売員を通じて付加価値の高いサービスを提供することで，固定客を獲得しようとした[73]。また，2010年3月から吉林，瀋陽，青島，蚌埠，杭州などの販売支社は小売チェーンの店舗に髪質測定機器を投入した。特に河北の保定分公司は，顧客の年齢，性別，髪質などの情報を記録し，顧客カルテを作り，顧客の悩みに関する問題を分析し，定期的に顧客訪問を行った。

シャンプー商品は，2008年7月の発売から2009年11月までの売上高が約6億元に達した。この事業において，庄啓伝は3～5年間の赤字を見込んでおり，ひとまず研究開発や技術改良，工場建設，広告宣伝に大規模な投資を行い，製品の競争力を高めると考えていた。シャンプーの研究開発と生産は，当初は買収した広州百年公司で行われていた。2009年6月，ナイスは7億元を投じて麗水にパーソナルケア用品の工場を建設した[74]。2010年に百年公司は麗水本社に移転し，コンディショナーなどの商品の研究開発に取り組むようになった。また，同年ナイスは杭州の濱江高新開発区に国家級研究開発センターを建設し，開発力をさらに強化した[75]。

2009年，ナイスの売上高は100億元を突破し，前年より11.64%増の102億4,162元となった。しかし，純利益は2005年以降増加傾向にあったが，2008年再びマイナス0.60%に陥り，伸び率は鈍化した（図5-4）。

図5-4　ナイスの売上高と純利益の推移（2003−2009年度）（単位：百万元）

	2003	2004	2005	2006	2007	2008	2009
売上高	5,370.15	5,411.04	5,964.39	6,273.58	7,259.81	9,173.79	10,241.62
純利益	488.20	500.25	319.35	523.87	676.00	671.93	

出所：『中国企業管理年鑑』（2003−2005年），『中国企業発展報告』（2005−2009年），『納愛斯報』，総第169期，2010年2月5日より作成。

利益を圧迫する要因は，コスト上昇のほか，多額な広告投資もある。新しいブランドを確立するために，ナイスは大規模な広告投入を維持していた。2008年，2億2,900万元を投資し，P&Gから中央テレビ局のゴールデンタイムのドラマのスポンサー冠名権を取り，翌2009年にもそれを3億500万元で落札した[76]。しかし，広告費の節約のために，2010年ゴールデンタイムに集中投資するのでなく，多様なチャネルで分散的に広告を放映することにした[77]。

4.4 販売体制の調整

シャンプーの展開に伴い，ナイスはパーソナルケア用品の市場開拓を最も重要な戦略とし，販売体制の調整を行った。2009年，ナイスは販売支社を55社までに増やした。広東省や浙江省といった重点的な販売地域に都市別に子会社を配置したほか，河北，江蘇，安徽，山東，河南，湖北，湖南，四川などの省にも各3社を配置した（表5-4）。競争の激しい大都市を避け，比較的発展の遅れた地方都市に販売支社を増やし，市場開発を強化することを方針とした。特に，シャンプーの販売においては，寧夏や鄭州，保定などの地域は売上の上位を占めていた。

また，パーソナルケア用品への移行に合わせ，ナイスは新たな販売戦略を実施した。その内容は以下の2つからなる。第1は，専売商の確保と市場開発モデルの構築である。例えば，2007年に設立された蚌埠分公司は，専売制を導入した。専売商はナイスの商品のみ取扱い，ナイスの営業人員と共同で市場開拓した。これにより，同地域での売上が急増した[78]。こうして蚌埠分公司の成功経験を1つの市場開発モデルとして，社内に普及させ，他地域へのノウハウの移転を図った。

第2は，販売拠点の獲得と店頭陳列の強化（「舗貨」と呼ぶ）である。シャンプーは専売商や小売チェーンを中心に販売されているが，洗剤類商品の販売チャネルはかなり分散的である。そのため，どれほど小規模な店舗にも，きちんと商品を届けることが重要である。ナイスは，営業人員が従来のように注文だけ取るといった傲慢な態度を捨て，単なる取引ではなく，きめ細かなサービスや支援により小売店の支持を得ることを1つの販売戦略とした。庄啓伝は率先して店舗巡回や市場調査し，「塵も積もれば山となる」ということを売上拡

表 5-4　全国におけるナイスの販売支社

地域	販売支社	所在地	地域	販売支社	所在地
華北	北京分公司	北京市	華中	鄭州分公司	河南省鄭州市
	天津分公司	天津市		新郷分公司	河南省新郷市
	石家庄分公司	河北省石家庄市		南陽分公司	河南省南陽市
	唐山分公司	河北省唐山市		武漢分公司	湖北省武漢市
	保定分公司	河北省保定市		荊州分公司	湖北省荊州市
	山西分公司	山西省太原市		襄樊分公司	湖北省襄陽市
	内蒙分公司	内モンゴル自治区フフホト市		長沙分公司	湖南省長沙市
東北	瀋陽分公司	遼寧省瀋陽市		衡陽分公司	湖南省衡陽市
	大連分公司	遼寧省大連市		常徳分公司	湖南省常徳市
	吉林分公司	吉林省長春市	西南	重慶分公司	重慶市
	黒竜江分公司	黒竜江省ハルビン市		成都分公司	四川省成都市
華東	上海分公司	上海市		綿陽分公司	四川省綿陽市
	蘇州分公司	江蘇省蘇州市		自貢分公司	四川省自貢市
	南京分公司	江蘇省南京市		貴州分公司	貴州省貴陽市
	徐州分公司	江蘇省徐州市		雲南分公司	雲南省昆明市
	杭州分公司	浙江省杭州市	西北	陝西分公司	陝西省西安市
	寧波分公司	浙江省寧波市		甘粛分公司	甘粛省蘭州市
	温州分公司	浙江省温州市		青西分公司	青海省西寧市
	金華分公司	浙江省金華市		寧夏分公司	寧夏回族自治区銀川市
	合肥分公司	安徽省合肥市		新疆分公司	新疆ウィグル自治区ウルムチ市
	蕪湖分公司	安徽省蕪湖市	華南	広州分公司	広東省広州市
	蚌埠分公司	安徽省蚌埠市		深せん分公司	広東省深せん市
	福建分公司	福建省福州市		東莞分公司	広東省東莞市
	江西分公司	江西省南昌市		韶関分公司	広東省韶関市
	済南分公司	山東省済南市		汕頭分公司	広東省汕頭市
	青島分公司	山東省青島市		海南分公司	海南省海口市
	臨沂分公司	山東省臨沂市		柳州分公司	広西チワン族自治区柳州市
				南寧分公司	広西チワン族自治区南寧市

出所:ナイスのホームページを参考に作成。

大の基礎に置き，営業組織に徹底的に浸透させた[79]。

一部の地域では，携帯電話1台，調査票1枚，カメラ1台といった「3つの1」作業法が実施されている。GPS機能付きの携帯電話で訪問ルートを規定し，また随時小売店の要望や発注の問い合わせに応じる。毎日調査票に訪問する小売店の販売状況などを詳細に記録し，報告する。店頭陳列を改善する前と後の状況を写真で記録し，サンプルとして社内で共有するほか，業績評価にも使用される[80]。

確かに店頭まで目を配れば，各種の販売政策が実行段階でどのような問題があるのかをより発見しやすくなり，それらを改善することができる。しかし，このような人力作戦による売場確保には，多くの営業人員が必要であり，コスト増をもたらす危険もある。

2010年，ナイスは販売面を強化するために，販売子会社の納愛斯銷售総公司を設立した。特に営業人材の育成に力を入れ，2010年では260回の研修が行われ，延べ9,661人が参加した。各地域での成功経験を組織内で共有し，内部学習を促進することがその目的であった。

4.5 組織体制の確立

表5-5に示すように，ナイスの総従業員数は2008年に1万400人に達して

表5-5 ナイスの資産額，自己資本，従業員数の推移（2001-2008年度）

年度	資産額（百万元）	自己資本（百万元）	従業員数（人）
2001	2,029.76	—	6,416
2002	2,308.00	—	3,543
2003	2,694.50	1,605.58	3,446
2004	2,917.95	2,074.26	3,450
2005	3,403.12	2,079.49	8,200
2006	3,983.57	3,140.05	8,500
2007	4,838.64	3,237.44	8,681
2008	5,084.34	4,424.18	10,400

注：2002年度から2004年度の従業員数は本社のみの数字と推測される。
出所：『中国企業管理年鑑』（2003-2005年），『中国企業発展報告』（2005-2009年）より作成。

いる。本社が地方都市の麗水に立地するため,従業員の多くは地元出身者である。地縁や地域文化による結束力がナイスの成長を大きく支えてきたが,経営幹部への有効な管理・監督体制の不備により,2004年のガバナンス問題が発生した。その後,ナイスは従業員,特に管理職の人員構成や監督体制を強化し,また人材を広く受け入れる人事体制を整備した。

近年,ナイスの成長にとって,もう1つ大きな問題は経営幹部の不足である。自社の状況をよく理解しており,組織への適応性が高いことから,これまで経営幹部はほとんど内部で育成されてきた。しかし,事業領域の拡大,多地域の展開などにより,組織規模が急速に拡大し,外部からの人材導入の早急な取り組みが必要となった。しかし,地縁文化が依然として残されているナイスにおいて,競合他社からの転職者や有能な人材を受け入れる環境や公正公平な働く環境をいかに整備するかが重要な問題である[81]。

また,経営幹部の若年化を目的に,ナイスは人材育成に積極的に取り組んだ。社内では,若い社員を経営幹部に抜擢したり,MBAコースに活かせるケースが増えた。2009年,ナイスは一気に2,000人の従業員を採用した。中には,現場従業員や専門技術者,また新卒の大学生,大学院生,専門経営者などが含まれる。また,ナイスは経営幹部と一般従業員,正社員と非正規社員との収入格差を縮小させ,学歴を問わず,すべて業績に基づいて評価する体制を確立した。

また,組織体制において,ナイスは基本的に機能別組織を取っている(図5-5)。洗剤商品の大ヒットに合わせ,全国的な生産・物流・販売体制をいち早く構築し,現地の生産子会社に一定の現地調達や生産の権限を与えている。しかし,生産以外の機能は基本的に本社に集中している。本社には,製品開発,営業計画,広告企画,パッケージ・デザイン,調達計画,生産調整,物流管理,品質管理などの職能部門,人事管理,情報システムの管理,財務管理,設備などのサポート部門が設けられている。また,本社と各地の生産子会社,販売支社との間にプラットフォームを構築し,日々の業務に生じるさまざまな問題に対し,本社の専門スタッフが対応し,迅速な情報交換を行っている。

総裁兼総経理の庄啓伝はナイスの各成長段階において重要な意思決定を行っていった。彼のもと,6名の副総裁を設けており,彼らは職能部門のリーダー

図 5-5 ナイスの組織構造

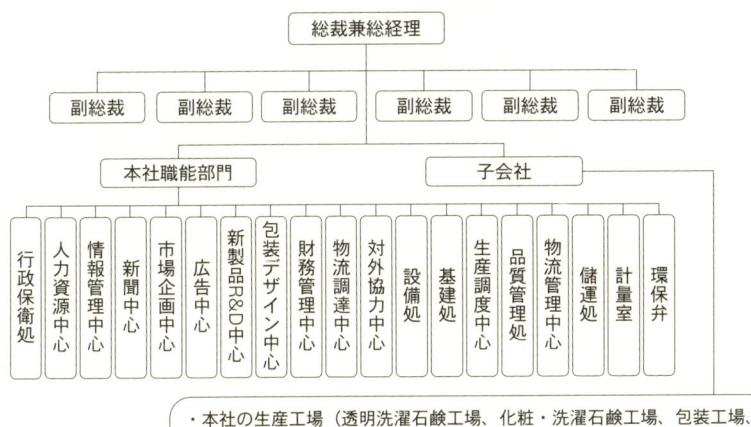

```
                        総裁兼総経理
    ┌─────┬─────┬─────┼─────┬─────┬─────┐
   副総裁  副総裁  副総裁  副総裁  副総裁  副総裁
              ┌──────┴──────┐
           本社職能部門        子会社
```

本社職能部門：行政保衛処／人力資源管理中心／情報管理中心／新聞中心／市場企画中心／広告中心／新製品R&D中心／包装デザイン中心／財務管理中心／物流調達中心／対外協力中心／設備処／基建処／生産調度中心／品質管理処／物流管理中心／儲運処／計量室／環保弁

・本社の生産工場（透明洗濯石鹸工場、化粧・洗濯石鹸工場、包装工場、洗濯洗剤工場、液体洗剤工場、グリセリン工場、プラスチック製品工場、段ボール工場、歯磨き工場、水ガラス工場、熱電工場、修理工場）
・各地の生産子会社 5 社
・販売子会社55社

注：部門名称のみが示されていた元のデータを筆者が図式化した。
出所：『納愛斯報』総第 155 期，2009 年 1 月 15 日を参考に作成。

あるいは子会社の総経理を兼任している。例えば，副総裁の何麗明，董麗瑛，金春庭，項煥傑はそれぞれ総合管理部総監（総責任者），市場・マーケティング部総監，駐在基地監督・サービス部総監，財務監督・コントロール部総監といった部門責任者を兼任し，沙高龍，応鵬はそれぞれ益陽や成都の子会社の総経理も兼任している[82]。彼らは，総裁とともに企業全体の発展に関して意思決定に参画し，サポート的な役割を果たしながら，各自の担う職務に従事し，責任を負う。たとえば，副総裁の董麗瑛はマーケティング部門の総責任者であり，各地に販売支社や小売店頭を駆け回って現場で生じるさまざまな問題を発見したり，問題解決に助言を行う。また，副総裁兼党委員会書記の何麗明は人事部門の総責任者であり，人材育成，特に管理幹部の育成に力を入れている。

組織体制を整える一方，ナイスは情報システムによる全体管理の強化にも取り組んでいる。2010 年 8 月，ナイスは再び IBM に依頼し，ERP の拡大プロジェクトを開始した。このプロジェクトは主に 2 つの内容があった。第 1 に，

費用管理システムの導入である。これにより，予算の申請から，確認，審査，分析などの全過程を管理し，ERP や NDLS，NHRS との接続を実現させていく。第2に，販売支社への ERP の導入である。これにより，本社や生産子会社の ERP システムと連結させ，業務の透明化と標準化を図る。今後では，システムをさらに卸売商までに拡大し，ナイスの営業政策，販売状況，代金決済などの情報を共有する計画である[83]。

5 まとめ

以上，本章では中国最大の日用化学品メーカーであるナイスが，なぜ，どのようにして成長してきたのかについて分析してきた。同社の成長プロセスを次のようにまとめることができよう。

第1段階（1968－1990年）として，発展の遅れた地方都市に立地する麗水工場は，国営企業であったが，技術も資金もほとんど持っておらず，最も規模の小さい石鹸メーカーであった。後に経営者となる庄啓伝が工場長に就任した後，大規模な国営企業との連携により，化粧石鹸の製造技術を取得した。しかし，その反面，自主的商品・ブランドの開発や市場開拓を怠った。1989年以降，政府の財政補助の撤廃や需要の縮小により，国営企業が経営不振に陥り，その影響で麗水工場も打撃を受けることになった。

第2段階（1991－1998年）に入り，スイスからの技術導入や香港企業との合弁により，「納愛斯」と「雕牌」の2つのブランドを立ち上げ，化粧石鹸と洗濯石鹸を展開した。特に，「雕牌」の洗濯石鹸は，優れた品質により，従来品を代替する商品となり，一気に市場シェアを拡大した。また，国営商業の流通チャネルを活用しながら，卸売市場に販売子会社を設立し，代理商を通じて商品を全国に販売することができた。一方，化粧石鹸においても新商品を展開したが，商品自体の嗜好性や販売チャネルの不適合，既存ブランドとの競争などにより失敗した。そのため，庄啓伝は製品構造を調整し，洗濯洗剤分野への進出を決定した。

第3段階（1999－2005年）では，「雕牌」ブランドのシナジー効果を活か

し，洗濯洗剤市場で飛躍的な成長を見せた。大規模な生産体制の整備により，業界最低価格を実現した。また情緒訴求のテレビ広告の大規模放映により，全国市場3分の1以上のシェアを占めた。また，洗濯洗剤の大ヒットを受け，ナイスは全国的な生産・物流・販売体制の構築に取り組んだ。特に，販売体制において，卸売商チャネルと小売チェーンとの直取引チャネルの両方を展開した。しかし，ナイスの急成長に脅威を感じたP&Gは，2003年から既存ブランドで低価格の商品を打ち出し，両社の競争が激化した。また，企業内部では予想外のガバナンス問題が発生し，ナイスは経営的に厳しい局面に立たされた。

第4段階（2006年－現在）では，P&Gとの価格競争から脱却し，また消費者の環境意識の高まりに対応するため，ナイスは高価格帯の製品やブランドを開発し，歯磨きやシャンプー市場にも参入した。特に，競争の激しいシャンプーの展開において，ナイスは既存企業の買収によるブランド，技術，人材の獲得を狙った。また，多様なブランドと製品ラインを持つにつれ，ERPシステムを導入，全体の調整と情報共有を図った。高付加価値商品の展開に伴う大規模な投資を維持するために，ナイスは不動産や金融分野に進出し，「本業＋投資」というモデルを確立させようとした。

このように，ナイスは当初資本や技術がまったく不備な状況から，大規模な国営企業との提携により技術を取得し，成長を維持したが，他社への依存体制では環境の変化に対応できず，結局経営困難に陥った。こうした経験から，経営者の庄啓伝は初めて消費財メーカーにとっての基本である「市場」意識を持つようになり，自主的経営の模索を始めた。そして，革新的な洗濯石鹸を生み出し，業界が全般的に不況に苦しむ中で急成長を遂げた。成長を実現できた1つの大きな背景には，洗濯石鹸の分野は比較的外資の参入が少ないこともあった。しかし，洗剤市場の参入につれ，P&Gとの価格競争が激化し，さまざまな問題が現れた。

日用化学品産業では，外資系メーカーの早期参入により，製品や技術のレベルが一気に引き上げられ，消費者ニーズも急速に高まった。外資系メーカーは，当初都市市場を中心に高品質・高価格の商品を展開した。一方，内資系メーカーの多くは，農村市場を中心に低価格の商品を展開した。

ナイスは，低価格戦略を取り入れ，情緒訴求の広告戦略により都市市場でも

農村市場でも一気にシェアを広げることができた。これを受け，P&Gなどの外資系企業も農村市場の開発戦略を取り，大規模な値下げを実施した。価格競争の激化と経営コストの上昇による利益の圧迫により，国内企業にとって低コスト構造を維持することは困難となり，ついにナイスは高価格帯・高付加価値の商品を展開することになった。こうして，外資系企業と国内企業の従来の棲み分けが入れ替わることになった。

庄啓伝は，「ナイスの急成長は，P&Gやユニリーバなどのグローバル大手を競合相手とした，中国の国内市場におけるグローバル競争による結果である」と主張する。地方の一零細工場からスタートしたナイスは，厳しい競争の中で経営体質が鍛えられ，限られた資源を有効に活用しながら成長してきたのである。企業の存続を図り，熾烈な競争に対抗するには，彼は2つしか方法はないと考えている。1つは，自国の消費者が何を考え，何を欲しがるのかといった市場ニーズをいち早く察知し，先発的行動を取り，外資系企業がその分野に参入する前に手を打つことである。もう1つは，共通の価値観を持つ卸売商と運命共同体を築き，販売チャネルの確保により外資系企業と対抗することである。

ナイスはワハハと同様に，流通チャネルの系列化に取り組み，テリトリー制や取引価格の体系を構築し，取引秩序を維持しようとしている。特に，高付加価値の商品の展開に合わせて，専売商を増やし，取引の流れのコントロール，小売店頭の陳列などを強化している。しかし，都市部市場での拡大において，特に外資系小売チェーンとの取引において，品揃えやマーチャンダイジング，交渉力などが不足している。商品力を高めるために，ナイスは研究開発や広告宣伝への投資を拡大しようとしているが，輸入原材料やエネルギー価格などのコストの全般的上昇が利益を圧迫しており，資金面の不足もすでに顕在化している。

このように，短期間で急成長してきたナイスは，厳しい競争を強いられるのみならず，次々と新たな経営課題にもぶつかっている。今後，これらの問題にいかに対応するのか，人材や資金，技術・ノウハウ，マーケティング力などの経営資源を，いかに時間をかけて蓄積・整備していくのかが，持続的成長を実現するか否かを大きく左右する。

注

1 庄啓伝「納愛斯的取勝之道」『今日浙江』，1999 年第 16 期，27 頁。
2 「納愛斯的成功之道」『今日麗水』，1995 年第 1 期。
3 納愛斯株主代表大会および従業員代表大会での年度事業報告（以下「事業報告」），1986 年度。
4 「事業報告」，1987 年度，1988 年度。
5 『中国軽工業年鑑 1990』，303-304 頁。
6 姚中福「納愛斯—由小做大的企業」『市場経済導報』，1998 年第 5 期，21 頁。
7 浙江納愛斯化工股份有限公司「以市場為依託　以科技為支撐」『浙江財税与会計』，1995 年第 9 期，29-30 頁。
8 胡一翔「"納愛斯" 超常発展啓示録」『当代経済』，1999 年第 1 期，29 頁。
9 「事業報告」，1991 年度。
10 『今日麗水』，1995 年第 7 期。
11 「事業報告」，1993 年度。
12 「事業報告」，1994 年度。
13 「事業報告」，1995 年度。
14 姚中福「納愛斯—由小做大的企業」22 頁，『納愛斯報』1997 年第 12 期，総第 23 期，1997 年 12 月 18 日。
15 「事業報告」，1997 年度。
16 「事業報告」，1999 年度。
17 喩亦平「泡沫大戦　奇強 VS 雕牌」『経貿導刊』，2003 年第 3 期，40 頁。
18 「事業報告」，1998 年度。
19 「納愛斯読懂中国人価値観」『成功営銷』，2004 年第 1 期，77 頁。
20 徐有其・謝栄福「納愛斯的成功之路」『中国洗滌用品工業』，2002 年第 2 期（総第 74 期），8-9 頁。
21 『中国軽工業年鑑』，2001 年，300 頁。
22 「事業報告」，2000 年度。
23 「事業報告」，2001 年度。
24 李円・賀志剛「納愛斯神話能否延続」『IT 経理世界』，2004 年 6 月 5 日，72-73 頁。
25 「雕牌，面臨大洗牌」『中国化工報』，2002 年 10 月 21 日。
26 「事業報告」，2000 年度。
27 顧克非「納愛斯揮師広東」『消費日報』，2003 年 9 月 12 日。
28 『納愛斯報』2003 年第 8 期，総第 88 期，2003 年 8 月 15 日。
29 「事業報告」，2003 年度。
30 谷俊「宝潔 VS 納愛斯—射与雕的驪歌—」『日用化学品科学』，2004 年 9 月，5-6 頁。
31 李円・賀志剛「納愛斯神話能否延続」，72 頁。
32 「事業報告」，2002 年度。
33 張岳「納愛斯 "不相信" ERP」『互連網週刊』，2003 年 2 月 24 日。
34 『納愛斯報』2001 年第 10 期，総第 66 期，2001 年 10 月 15 日。
35 鄭春明・谷俊「成就日化巨頭的坎坷征程」『銷售与市場』2004 年第 17 期。
36 同上。
37 谷俊「宝潔 VS 納愛斯—射与雕的驪歌—」3 頁。
38 「宝潔中国総裁羅宏斐—本土対手逼迫宝潔向他們学習—」『21 世紀経済報道』，2004 年 8 月 23 日。
39 吉崎弘高「転換期を迎えた化粧品・日用品企業の中国戦略」『国際商業』，2004 年 12 月，35-36 頁。

40 『中国軽工業年鑑』, 2004 年, 309 頁。
41 郝倩「納愛斯広告縮水　難掩 6 億元投資失誤」『第一財経日報』, 2004 年 11 月 16 日。
42 白韶俊・許揚帆「論納愛斯持久戦」『IT 経理世界』, 2005 年 1 月 20 日, 24 頁。
43 「納愛斯遭遇中富証券之劫　反思民営資本衝動」『浙商』, 2004 年 8 月号。
44 郝倩「管理失控創収乏力　納愛斯艱難維新」『第一財経日報』, 2004 年 12 月 30 日。
45 「事業報告」, 2004 年度。
46 李円・賀志剛「納愛斯神話能否延続」, 74 頁。
47 「事業報告」, 2005 年度。
48 「雕牌天然皂粉再塑業界先鋒」『市場報』, 2003 年 5 月 19 日。
49 「納愛斯牙膏—大"雕"展翅新動力—」『東方早報』, 2005 年 1 月 17 日。
50 「事業報告」, 2005 年度。
51 「宝潔, 納愛斯終端争奪戦」『第一財経日報』, 2006 年 1 月 4 日。
52 何暁春・馮永明「中国造追趕洋品牌：納愛斯向"上"宝潔向"下"」『浙商』, 2009 年 3 月。
53 李円・賀志剛「納愛斯神話能否延続」, 73 頁。
54 「宝潔, 納愛斯終端争奪戦」『第一財経日報』, 2006 年 1 月 4 日。
55 「事業報告」, 2004 年度, 2005 年度。
56 『納愛斯報』, 2006 年第 8 期, 総第 124 期, 2006 年 8 月 15 日。
57 『納愛斯報』, 2006 年第 9 期, 総第 125 期, 2006 年 9 月 15 日。
58 「事業報告」, 2006 年度。
59 『納愛斯報』, 2006 年第 12 期, 総第 128 期, 2006 年 12 月 15 日。
60 「事業報告」, 2007 年度。
61 『納愛斯報』, 2006 年第 12 期, 総第 128 期, 2006 年 12 月 15 日。
62 劉文新「重慶奥妮　因何徹底凋謝」『中国消費者報』, 2006 年 5 月 1 日。
63 「奥妮身許両家引日化業最大商標之争」『新京報道』, 2006 年 7 月 28 日。
64 「一標二主惹糾紛　四年困擾終得解」『中国工商報』, 2010 年 11 月 4 日。
65 『納愛斯報』, 2007 年第 1 期, 総第 129 期, 2007 年 1 月 15 日。
66 同上。
67 『納愛斯報』, 2008 年第 1 期, 総第 141 期, 2008 年 1 月 15 日。
68 『納愛斯報』, 2009 年第 11 期, 総第 165 期, 2009 年 10 月 15 日。
69 「事業報告」, 2007 年度。
70 『納愛斯報』, 2008 年第 10 期, 総第 150 期, 2008 年 9 月 15 日。
71 「事業報告」, 2008 年度。
72 『納愛斯報』, 2009 年第 12 期, 総第 166 期, 2009 年 11 月 15 日。
73 『納愛斯報』, 2009 年第 6 期, 総第 160 期, 2009 年 6 月 15 日。
74 『納愛斯報』, 2010 年第 1 期, 総第 168 期, 2010 年 1 月 15 日。
75 「事業報告」, 2010 年度。
76 「納愛斯　図謀大日化覇主」『経営者』, 2008 年第 12 期, 40 頁。
77 「事業報告」, 2010 年度。
78 『納愛斯報』, 2009 年第 5 期, 総第 159 期, 2009 年 5 月 15 日。
79 『納愛斯報』, 2009 年第 7 期, 総第 161 期, 2009 年 7 月 15 日。
80 『納愛斯報』, 2011 年第 1 期, 総第 182 期, 2011 年 1 月 5 日。
81 「庄啓伝：堅持主業＋投資」『浙商』, 2011 年 3 月 30 日。
82 2012 年 9 月 14 日ナイスの本社に訪問した際の企業案内による。
83 『納愛斯報』, 2010 年第 10 期, 総第 177 期, 2010 年 8 月 16 日。

第6章
3事例の比較分析

　本書は，経営史的研究方法により，中国の衣食住関連の一般消費財メーカーのヤンガー，ワハハ，ナイスの3社が改革開放以降の経済体制転換期において，なぜ，どのようにして成長してきたのかについて分析してきた。本章では，第1章3節で提起した枠組みにより，3つの事例の比較分析を行い，3社の共通点と相違点を明らかにする。

　すでに見たように，中国の一般消費財メーカーは，移行経済という特殊な経済的社会的環境条件の中で成長してきた。その環境条件として，体制改革の実施に伴う制度的環境，大衆消費市場の形成と需要の急拡大といった市場的環境，「開放」やグローバル化と相まった国内市場の国際的・国内的二重競争の激化といった競合環境の3つが挙げられる。これらの環境変化を前提として個々の産業における各企業の成長経緯を分析し議論を展開してきた。

　各企業の事例分析で述べたように，移行経済といった特殊な環境に置かれた3社は，経営者の意思決定のもと，零細規模からスタートし，外部との提携により初期の技術基盤を整備した後，次々と新たな製品・市場分野に参入した。製品ラインの拡張に伴い，調達や物流，販売など複数の機能を取り入れながら，地理的な拡大に伴い全国市場を網羅する生産・販売ネットワークを構築した。こうした大規模化の過程において，3社はまた組織体制やマネジメント制度の整備や調整にも取り組んだ。

　こうした3社の戦略展開には，具体的にどのような共通点や相違点があるのか，個々の戦略が実施された背景要因も含め，本章は(1)経営者の意思決定，(2)製品・市場・事業の展開，(3)サプライチェーンにおける機能の組合せ，(4)組織体制・マネジメント制度の整備・調整の4つの側面より比較分析を行う。

1 経営者の意思決定

　ヤンガー，ワハハ，ナイスは，いずれも改革開放以降零細規模からスタートしたが，設立当初，郷鎮企業，国有企業，国営企業といった異なるバックグラウンドを持っていた。また，3社は1993年に株式会社化し，従業員持株制度の導入に伴い民営企業となった。3社の経営者は，ともに下放された経験を持ち，1970年代や80年代初頭に都市に戻され，経営を務めたときにはすでに30代あるいは40代であった。
　ヤンガーは1979年末に設立された小さな社隊企業（後に「郷鎮企業」と呼ばれる）からスタートし，後に経営者となった李如成は1981年に同社に配属された。彼は経営困難時に高い行動力や判断力を発揮し，1983年に工場長に抜擢された。これ以降も，製品分野の拡大，多角化，株式会社化など同社の各成長段階において重要な意思決定を行ってきた。特に，不均衡な産業発展の問題に対し，彼は素材の開発・製造から最終製品の小売販売までサプライチェーンの垂直統合を考案し，実施した。3社の中で唯一株式上場を果たしたヤンガーでは，近年李如成のもと，事業部制組織の導入や経営チームによる新たなトップ・マネジメント構造の形成が積極的に進められている。
　ワハハの宗慶後は1987年政府の任命により小学校の購買部（一種の国有企業）を請け負ったが，ゼロからスタートしたワハハは彼によって創業されたとも言える。以前の営業経験による鋭い市場的感性から，彼は子供向けの健康食品や乳酸菌飲料，さらに清涼飲料などの分野に次々と潜在的な製品や市場を発見し，参入した。また，同社の最大の強みである連鎖体チャネルは日本の流通系列化と著しく類似しているが，彼が当時中国市場の状況や卸売商間の無秩序の取引に対応して自ら考案したものである。強いリーダーシップを持つ彼は，経営の細部にわたる意思決定を行い，特に販売面での管理や調整に自ら指揮を執っている。全国各地にある150社以上の子会社・支社を持つようになった現在でも，グループ内で集権的職能別組織体制を維持している。
　ナイスの庄啓伝は，1985年の社内選挙によって工場長に選ばれた。地方都

市に立地しているナイスは，1968年に国営化学工場として設立されており，3社の中で最も歴史の長い企業である。しかし，その飛躍的な発展は，大企業との提携に依存する経営体制から脱却し，革新的な洗濯石鹸が発売された1990年代初頭から始まる。また，2000年前後の低価格戦略と効果的な情緒広告の大規模展開により，全国シェアの3分の1を占めるようになり，それまでの業界構図を一気に変えた。こうした成長の過程において，庄啓伝が多数の重要な意思決定を行ってきた。特に，当初国営企業として，彼は周囲の反対を押し切って有効な販促活動やチャネル展開を進め，ナイスをちっぽけな地方企業から業界大手に成長させた。また，ワハハと同様にナイスは職能別組織を採用しているが，全国的な生産・販売体制の展開に伴い，庄啓伝は分権的組織体制の構築にも努めている。

　3社が業界の首位企業に成長したことは，これらの経営者なくしてはとうてい不可能であった。彼らの経営者としての役割は，製品・市場での展開，企業機能の拡大，組織体制・マネジメント制度の整備といった3つの側面から考察することができる。まず，製品や市場において，経営者は市場的感性を持ち，経済的機会を機敏に反応し，積極的に投資行動を起こすといった「企業者」的素質を持っていたと言える。彼らの市場的機会についての感性は，同業界の他の企業者と区別するものである。計画体制から市場体制へ移行する中で，彼らは市場のメカニズムを理解し，特に消費者ニーズを見極めるといった消費財メーカーの本質をいち早く認識した。市場の潜在的需要を察知し，成長が見込まれる新たな製品分野への参入決定を下した。当初，技術レベルの低い商品分野からスタートし，徐々に自社ブランドを開発し，製品力や技術力の強化とともに，全国的ブランドとして確立した。また，近年製品の同質化による価格競争の激化，原材料やエネルギー価格，人件費など経営コストの全般的上昇，消費者ニーズの成熟化など新たな経営環境に対応するために，3社の経営者はともに研究・技術開発を強化し，高機能・高付加価値商品への取り組みを決定した。これは，全人代の人民代表にも選ばれた3人の経営者は，自社が首位企業に成長するにつれ，産業の発展方向をリードする社会的使命感を負うべきであることを認識したからでもある。

　3人の経営者の，製品や市場，事業展開に関する戦略的な意思決定が適切

だったことを証するのが，3社がこれまで成長を続けてきたことであるとすれば，生産，物流，販売などの機能面における経営者の意思決定は，企業が競争優位を獲得するためのカギであったと言える。製造企業である3社にとっては，生産における規模の拡大や単位コストの削減，品質管理などが経営の基本である。さまざまな理由から，当初から計画経済体制外に置かれた3社は，技術や資金がほとんど不備で極端な資源不足からスタートし，大規模国営企業との提携や下請け，あるいは外部の協力を受け，初期の技術基盤を確立した。しかし，消費者ニーズの質的向上に対応し，3人の経営者は高質で独自の商品やブランドを展開する重要性に気づき，最先端の技術や設備を取り入れ，早期に大規模化を実施したことで，品質レベルや生産性が急速に上昇した。こうした果敢な投資判断を行ったことにより，市場シェアやブランドの確立が実現可能となった。

しかし，ひたすら生産規模を拡大すればよいのではなく，メーカーにとって悩ましいのは欠品や在庫の問題である。これらの問題が生じるのは，生産と販売が常にアンバランスな状態にあるからである。また，取引先からの代金回収困難の問題も，メーカーのキャッシュ・フローを悪化させる一因となる。これらの問題に対応し，3社はともに販売面に力を入れ，販売組織を設け，市場動向や販売情報をいち早く収集し，販売に合わせて他の事業活動を調整するようになった。また，計画経済から市場経済への転換に伴い，行政調整による従来の統一生産・統一分配の仕組みが崩れた一方，新たな流通システムが短期間で形成することは困難であった。そのため，1990年代中期頃から，メーカーが自ら中間流通，さらには末端の販売組織を整備しなければならなくなった。3社はともにこのような動きを見せたが，その展開手法として内部統合，市場取引，中間組織の中からどのような形を取るのか，これも経営者にとって重要な意思決定となったのである。これに関して，ヤンガーの李如成は小売への前方統合の実施を決定し，ワハハの宗慶後が中間組織形態の連鎖体チャネルを考え出した。また，ナイスの庄啓伝は卸売商の組織化といった中間組織的チャネルと小売チェーンとの直接取引の両方に取り組むことを決定した。このように，3人の経営者は，それぞれ直面した問題に応じて自らの経営判断による異なった手法を取り入れたが，いずれも販売組織を展開する必要性を認識し，全国市

場を網羅する生産・物流・販売体制の構築にいち早く取り組んでいる。

一方，全国展開を行った3社にとって，その地理的に離れた個々の単位組織（子会社など）をいかに管理するのか，トップから生産・販売の現場までいくつかの階層を設け，権限委譲をどのように行うかといった組織問題が生じてくる。3社は20年から30年の間で生産規模の拡大のみならず，製品ラインの拡張，複数機能の取り入れ，全国市場への拡大などを急速に進めていった。こうした大規模化の過程において，どのような組織体制を形成させ，マネジメント制度をどのように整備していくかは，まさに経営者の責任であり，有効な組織的行動が実現可能か否かのカギとなる。3社は，現在ともに数十社から百社以上の子会社を持つグループとなっており，子会社の多くが生産，販売，物流などの一機能を遂行するという体制となっている。組織構造や権限移譲の度合いにおいて，また取り扱う製品の特性や経営者の性格・行動様式などにより，3社にはかなり違いが見られる。すでに上場したヤンガーは，李如成のもと，トップ・マネジメント・チームが形成され，近年，多ブランド化に伴い事業別組織への移行が進められている。ワハハとナイスは，基本的に職能別組織を形成しているが，集権か分権かで大きく分かれている。強いリーダーシップを持つワハハの宗慶後は，生産・販売に関する細かい指示まで自ら下し，社内に副社長に相当するポストを設けておらず，権限が高度に集中化されている。それに対し，ナイスの庄啓伝は董事長と総経理を兼任しているが，社内に6名の副総裁によるトップ・マネジメント層を設けており，生産の権限を基本的に各地の子会社に委譲している。

以上のように，経営者の意思決定は，3社が業界の首位企業へと成長する上で大きな影響を与えている。急成長したために，3社の経営者には，市場的機会に敏感に反応し，常に「革新」を引き起こす「企業者的」(entreprenuerial)素質だけでなく，大規模化に伴う組織作りができる「経営者的」(managerial)能力も要求されている。企業者的素質とは，Schumpeterが挙げている新しい財貨の生産，新しい生産方法の導入，新しい販売先の開拓，新しい仕入先の獲得，新しい組織の創出といった5つの「革新」の類型にあるように，3人の経営者は新たな製品・市場分野への参入，新たな販売チャネルの開拓，産業の新たな組織形態（競合他社に類のない垂直的統合や系列化など）といった

革新をリードした。こういった革新は，それぞれの経営者が自社を取り巻く環境条件から，企業成長の各段階に現れた問題に対処するために行われた経営判断であり，社会的制約条件に受動的に対応したところもある。しかし，同時代の同業他社の経営者と異なる意思決定を行い，結果的にそれが企業の競争優位と持続的成長をもたらした点を考慮すると，3人の経営者はともに革新的企業経営者であると言える。

　企業者的素質は，特に初期の成長において経営困難から脱却するには大きな役割を果たした。しかし，20～30年間，零細規模から業界首位への成長のプロセスには，急速な製品ラインの拡張，複数機能の取り入れ，全国市場への拡大，大規模組織体制の整備などが伴っていた。現在に至るまで経営を担っている3人の経営者には，企業者的素質だけでなく，大規模化した組織の階層化，制度化を行うための「経営的」能力も要求される。有効な組織体制やマネジメント制度の整備は，経営者が行った意思決定や企業の戦略・政策を有効に実行するための措置である。

　しかし，経営組織の階層化や制度化はすぐに実現できるものではなく，ときには経営者の意思に反する行動が起こる可能性もある。その組織構造や権限移譲の度合いは，企業の業務活動の特徴や経営者の性格・行動様式に大きく影響される。3社の場合，異なる組織構造が形成されており，現段階ではまださまざまな問題点を抱えているが，大規模化に伴っていち早く組織体制やマネジメントの整備に取り組んだ3人の経営者は，組織作りのための能力を有していると言えよう。

2　製品・市場・事業の展開

　ヤンガー，ワハハ，ナイスの3社はいずれも技術や資金などの経営資源が不備であったため，初期の展開においては，技術構造が比較的シンプルな製品，または参入しやすい空白市場からスタートした。

　ヤンガーは，国営シャツメーカーとの提携により，シャツの技術を取得し，自社ブランドの展開も試みた。ナイスは当初従来型の洗濯石鹸を生産したが，

2 製品・市場・事業の展開　219

表 6-1　製品・ブランドの展開

	ヤンガー	ワハハ	ナイス
第1段階	「北侖港」シャツ	「娃哈哈」子供向けの栄養ドリンク，乳酸菌飲料	従来の石鹸
第2段階	「雅戈尓」シャツ，スーツ	「娃哈哈」乳酸菌飲料，飲料水，コーラ	「納愛斯」化粧石鹸「雕牌」洗濯石鹸，台所洗剤
第3段階	「雅戈尓」「Golden Youngor」「Green Youngor」メンズウエア，テキスタイル	「娃哈哈」果実飲料，茶飲料，機能性飲料，即席麺，乳酸菌飲料，飲料水，コーラ	「雕牌」洗剤，洗濯石鹸，台所洗剤，「納愛斯」化粧石鹸，歯磨剤，シャンプー
第4段階	「Mayor&Youngor」「Youngor CEO」「G&Y」「Hart Schaffner Marx」「漢麻世家」メンズウエア，テキスタイル	「娃哈哈」混合乳性飲料，乳酸菌飲料，飲料水，コーラ，果実飲料，茶飲料，機能性飲料，ノンアルコール飲料，即席麺等	「超能」洗剤，「西麗」化粧石鹸，ボディソープ，「伢牙楽」子供用歯磨剤，歯ブラシ，「100年潤髪」「YOU R YOU 我的様子」「麦蓮」シャンプー，「雕牌」洗剤，「納愛斯」歯磨剤，化粧石鹸

注：製品・ブランドの展開上，ワハハは飲料製品ごとのサブブランドを多数開発しているが，ここではスペースの関係で省略。

　国営石鹸メーカーとの提携により，化粧石鹸の製造技術を取得した。しかし，国営企業への依存体制は結局経営困難をもたらし，その後自主ブランドの開発に取り組んだ。ワハハは健康食品の瓶詰め作業から始まったが，ナイスと同じく外部への依存から脱却するために，専門家の協力を得て子供向けの健康食品を独自に開発した。

　1980年代後半以降，外国企業の参入による製品レベルの格上げや消費者ニーズの変化に伴い，次第に低級品市場では事業の存続を図ることが難しくなった。これにより，3社ではともに製品構造の調整が見られた。ヤンガーは自社初のブランド「北侖港」を撤退し，新たに「雅戈尓」ブランドによりシャツを展開した。ナイスは「納愛斯」ブランドにより化粧石鹸を展開し，また「雕」ブランドにより革新的な洗濯石鹸を展開した。ワハハは当初空白市場であった子供向け健康食品を中心に展開したが，社会問題が続発した健康食品市場の先行きの不安から子供向けの乳酸菌飲料の生産にシフトした。

　消費財メーカーは，常に「市場」を念頭に入れなければならない。3社の経営者は，その後も消費動向の変化を察知し，潜在的市場を探し出したり，次々

と新たな商品分野への参入を果たした。ヤンガーはシャツからスーツ，さらに製品ラインをメンズウエア全般に拡大し，直営方式によりブランド専門店を展開した。ワハハは，飲料水，茶飲料，果実飲料を展開し，子供向け乳酸菌飲料から成人向けの清涼飲料まで市場を拡大した。ナイスは，縮小する石鹸市場にとどまらず，洗濯洗剤やパーソナルケア用品市場に参入した。こうした製品ラインの拡張，あるいは新たな製品分野への参入には，既存ブランドとのシナジー効果を図る狙いもあり，基本的に同一ブランドの使用が見られた。

　製品構造の調整は，当初，技術レベルの低いものから徐々に比較的高度なものに変わっていく過程でもあった。初期の成長によって蓄積された資本を活かし，また外資系企業との合弁を通じて，海外から最新の設備や技術を導入し，技術改善を行った。技術レベルが向上するにつれ，製品開発を強化し，次第に自社開発の新商品を市場に送り出すようになった。ヤンガーは高機能のVP，DPノーアイロン・シャツ，ワハハはミルクとジュースの混合飲料の「栄養快線」，ナイスは植物原料の粉石鹸と透明チューブ入りの歯磨剤など製品の差別化を行った。

　ヤンガーの場合，高付加価値の商品に取り組んだ理由は，海外高級ブランドが次々と中国に進出した中で，紳士服のブランド競争が激化し，機能性素材で製品差別化を図ることにより，自社ブランドを強化するためであった。ワハハの場合，果実，茶飲料，炭酸飲料における製品の同質化競争と外資系企業の寡占体制，また飲料水やコーラの価格競争による利益の圧迫などへの対応であった。そして，ナイスの場合，植物原料の高付加価値商品の展開は，外資系企業との価格競争からの脱却，また消費者の環境意識の高まりに対応するためであった。

　こうした各産業の特殊な要因のほか，3社に共通する大きな要因が2つあげられる。1つは，エネルギーや原材料価格の高騰，人件費の上昇，労働人口構造の変化など中国国内における経営コストの全般的上昇である。特に2000年代半ば以降，こういったコストの多くはますます上昇する傾向を見せ，経営を圧迫する大きな要因となっている。もう1つは，企業の持続的発展を図るためである。首位企業に成長し，それぞれの産業において大きな影響力を持つようになった3社は，技術革新や新製品の開発などを通じて，産業全体のレベルを

あげながら，自社の競争力を高め，持続的な発展を図っていくといった戦略を取り入れたのである。

また，3社は事業の多角化に取り組んだ。ヤンガーは垂直統合による小売や紡織といった関連事業の多角化だけでなく，1990年代前半以降，不動産や国際事業，金融などの非関連分野にも進出した。これは，規制緩和に伴った不動産開発ブームにより，一定の資金力を持つ製造企業に全般的に見られた行動であった。一時期不動産価格の下落により，ヤンガーは不動産事業を撤退したが，1998年に小売事業の展開による商業不動産への投資に伴って再びこの分野に進出した。また，1993年に現地政府の呼びかけもあり，有力企業による新成長分野の企業への投資が始まったが，ヤンガーは上場以降，銀行や証券会社などの金融事業にも投資するようになった。近年，不動産や金融事業を本業のアパレル事業と同様に持株会社化し，それぞれ独立の運営体制を取っているが，キャッシュ・フローは依然として一体化されている。実際，ヤンガーは比較的収益率の高い不動産や金融事業で得られた利益を本業の大規模な投資に回しており，これによって競合他社が容易に真似できないサプライチェーンの垂直的統合を実現させたと考えられる。

ナイスも，これまで日用化学品分野を中心に石鹸から洗剤，歯磨剤，シャンプーへ製品分野を拡大していったが，2007年以降不動産や金融事業への参入といったヤンガーに類似した行動を見せた。その大きな原因は，競争の激化に対応するための多大な研究開発投資や大規模な広告投入，また経営コストの全般的上昇が収益性を大きく圧迫し，本業で稼いだ利益だけでは，もはや必要な投資に間に合わなくなったからである。そのため，ナイスは「本業＋投資」という経営モデルを確立しようとしている。しかし，ヤンガーに大きく後れを取ったナイスは，その後の金融危機の発生や政府の不動産価格の抑制などがあり，市場参入のタイミングが悪かった。加えて事業を行う専門的な人材が不足していることもあり，不動産や金融事業をスムーズに展開することができなかった。

ワハハは，基本的に飲料製品を中心に展開しており，大規模な設備導入や製造ラインの整備とメンテナンスの必要性から，ペットボトル金型や機械部品の製造を関連事業として展開している。当初の子供向けの健康食品からスタート

した背景があり，2000年代に入り子供服の製造と販売に乗り出したが，飲料との性格上の大きな違いがあり，この事業を大きく成長させることができなかった。一方，独自の連鎖体チャネルの維持・強化や小売チェーンの費用徴収による取引コストの増大への対応の一環として，近年ワハハは自ら小売事業を展開しようとしている。また，将来的には卸売商と共同出資による多様な小売業態の展開も計画している。

以上のように，3社にはそれぞれが直面した状況から，それぞれ独自の多角化の動きを取っている。しかしながら，関連・非関連事業の展開が，グループ全体の成長を支えている度合いはかなり異なる。ワハハやナイスの場合，本業以外の分野による収益は，未上場でもあり，明確な数字が出されていないが，全体に占める割合はかなり小さいと推定できる。一方，上場しているヤンガーの場合，2010年度では不動産事業の売上規模はすでに本業のアパレル事業を上回っている。他の金融投資を含めたグループ全体の売上高に占める割合は，アパレル事業と紡織事業を合わせてもわずか2割弱である。しかし，経営者の李如成はあくまで本業による成長を堅持しており，負債率を下げ，売上規模を大きく上回るほど総資産を増やし，企業の長期的発展を目指す方針を示している。

3 サプライチェーン機能

次に，商品開発（企画）から調達，製造，販売など，いわゆるサプライチェーンにおける機能の組合せについてみる。浙江省に立地しているヤンガー，ワハハ，ナイスにとって，全国ブランドの構築を実現するためには，全国的な生産・物流・販売体制の構築も必要であり，機能間・地域間の有効な調整も重要である。

ヤンガーは，紳士服の商品単価が高いため，基本的に寧波本拠地の一極集中の生産体制を採っているが，西部地域の進出や海外事業の買収によりいくつかの地域において工場を整備している。特に近年沿岸部の人件費の高騰や出稼ぎ労働人口の減少を受けて，生産拠点を地方都市や内陸地に移転する動きも見ら

表6-2 サプライチェーンにおける各機能の整備・調整

	ヤンガー	ワハハ	ナイス
第1段階	国営企業との技術提携 シャツ製造技術の取得	子供向け健康食品の開発 国営缶詰工場の買収 子供向け乳酸菌飲料の発売	大規模国営企業との提携 化粧石鹸製造技術の取得
第2段階	「雅戈尓」シャツの発売 スーツ事業への参入 販売組織の整備 CISの導入	保証金制度の導入 西部地域への進出 卸売商の系列化 飲料水市場の進出 コーラの発売 ボトル及び金型生産の内部化	自社ブランドの開発 生産規模の拡大 卸売市場チャネルの開拓 販売組織の整備 商品展開の失敗
第3段階	デザインセンターの設立 自社工場団地の建設 紡織事業への参入 地域的販売体制の導入 情報システムの導入	多様な飲料市場への進出 子供服事業の展開 卸売商の再選別 販売組織の調整 都市部市場の強化 情報システムの導入	洗濯洗剤分野への参入 全国的生産体制の構築 販売チャネルの二分化 物流情報システムの整備 新製品の開発
第4段階	海外事業の買収 素材開発力の強化 多ブランド化 販売体制の調整	差別化商品戦略の導入 R&D機能の強化 全国的な生産体制の構築 販売チャネルの調整 小売事業への参入計画	高価格帯製品・ブランドの開発 海外事業の買収 シャンプー市場への参入 情報システムの導入 卸売商の専売化 R&D体制の強化

れる。ワハハは，重量当たりの単価が低いという飲料商品の固有の特性に対応するために，消費地立地生産体制を取り，いち早く全国各地に工場を建設した。特に，近年需要の拡大に向けて，各地の生産子会社を150社以上に増やし，生産量を急拡大させている。ナイスは，石鹸商品において当初本社の麗水工場に生産を集中したが，洗剤の大ヒットによる供給不足の問題に対し，一時全国各地の洗剤工場に生産を委託した。しかし，品質不安定の問題が生じたため，後にほぼすべて自社工場生産に切り替え，全国に6つの工場を配置した。

　全国的な生産体制を整えた一方，3社が直面したもう1つの大きな問題は全国的な販売組織の構築であった。すでに述べたように，市場経済への移行に伴い，従来の計画経済体制に基づく生産・流通の仕組みが徐々に崩れた一方，全国的な流通システムを短期間に形成するのは困難であった。3社は，当初は国有商業チャネルと取引を行ったが，1990年代半ば以降ともに自社による販売

組織の構築に取り組んだ。本社に販売子会社を設立し，各地に市場部や分公司（販売支社）を設け，全国範囲での市場開拓を始めた。

また，チャネル組織の形態において，3社には異なる戦略展開が見られた。ヤンガーは自ら直営店やインショップ型店舗，フランチャイズ店舗の展開を行い，小売事業への前方統合を実施した。ワハハは，保証金制度，販売地域責任制，多段階取引価格体系といった取引制度により一部の卸売商を特約卸として契約し，さらに2次卸，3次卸などを系列化し，連鎖体チャネルを構築した。これは，資本的に独立した卸売商の販売行為を抑制しながら，営業支援や市場の共同開発を通じて共存共栄を図る，いわゆる中間組織的なチャネル形態である。ナイスは，ワハハのような系列化戦略を一部取り入れ，代理商と卸売商の多段階チャネルにより農村や郊外地域で販路を拡大する一方，都市市場では早い段階から小売チェーンとの直接取引を行い，都市市場の開拓に取り組んだ。これは，いまだに小売チェーンとの直接取引に応じないワハハの戦略とは大きく異なっている。

こうした全国に行きわたる販売ネットワークを管理するために，ヤンガーはいち早く地域への販売権限の移譲を行い，全国市場を分けて統括販売子会社を設立した。ワハハやナイスは，全国各地に販売支社を設立したが，基本的に本社が一括して販売管理を行っている。

原材料調達において，ヤンガーは素材・生地の生産への後方統合を行った。これは，国内繊維産業の技術的な遅れや高級生地の輸入依存状況の改善などが背景にあり，素材の差別化により，製品力やブランド力を向上させていくといった狙いがあったからである。一方，ワハハの原材料は基本的に農産物であり，天候などの自然条件に左右されやすく，価格変動も大きいため，農場，牧場，茶園との長期的取引契約を行っているが，川上への垂直統合は見られなかった。ただ，ペットボトルは，外部から調達するのでなく，自社で生産を行っている。ナイスにも，後方統合の動きは見られなかった。消費者の環境意識の高まりに対応するために，ナイスは製品構成の調整を行い，石油を原料とした一般合成洗剤の割合を縮小し，パームオイルなどの再生可能な植物油脂を原料とした粉石鹸の割合を高めた。しかし，牛脂や羊脂などの動物油脂を原料とする石鹸を含め，これらの原材料の多くは輸入に依存している。近年，価格

の高騰や為替リスクなどによるコスト増にどう対応するかは大きな課題となっている。

　機能間の調整，特に物流面で，3社とも大きな課題を抱えていった。ヤンガーは，当初の本社集中の物流体制がきわめて非効率で欠品問題が多く発生した。地域販売制の導入はこの問題への対応の一環であった。ナイスは全国的な生産・販売体制の構築とともに物流情報システムを導入し，物流効率の改善を図った。最も大きな問題を生じたのはワハハである。飲料商品固有の高い物流コストに加え，物流センターの不備，急激な規模拡大に伴い，100社以上の生産工場と7,000社以上の特約卸を効率的に結ぶことはきわめて困難であった。また，原材料の集中仕入れによる各工場への配分，合理的な生産計画の作成など，業務がますます複雑化し，既存の調整機能では十分対応しきれない状況となっている。

　各機能を有効に調整・連携するために，3社は積極的に情報システムを取り入れた。ヤンガーは製造子会社にERP，販売子会社や分公司にDRP，直営店にPOSなどのシステムを導入し，全体の情報共有を図った。ワハハは従来，自社開発のLegacyシステムを生産と販売業務に使用したが，業務の複雑化につれERPの導入に取り組んだ。しかし，上述のような多数の工場と特約卸を抱える生産・販売ネットワークに対し，ERPは十分機能を果たすことができなかった。ナイスは物流，人事の情報システムを整備した後，本社と子会社におけるERPを導入し，グループ全体における情報の集約と共有を図った。

4　組織体制・マネジメント制度

　マネジメント制度と組織体制の整備・調整において，ヤンガー，ワハハ，ナイスの3社はまだ成長スパンが短いこともあり，現在に至るまでほとんど一代目の経営者により経営がなされている。すでに述べたことであるが，計画経済を経験した李如成，宗慶後，庄啓伝の3人は，いち早く市場経済のメカニズムを理解し，企業の各成長段階において意思決定を行い，重要な役割を果たしていった。

3社は，当初それぞれ郷鎮，国有，国営といった企業形態からスタートした。改革開放以降，さまざまな産業分野において改革や規制の撤廃が行われたが，計画経済体制は基本的に1980年代後半まで機能していた。ヤンガーやナイスは，この時期にすでに企業経営が展開されており，当時直面した大きな問題は，計画時代の意識が根強く残る社内において，いかに明確で公平な賃金制度を導入し，従業員の働く意欲を引き出すかということであった。賃金や人事制度の導入は，市場と競争のメカニズムに適応するための社員の意識改革とともに進められた。

1990年代に入り，3社はともに外資との合弁事業を設立したが，技術や設備，資金を積極的に導入し，税金などの優遇政策を受けることがその目的であった。また，この時期から近代的な株式制度の導入やグループ化の動きが全国に広がる中で，3社はともに1993年に従業員持株制度を導入し，経営者や経営幹部による社内株を買い取り，株式会社化した。企業所有体制の明確化により，経営者が政府の行政的関与を受けることなく，自由な意思決定ができるようになった。これは企業の発展にとってはきわめて有利であった。また，本

表6-3　組織体制・マネジメント制度の整備

	ヤンガー	ワハハ	ナイス
第1段階	郷鎮企業として設立 内部請負制と出来高給制度の導入	国有企業として設立	国営企業としてスタート 工場長責任制と出来高給制度の導入
第2段階	所有制改革の挫折 初の合弁事業 株式会社化 従業員持株制度の導入 多角化・グループ化	グループ化 株式上場の挫折 株式会社化 従業員持株制度の導入 合弁事業の設立	合弁事業の設立 株式会社化 従業員持株制度の導入
第3段階	株式上場 情報技術の導入 本社と機能別子会社の分権体制	販売組織の管理における階層化への試み 集権的組織体制の形成 情報技術の導入	本社と子会社の分権体制の確立 ガバナンス問題の発生 情報技術の導入
第4段階	事業部制の導入 アパレル事業・不動産事業・金融投資事業の持株会社化	集権的組織体制の確立 合弁契約の解消	不動産と金融事業の展開 「本業＋投資」モデルの確立

社を母体とし，旧国有企業の買収・合併，外資との合弁によって設立された子会社を傘下に置き，子会社の増加や多角化に伴い，企業グループとして成長を図った。

これ以降，消費水準の向上に伴い，国内市場の需要が急速に拡大し，それに刺激された3社はともに規模の拡大や全国展開に注力した。全国的な生産・販売ネットワークの構築とともに，製造や販売などの一機能を担う子会社も急増し，1990年代後半になると，3社は数十社からなる企業グループへと拡大した。この過程において，製品ラインが多様になり，業務が複雑化し，こういった企業の経営はもはや経営者1人の力では及ばないものとなった。

ちょうど2000年前後から，情報技術が中国企業の経営にも多く活用されるようになった。組織の急拡大による管理の複雑化に対応し，3社は2000年代を通してERPなどさまざまな情報システムの導入に力をいれた。これにより，本社と子会社での情報交換や共有ができるようになり，特に全国に拡大した調達・生産・物流・販売のネットワークを連携させ，機能間・業務間の調整やコントロールをよりスムーズに行うことも可能になった。

しかし，情報システムにより，組織間，部門間，社員同士における迅速な情報交換や共有はできるが，大規模化した組織を有効に管理・調整するには，明確な業務責任や権限の分配，管理階層の持つ組織体制の整備が必要である。本社と数十社から百社以上の子会社との間にどのような組織体制を形成させていくのか，各社の持つ業務内容や経営者の性格などによって3社にはいくつかの違いが見られている。

ヤンガーは，不動産や金融事業への多角化を行っており，近年では各事業を持株会社化し，各事業会社の傘下には，さらに子会社を置く組織体制を取り入れている。また，アパレル事業において，多ブランド化戦略の実施により，将来的にブランド別の事業部制組織への移行を進めようとしている。ヤンガーは，比較的早い時期に株式上場を果たしたため，現在発展戦略委員会，報酬・指名委員会，監査委員会を設けており，経営チームによる戦略的意思決定体制に変わりつつある。また，李如成は董事長を務め，総経理には若手の許奇剛が就任している。

ワハハの場合，創業者ともいえる宗慶後のカリスマ性のもと，統一的な管理

と資源配分の集権的職能別組織体制が形成されている。これは，各地域にある子会社間の競争を防ぐ目的もあるが，急拡大したワハハの限られた経営資源を最大限に活用し，かつ低い管理コストを維持するための必要手段と彼は考えたのである。しかし，経営者1人の意思によって3万人規模の企業を動かすことは容易ではない。近年では本社と子会社間の組織内学習，子会社の管理幹部への一定の権限移譲を実施しており，少しずつ分権体制への移行を進め始めている。

ナイスは，3社の中で最も企業規模が小さく，しかも浙江省の地方都市に立地することもあり，経営者の庄啓伝は自社の急成長の過程において，常に人材や資金などの経営資源の不足に悩まされていた。また，従業員の多くは地元出身者であり，地縁や地域文化による強い結束力がナイスの成長を支えた一方，経営幹部への有効な管理・監督体制の不備により，一時はガバナンス問題も発生した。ナイスは，現在職能部制組織を取っており，本社が全体的な発展戦略の策定や機能間・グループ間の調整を行っている。しかし，ワハハと違って，ナイスでは現地の生産子会社に一定の現地調達や生産の権限を与えている。

こうした3社の組織体制とマネジメントの構造を通して，共通に見られるのは権限集中と不十分な分権体制と言える。これは，人材を中心とする経営資源の不足といった内部要因と，すさまじい環境変化と厳しい競争環境といった外部要因にあると考えられる。改革開放以降，消費需要の急増や外資系企業との厳しい競争環境の中，あらゆる成長のチャンスをつかみ，急拡大した3社では，分権化するための経営資源の分散配置や人材の育成を十分行えず，本社依存の集権体制を取らざるを得なかった。つまり，成長拡大はあまりにも短期間に行われた結果，経営資源の投入・蓄積，人材の育成や分権的な組織体制の整備に十分な時間をかけることが困難であった。

また，20～30年間の成長スパンを経て，経営者や経営幹部の高齢化の問題も見られている。李如成，宗慶後，庄啓伝は，それぞれ1951年，1945年，1952年に生まれ，各社を零細規模から業界首位に成長させた「英雄的」存在である。企業が急成長する中で，経営者の意思決定に依存する体制が形成されやすく，彼らに代わる強いリーダーシップを持つ後任者の育成は課題となる。また，すでに成長の曲がり角を迎えた3社は，経営者依存体制では今後の発展

を図ることは困難と考えられる。経営幹部の若年化，従業員への教育・研修や組織間・部門間の組織内学習を進め，各管理レベルにおける職務権限や責任の明確化，現場への権限移譲を行うことにより，企業全体における組織能力の向上が必要である。すでに成長の転換期を迎えた3社にとって，持続的成長を続けるためには，こうした新たな組織体制・マネジメント制度の形成と確立が重要なカギとなる。

5　中国消費財メーカーの成長パターン

以上のように，ヤンガー，ワハハ，ナイスの3社の比較分析により，経営者の意思決定，製品・市場・事業の展開，サプライチェーンにおける機能の組合せ，組織体制・マネジメント制度の整備・調整といった3つの側面から共通点と相違点が明らかになった。各企業の成長経緯は，若干の時間的ずれはあるが，環境変化とそれに対応する企業の戦略転換を行った時点により主に4つの段階に分けることができる。それぞれの成長段階における上述の3つの側面の変化を表6-4のようにまとめることができよう。

第1に，製品や市場，事業の展開において，当初，3社とも技術も資金も持っていなかったため，初期では技術構造が比較的シンプルな製品，または参

表6-4　中国の一般消費財メーカーの成長段階分析

成長段階	製品・市場・事業の展開	サプライチェーンにおける各機能の整備・調整	マネジメント制度と組織体制の整備
第1段階	初期市場の発見	製造技術の取得	設立と企業内改革
第2段階	主力商品と自社ブランドの確立	生産規模の拡大 販売組織・ネットワークの展開	グループ化 株式制度の導入
第3段階	製品ラインの拡張 多角化	多地域展開 複数機能の整備と調整 情報システムの導入	組織体制の形成 グループ子会社の増加
第4段階	高機能・高付加価値商品・ブランドの展開	素材・製品開発体制の強化 販売チャネル・ネットワークの強化	新たなマネジメント体制の形成と確立

入しやすい空白市場からスタートした。しかし，外国企業の参入による製品レベルの格上げや消費者ニーズの変化に伴い，次第に低級品市場では存続を図ることが難しくなると，3社に製品構造の調整が見られた。3社の経営者は消費動向の変化を察知し，潜在的市場を探し出すなど，次々と新たな商品分野への参入を果たした。また，技術レベルの低い製品から比較的高度な製品に徐々に変わっていった。

製品ラインが拡大する中で，外資系企業との競争も激しくなった。特に飲料や日用品産業では，同質化競争や価格競争による国内企業の体質の弱体化が見られた。価格競争からの脱却，また近年中国で見られた原材料価格や人件費などの経営コストの全般的上昇などの問題に対応し，3社は高付加価値商品・ブランドの展開に取り組んだ。また，こういった行動は3社が業界のリーダー企業として，技術革新や新製品の開発などを通じて，持続的な発展を図っていくといった狙いもあったからである。

また，程度の差はあれ，3社はともに関連・非関連事業の多角化を行っている。不動産や金融投資など比較的収益率の高い事業分野への参入は，経済・制度環境など偶然的要素もあるが，キャッシュ・フローの健全化や本業への大規模な投資の維持といった目的を有していた。また，取引コストの増大に対応するための小売への前方統合を目的とした多角化も見られた。

第2に，サプライチェーン機能の組合せにおいて，3社は初期には外部から技術を取得し，次第に独自のブランドを開発し，生産規模を急速に拡大させた。生産機能が整った1990年代の半ばからは，販売会社を設立し，自ら販売組織を構築するようになった。全国市場への拡大だけでなく，製品ラインの増加や物流，関連事業の展開などにより，企業が複数の機能を持つようになった。調達・生産・物流・販売などの機能間の調整が必要になるにつれ，業務内容はますます複雑化した。そのため，情報システムを導入し，サプライチェーンにおける情報共有や機能の有効な連携を図ることが可能になった。

外資系企業との競争が激化する中，差別化商品の開発に活路を見出そうとした3社は，ともに新素材や新製品の開発に力を入れた。高付加価値商品やブランドの展開に伴い，消費者に最も近い末端の小売組織での販促宣伝やサービスの提供，価格維持などを強化するために，販売チャネルを調整し，効果的な

マーケティング手法の開発・導入によりブランド力を向上させようとした。

第3に，組織体制・マネジメント制度において，ヤンガー，ワハハ，ナイスの3社はまだ成長スパンが短いこともあり，経営者が設立当初から現在まで経営を行っている。企業の各成長段階において，どの製品分野に参入するのか，サプライチェーンの仕組みをどう構築するのかなどの重要な意思決定を行い，革新性のある取り組みも見られた。計画経済の時代を経験した3人は，1980年代以降いち早く市場経済のメカニズムを理解し，常に市場を意識しながら経営を行ってきた。また，1990年代に株式会社化し，経営者や経営幹部が社内株を買い取り，従業員持ち株制度も取り入れた。

事業規模の急拡大に伴い，3社はともに数十社から百社以上の子会社を抱える企業グループとなっている。子会社は主に生産，販売などの一機能を担っており，本社の方針に従い，一定の権限を委譲される場合もある。また，2000年代以降，情報システムの導入により，機能間の連携や調整，本社と子会社での情報交換や共有ができたことにより，マネジメントが強化された。

しかし，ワハハやナイスは依然として集権的職能部制組織を維持しており，多ブランド化し，事業部制組織に移行しつつあるヤンガーでも，現場への権限移譲や管理階層ごとの権限と業務の明確化がきちんと行われているとは言い難い。本社，あるいは経営の上層部に機能や権限が集中する理由は，次の3つにあると考えられる。第1に，中国の環境変化が激しく，機能や権限を集中した方が，急激な変化に対応しやすい。第2に，経営資源が不足しているため，特に外資系企業との厳しい競争に対抗するには，資源配分を集中的に行う方が有効である。第3に，短期間で大規模化したゆえ，3社はともに成長スピードに追いつかない経営資源の整備，特にマネジメント人材やマーケティングなどの専門分野的人材の不足といった問題も抱えている。さらなる成長に向けて，権限や業務責任が明確化された新たな組織とマネジメント制度の整備は，3社にとって重要な課題であると考えられる。

第 7 章

結　　論

1　移行経済における競争と成長のメカニズム

　改革開放以降，急速な経済成長に伴い，膨大な人口を有する中国では消費市場が急拡大を見せた。これに支えられ，大規模化した一般消費財メーカーが登場し，急速な成長を遂げていった。

　本書は，衣食住関連の一般消費財メーカーのヤンガー，ワハハ，ナイスに注目し，これらの3社は移行経済という特殊な経済社会的環境の中で，なぜ，どのように成長してきたのかについて分析した。これにより，3社が共通して持つ経営的特徴と成長パターンが明らかになった。これを次の4点にまとめることができよう。

　第1に，3社は経済体制の転換，消費需要の急増，市場開放に伴う中国国内市場でのグローバル競争といったさまざまな環境条件が同時進行する中で，外部的刺激と圧力を受けた「急進的」成長プロセスを持っている。これは，知識の累積による内部的拡大を中心とする先進国企業の「漸進的」成長プロセスと違った，移行経済国の後発企業に独特な成長パターンと考えられる。

　第2に，3社の経営者である李如成，宗慶後，庄啓伝は，各成長段階において重要な意思決定を行い，各社を業界首位に導いた。彼らに共通しているのは，市場的機会に敏感に反応する「企業者的」素質と大規模化に伴う組織作りの「経営者的」能力である。しかし，彼らのもとに集権的組織体制が形成され，意思決定の集中化による組織的「弱さ」も見られている。

　第3に，3社の大規模化プロセスは，「機能」「組織」「制度」を中心に進められている。市場経済の導入に伴い，株式会社化した3社は，経営者の自由な意思決定のもと，製品ラインを拡張し，生産・物流・販売などの複数企業機能を

取り入れた。また，全国市場への拡大とともに，本社，子会社・支社からなるグループ組織体制を形成し，マネジメント制度の整備にも取り組むことになった。

第4に，3社は国内的・国際的二重の競争構造に直面し，国内の競合他社に対する競争優位をもたらす特異な経営資源を持つとともに，ブランド力が高く，高度な知識やノウハウが蓄積されている外資系メーカーに対する競争劣位と，組織能力の弱さを同時に抱えている。

以上のような一般消費財メーカーの成長プロセスは，中国の移行経済という特殊な環境によるものと言える。その最も大きな特徴は，後発企業として成長の初期から国内市場で外資系企業という強力なライバルとの競争に直面しながら，成長を遂げてきたことである。両者が持つ経営資源や組織能力には大きな差があるため，異なった戦略展開が見られた。特に，国内の消費財メーカーは，外資系メーカーに学び，彼らとの差（または違い）を強く意識しながら，戦略を講じて成長を図っていた。

こうした競争構造の中で，企業成長と経営資源と組織能力とはどのような関係にあるのか，第1章3節に提示した3つの問題を中心にまとめることにしよう。

第1に，急成長と経営資源の不足問題について，マス・マーケティング手法を用いて，全国市場に対応しようとした一般消費財メーカーは，急拡大の中で技術，資金，人材，専門的な知識・ノウハウなどの経営資源の不足が見られた。ほとんどゼロからスタートしたため，初期で技術の不備は3社にとって大きな問題となったが，国営企業や外資系企業，外部協力者などとの提携によりクリアできた。また，資金の面については，収益性の高い事業分野への参入，成長につれて地元政府や金融機関から信頼の獲得，外資との合弁による優遇政策の支援，または卸売商との取引制度の強化による代金回収状況の改善などといった方法で対応することができた。

一方，人材や専門的な知識・ノウハウについては，製品開発やマーケティング展開などの専門的な知識を持つ人材の不足が大きな課題となった。特に，急速な全国展開，多製品・事業の展開，また外資系企業との競争が激化するにつれ，この問題がさらに顕在化することになった。実は，こうした経営資源は，内部で蓄積するには時間がかかるものであり，短期間で急成長する後発企業に

とって最も脆弱な部分である。これによる弊害をいかに克服するかは，重要な成長課題である。後発企業は，よく既存有力企業のM&Aや人材スカウトなどにより，これらの資源を獲得する方法を取っている。

　第2に，競争と経営資源と組織能力との関係について，二重の競争構造に直面した首位の消費財メーカー3社は，国内他の企業に対する競争優位と外資系企業に対する競争劣位を同時に持つと言える。競争優位は，3社があらゆるチャンスをつかみ，限られた経営資源を最大限に活用し，また大規模化するための生産・流通・マネジメントへの果敢な投資行動をとった結果，経営資源（工場や設備などの物的資産，人的資産，資金，販売チャネルなど）や組織能力（経営資源を活用する経営者の能力など）を構築し，市場での優位を築くことができた。

　一方，外資系企業に対する競争劣位は，外資系企業との競争の中で明らかになったブランド力の弱さや専門性の高いマーケティング手法の欠如，マネジメントや組織管理の未熟さなどがあげられる。これは，後発であるゆえ，とくに長時間にかけて蓄積されていく経営資源（ブランド力，専門性の持つ人材，知識・ノウハウなど）や組織能力（企業の組織的行動，権限分配，管理制度など）において，外資系企業との間に大きな差が存在するからと考えられる。

　第3に，変化に対応できる組織能力の構築について，一般消費財メーカー3社が環境変化の凄まじい中国市場で成長を図るには，常に迅速かつ柔軟に対応することが要求される。これまで3社の成長発展は経営者個人の察知力，判断力，行動力に大きく依存した。彼らは，国内外の経済社会環境や自社が直面する状況をよく理解し，多くの場合，適切な意思決定を行い，戦略を講じた。また，本社はグループの中枢機関として，開発・生産・物流・販売の流れを指揮・調整し，またサポートする役割を果たした。こうした経営者依存・本社依存の集権的組織体制は，逆に言えば激しい変化に対応しやすい構造になっていると言える。

　企業規模の拡大に伴い，次に重要となるのは，個々の組織単位で生じた問題にきちんと対応し，組織メンバーの活力を引き出すことである。3社には，ある地域の成功事例を社内全体に共有し，地域子会社や支社主導で技術改善や製品改良，販売チャネルの調整などの試みが見られている。しかし，過度に権限

移譲を行うと，地域間・組織間の競争を引き起こしたり，本社の指示に従わず，全体のコントロールが弱くなる可能性もある。また，個々の子会社の人材整備やマネジメントのレベルにもばらつきがあり，全国にある子会社を統括する制度をどのように制定するかということも課題となっている。これにどのように対応していくかは，3社の今後の成長に大きく影響すると考えられる。

競争が激化し，消費者ニーズも変化する中で，自社で蓄積された経営資源は必ずしも市場の変化に有効に対応できるとは限らない。外資系企業との競争の中で，一般消費財メーカー3社は「中国的」発想や価値観，商慣習などを活かし，独自な経営資源と組織能力を構築しようとしてきた。しかし競争条件が変わった際，既存の資源をどのように調整し，変化に対応していくのかは，持続的成長に関わる大きな問題である。

厳しい競争に立ち向かうために，3社は「戦略的行動」を見せていった。この戦略的行動は，すなわち経営資源の不足などの制約条件を受け，強力な競合相手に対抗しながら，さらに制度・市場環境が激しく変化する中で成長を図るためには，常に戦略的に動く必要があるということである。

また，戦略的行動の内容は差別化を中心とするものであった。成長の初期段階では，3社は外資系企業が参入しなかった，もしくは重要視しなかった製品分野あるいは地域市場からスタートし，経営資源を集中的に投下した。また，こうした分野でいち早く規模を拡大し，市場をリードした。さらに，直営や系列化などにより，販売チャネルへのコントロールを強化し，自社製品の販路を確保すると同時に，他社の参入を抑制した。こうして，生産や販売ネットワークができあがるにつれ，外資系企業との正面からの競争と向き合った。

ここで注目されるのは，都市と農村の二重市場構造をめぐる競争関係の変化である。中国の経済成長の速さや地域間の経済格差により，近代化が急速に進む都市市場と，前近代的のままに残る農村市場が同時に存在する。こうした一国の中にある異なる性格の市場に同時に取り組もうとすると，メーカーはマルチチャネル政策を展開する必要がある。しかも，2つの市場で消費者ニーズや購買行動，流通構造などが異なっているため，メーカーには異なる商品展開や取引制度・チャネル管理手法が要求される。しかし，これが困難であるため，当初，外資系メーカーは都市市場で高品質・高価格の商品を展開し，1990年

代中期以降，小売チェーンとの直接取引を中心に販売を行った。一方，内資系メーカーは，中低品質・低価格を展開し，農村市場の卸売商チャネルを通して販路を拡大した。こうした棲み分けは，2000年代前半まで続いた。

その後，当初棲み分けていた市場の境界を越えて，両者は相互の市場に進出し始め，競争が激化した。都市市場に進出した内資系メーカーは，ブランディングの弱さや製品ラインの不十分さといった問題を抱え，都市部の消費者を満足させられる商品展開が難しかった。また，小売チェーンとの取引ノウハウや売場提案力が不十分で，都市市場での展開は難航した。アパレル専門店の場合，最も顕著であったのは売場演出や商品陳列などでの弱さであった。

他方，農村の消費者は，ブランドに関心が薄く，価格を重視する傾向にあったが，品質を落としてまで価格を下げるといった外資系メーカーの戦略をあまり受け入れなかった。また，マージンを低く抑え，都市部と同様に取扱規模に応じてリベートを支払うという取引制度は，卸売商の販売意欲を低下させ，大規模な広告展開や販促活動を行っても，販売チャネルの拡大を図ることができなかった。

こうして，市場環境が変わると，従来自社の強みとされた経営資源がうまく対応できなくなり，新たな資源の獲得が必要となる。内資系メーカーの場合，製品開発力を強化し，都市部の消費者でも欲しがるヒット商品，あるいは高機能・高付加価値の新商品・新ブランドの展開に力を入れた。一方，外資系メーカーは，取引する代理商の入れ替え，あるいは国内企業の買収により，農村市場に参入しようとした。しかし，現状では，内資系メーカーは継続的なヒット商品の展開の難しさ，製品開発や広告宣伝への大規模な投資に悩まされ，依然として農村市場に重心を置いている。外資系メーカーも，農村消費者のニーズをうまくつかめず，中国的商慣習も理解しがたいため，小売チェーンがすでに普及している地域を中心に展開している。

このような市場経済移行期における企業間競争の構図が今後どのように変化していくのかは興味深い問題であり，その変化とともに研究をさらに深めていくことが必要である。

2 中国経営史研究の展開

　本書は中国現代企業を対象とした経営史研究である。経営史は，一定の経済的社会的環境に置かれた企業の経営行動や企業経営者の意思決定を対象に，史的考察を行う研究分野である。

　1927年，専門経営者の養成を目的に，ハーバード大学のビジネス・スクールでは「経営史講座」が開設された。その後，経済発展や企業の成長拡大とともに，経営史学は現代社会におけるビジネスの本質を研究するための重要な研究・教育方法となり，1つの学問分野として確立されるようになった。また，企業家による革新が経済発展の基本的な力であるといったSchumpeterの考え方から，企業者活動の視点により，企業経営行動の歴史を研究する企業者史研究も行われるようになった[1]。

　日本では，経営史学は1960年代初頭にアメリカから導入された。高度成長の日本経済が短期的な経済不況に襲われる中で，アメリカの経営学への「盲信」に対する反省や「日本的経営」の再検討が必要となったからであると言われている[2]。中川（1962）は，経営史学の課題として，当時アメリカにおける経営史研究の最新動向を取り入れながら，企業者活動や経営史の国際比較などを提起している[3]。特に，彼は近代社会の企業経営は，広汎な社会関係を内包する高度な組織的行動であり，経営史研究は企業経営における主体的機能に注目し，経営主体による意思決定と企業活動の累積過程として把握すべきであると主張している[4]。1970年代から1980年代にかけて，日本企業の国際競争力の向上につれ，他国と違った日本企業の経営の特徴，特に経営風土，価値観などの文化的要因，またその基盤となる近代日本企業の経営の在り方などに関する研究が多く行われた[5]。

　中国に関する経営史研究は，日本ではこれまで主に近代企業や企業者の経営活動を中心に進められている[6]。他方，中国国内で，「経営史」もしくは「企業史」への関心が高まるようになったのは，1990年代中期以降である。業界団体の中国企業連合会・中国企業家協会は，1996年から学者や専門家を集め，19

世紀中期から現代に至るまでの企業史を編集し,『中国企業史』を出版した[7]。同書は,総合史と言えるが,基本的に経済史的視点から産業別もしくは所有制別に企業経営を概観したものである。個別企業の事例も取り上げられているが,多くの場合,企業の概要や経営状況を紹介する程度であり,企業の内部構造に踏み込んだ分析は行われていない。

　また,企業の発展に伴い,企業家（経営者）の役割がますます重要となるにつれ,企業家層への関心が高まった。国務院系統機関は,1993年に「中国企業家調査系統」を設立した。企業家のマクロ経済状況への理解や予測,自社の収益構造や資金状況,注目度の高い経済問題への見解などを項目に,毎年アンケート調査を実施することになった[8]。また,2000年代では私営企業家,企業家と企業文化,企業家の社会的責任などをテーマとした研究が多く行われるようになった[9]。

　2008年前後,改革開放30周年に際して,中国の産業界や学界では,これまでの経済発展の歴史を振り返り,その経験を活かしながら,今後の発展方向を定めようといった動きが広がった。企業史の分野では,呉（2008）が注目された[10]。同書は,1978年から2008年までの間に国営企業,民営企業,外資系企業の3つの勢力が,中国市場での展開を通じて,どのような経営行動や企業者活動を行ったかについて論じている。ただ,特定の企業の歴史を追うのではなく,時間軸で各年に最も注目される企業の出来事を取り上げ,中国の産業界における全般的変化を描こうとしている。

　こうした分析手法は,経済・ビジネスの発展の歴史を整理することはできるが,個々の企業がいかに経済社会の変化に対応し成長してきたかについては把握できない。つまり,その時代に何か起こったかといった「歴史」を記録するだけでなく,ある中心主題を据えて時系列で論証する必要がある。

　中国で個別企業の経営活動の史的研究があまり進まなかったのは,企業の発展の歴史がまだ浅いこともあり,経営学などの分野のケース・スタディとして研究が進められているからと思われる。

　歴史研究と現代企業研究との区別において,米倉（1998）は歴史家は史実から帰納的な理論構築を行うのに対し,経営学者はむしろ演繹的な理論構築の手助けに史実を利用するという方法論の違いがあると述べている[11]。また,米川

(1973)の指摘にもあるように,経営史の狙いは過去から現在につながる企業経営の実体の解明と認識にあり,法則とかモデルはそのための手段にすぎず,常に理論やモデルが破壊され再構築されるという過程が進行する[12]。つまり,経営史研究の特徴は特定の理論フレームに拘ることなく,常に企業の行動を主体として研究を進めることにあり,そこに経営史研究の意義があると言える。

この点から,移行経済という特殊な経済社会環境にあり,急激に変化する環境への対応に迫られる中国企業を研究するには,経営史的研究方法は必要不可欠であると言える。実際,1990年代にはすでに経営史,経営史学を紹介する学術論文もあった。夏(1995)は,企業の改革や成長に伴い,外国のマネジメント理論や経験を参考にするだけでなく,企業経営史研究の蓄積がますます重要となると指摘している[13]。また,王(1998)は日本の経営史研究に注目し,日本経営史学の発展における各時期の主要著作を列挙している。特に,王は中国で企業経営史研究会の設立,経営史研究の学際的な発展,多数の研究者による共同研究の実施などを呼びかけた[14]。

しかし,現在に至るまで,経営史的観点から企業発展の歴史を精緻に分析したアカデミックな研究成果は,ほとんど見当たらない。特定の企業や経営者に焦点を当てているのは,依然としてビジネス書や伝記などである。これらの多くは,成功物語のように宣伝的に書かれており,歴史の真実を突き止める真摯さ,体系性,客観性の欠如が指摘できる。一方,企業の側も,一部の国有企業は近年社史の編纂を始めているが,民営企業の多くはまだ関心が薄いように思われる。

中国経営史研究にいち早く取り組むべき理由は,いくつか挙げられる。第1に,中国企業は,移行経済といった特殊な経済社会的環境の中で成長しており,他の国の企業とは異なる成長パターンを持つ。これをすでに先進国で確立された理論フレームに当てはめるのでなく,個々の企業の成長過程を解明したうえで,その特徴を見出し,一般化することが必要である。また,個別企業史から,産業史,一般経営史へと発展させ,他国の経営史との比較研究を行うことも可能となる。

第2に,改革開放以降,企業を取り巻く環境は幾度も変化した。これらの変化にうまく対応し,今日まで成長してきた企業の多くは,近年また新たな状況

に置かれることになっている。輸出振興から内需拡大への政策転換，急速に進む高齢化や新しい消費世代の登場，経営コストの全般的上昇，そして国内市場におけるグローバル競争の激化といったさまざまな問題が生じており，これらにどのように対応するかが，成長の分岐点となっている。この際，成長の歴史を振り返ることにより，自社の状況を再確認し，進むべき方向性を見出すことが可能となる。

第3に，かつてハーバードで開設された経営史講座のように，専門経営者教育においては，過去のビジネスの歴史を学び，現実的で複雑な環境条件の下で意思決定力を鍛えることが重要である。単なる財務など専門的スキルだけでなく，社会における企業の役割・責任，顧客・取引先・政府・地域社会などとの関係をきちんと理解し，より広い視野を持つ専門経営者の養成が必要である。すでに20～30年の成長の歴史を持つ中国企業の多くは，1代目経営からトップ・マネジメント・チーム経営への転換を迎えている。また，組織規模の拡大に伴うマネジメント人材の育成には，経営史教育への取り組みを早期に進めるべきと考える。

以上のような問題意識に基づき，本書は中国現代企業に関する経営史研究として，比較的産業類似性を持つ一般消費財分野において，首位に成長した複数企業を対象に経営史的分析を行った。これにより，大規模化した一般消費財メーカーは，国内でのグローバル競争による外部的圧力を受けた急進的成長プロセスを持つことが明らかになった。しかし，こうした特徴が中国の現代企業全体でどのような一般的説明力を持つのか，今後他の産業分野における上位企業への経営史的分析を進めることにより，結論を補足・修正し，より全体像に近づくことを目指したい。

個別企業史研究は，一般経営史研究へと発展させるための基礎である。個別企業の事例研究により，見出された仮説を概念や法則として一般化することは可能であるが，経営史の全体像が明らかになっていない場合，その有効性に対する判断は難しい。改革開放以降に成長してきた中国の製造企業に関する経営史研究がほとんど行われておらず，全体像がまだ明らかになっていないため，今後，個別経営研究の蓄積に伴い，同一産業における複数企業の比較分析といった産業経営史研究，ある特定のテーマを中心とする専門史の研究，さらに

一般的経営史の研究などが取り組まれるべきである。また，企業の経営活動だけでなく，企業の成長に重要な役割を果たしている中国の企業家層に対し，企業者活動の視点により，企業経営者の主体性とその意思決定のプロセスを中心とした企業者史研究を進めることも必要である。

こうした史的研究が大いに行われることにより，中国における経営史研究の発展，また経営史学が1つの独立した学問分野として確立することを期待したい。

注

1　アメリカにおける経営史学の確立および展開方向について，以下を参照。Gras N.S.B., "Business History", *Economic History Review*, Vol.4, No.4, April.1934, "Why Study Business History?", Larson H.M., *Guide to Business History: Material for the Study of American Business History and Suggestions for Their Use*, Boston, Massachusetts, 1948. "Problems and Challenges in Business History: Research with Special Reference to the History of Business Administration and Operation", *Bulletin of the Business Historical Society*, Vol.24, No.3, Sep.1950, pp.120-135. 森本盈『経営史学の形成と発展』晃洋書房，1987年。

2　丸山恵也「経営史の研究対象とその類型―経営史研究の方法論に関する各書―」『経済経営論集』，1968年12月，203頁。

3　中川敬一郎「経営史学の方法と問題」経営史学会編『経営史学の二十年―回顧と展望―』東京大学出版会，1985年，6頁。

4　中川敬一郎「『社史』論」『中央公論』，1962年冬季号，233-242頁。

5　例えば，森川英正『日本経営史』日本経済新聞社，1981年，宮本又郎『日本経営史―日本型企業経営の発展・江戸から平成へ―』有斐閣，1995などがある。

6　日本における中国経営史研究について，以下を参照。楊天溢「中国の家族原理と企業者活動」土屋守章・森川英生編『企業者活動の史的研究』日本経済新聞社，1982年。中井英基『張謇と中国近代企業』北海道大学図書刊行会，1996年。庄紅娟「中国の企業家活動における伝統と革新―1930年代の民族紡績業の経験―」『経営史学』，第38巻4号，2004年，30-55頁。池田誠共著『中国工業化の歴史―近現代工業発展の歴史と現実―』法律文化社，1982年。

7　中国企業史編集委員会編『中国企業史』（近代巻，現代巻，台湾巻）企業管理出版社，2002年，2003年，2004年。

8　李蘭編『中国企業家成長15年―1993-2008中国企業家成長与発展報告（上下）―』機械工業出版社，2009年。

9　例えば，梁暁萍「中国企業家隊伍発展和成長透視―対中国企業家相関調査報告的分析」『社会学研究』，2001年第6期，史耀疆『制度変遷中的中国私営企業家成長研究』中国財政経済出版社，2005年，中国企業家調査系統『企業家看社会責任―2007年中国企業家成長和発展報告』機械工業出版社，2007年，などがある。

10　呉暁波『激盪三十年 上下』中信出版社，2008年。

11　米倉誠一郎「経営史学の方法論―逸脱・不規則性・主観性―」『一橋論叢』，第120巻5号，1998年11月号，83-84頁。

12　米川『経営史学―生誕・現状・展望―』，210頁。

13　夏春玉「経営，経営史和経営史学」『財経問題研究』，1995年第4期（総第137期），49-53頁。

14　王処輝「日本的企業経営史研究評介」『中国経済史研究』，1998年第2期，118-124頁。

事項索引

英数字

APO 144
BI 68
CAD 66, 158
CAM 158
CAPP 158
CAT 158
CIMS 29
CIO 86
CIS 68, 75
DP 90, 145
DRP 86
ERP 29, 87, 143, 198, 207, 227
ETO 88
FA 104
Guru eHR 159
IDM 185
KA 148, 192
Legacy 143
MES 87
MI 68
MID 77
MTO 88
MTS 88
NDLS 185, 208
NHRS 198, 208
OA 158
ODM 90
OEC 173
OEM 29, 74, 89
OLTP 86
PDA 端末 185
PDCA サイクル 199
PDM 87, 158
PE 106
POS 86
QR 89, 95
R/3 144
SKU 185
SNP 145
SWOT 分析 7
TP 145
TPM 159
TexERP 87
VI 68
VP 73, 90
WMS 87
WTO 4, 79
Windows 77

あ行

アーキテクチャ論 7
アパレル産地 25
移行経済 10, 232
意識改革 167, 226
意思決定 9, 207
意思決定の集中化 232
意思決定力 240
委託生産 45, 180
一番手企業 11
一般経営史 239
一般特恵関税制度 29
衣料品産業 4
インショップ店舗 28, 72, 84
請負契約 45
売場演出 78
売場貸し業 72
売残リスク 72
営業所 177
沿岸地域経済発展戦略 61
卸売市場 171

事項索引　243

卸売商　121
卸売商介在の取引　141
卸売商の再選別　137

か行

海外ブランド　71
外貨貸付　24
改革開放政策　4
外資系小売企業　49
外資独資企業　49, 51
外商投資商業企業試点弁法　41
階層組織の簡素化　138
外注工場　59
外部環境要因　10
外部調達　103
価格競争　49, 136, 147, 188, 198
価格交渉力　143
価格志向　191
価格変動　192
革新　217
革新的企業経営者　218
何首烏　197
過剰在庫　175
寡占市場　48, 131
寡占体制　39, 135
家庭消費　147
家庭縫製　22
ガバナンス構造　189
株式改革　121
株式会社化　62, 121, 173, 214
株式上場　71, 121
株取引　189
下放　116, 166
加盟店　72
カリスマ的経営者　142
為替リスク　79
為替レートの変動　199
環境意識　190
環境配慮型　194
環境変化　9, 10
雁行形態論　6
完全子会社化　50
冠名権　188
基幹産業　6

旗艦店　28, 77
企業家　237
企業間競争　9, 75
企業者活動　237
企業者的素質　215, 217, 232
企業内組織　73
技術改善　173, 191
技術構造　6, 218
技術指導　80, 81
技術提携　64, 80
規制撤廃　10
既製服　22
機能性商品　73
機能分担構造　38
機能別組織　206
逆浸透膜　36
キャッシュ・フロー　174, 216
キャッチアップ工業化論　6
急進的成長プロセス　232, 240
業界再編　33
供給不足　24, 30, 44, 120, 174, 180
行政指導　27
行政地区単位　138
業績評価制度　130, 172
競争構造　9
競争優位　12, 13, 233
競争劣位　9, 12, 233
共存共栄　193
共通の価値観　193
近代工業　22
近代的企業　4
空白市場　219
クォータ制　74
クォータの撤廃　28, 92
グループ化　62, 226
グローバル競争　9, 91
グローバル・スタンダード　8
経営幹部の若年化　206
経営コストの全般的上昇　215, 220
経営困難　60, 168
経営史学　237
経営資源　12, 233
経営史研究　236
経営史講座　237, 239

244　事項索引

経営史の国際比較　237
経営者依存　143
経営者的能力　232
経営者の意思決定　15
経営主体　237
経営的特徴　6
経営の主導権　179
経営不振　47
計画経済　4
経済格差　235
経済責任制　45, 166
経済的機会　215
経済封鎖　61
契約違反　123
ケース・スタディ　238
欠品　74, 82
権限委譲　217
権限集中　228
原材料調達　15
原材料の輸入依存体制　199
減産体制　179
現地採用　138
現地生産　124
現地調達　132
現地販売　124
コア・ケイパビリティ　13
コア・コンピタンス　13
コア・リジディティ　13
高価格・高付加価値　50, 147
広告宣伝　73, 119
工場請負制　24
工場長責任制　45, 166
郷鎮企業　24, 60, 214
後任者　166
購買計画管理　153
購買部　116
後発企業　12, 232
後発国　6
後発の移行経済国　6
高品質・高価格　61
合弁会社　152
合弁解消　150
合弁契約　126
後方統合　79

小売事業の内部化　72
小売チェーン　176, 184
高齢化　228, 239
顧客ロイヤルティ　201
国営卸売企業　56, 118, 171
国営企業　214
国際競争力　94, 237
国内総生産　1
国内的・国際的二重の競争構造　12, 233
国民消費水準　1
国有企業　3, 214
国有百貨店　71
個人消費　147
固定客　201
個別企業史　239
混載輸送　145

さ行

在庫回転率　87
在庫リスク　89
再就職難　180
財政補助　45, 169
再販売価格維持制度　128
先払い　174
サードパーティ物流　153
サブブランド　99, 140
サプライチェーン　15, 85
サプライチェーンの垂直統合　214
サプライチェーンの内部化　86
差別化　78, 235
差別化商品　147, 190
産学連携　109
産供銷一条龍　70
産業企業　11
産業史　239
産業発展の不均衡的構造　79
三高興　193
三資企業　48, 61
三全戦略　135
三増体制　69
三不主義　170
三来一補　24
事業部制組織　214
資金回収難　119

事項索引　245

資金不足　56, 199
時系列　238
資源配分　67, 89
資源ベース論　13
自主的経営　45, 173
自銷　44
市場開拓　119
市場開発戦略　188
市場開発モデル　203
市場環境　10
市場管理方案　184
市場経済　4
市場受容度　140
市場セグメント　15
市場的感性　214
市場取引　216
質的不均衡　175
シナジー効果　64, 174, 220
品揃え　73
品揃え提案力　49
支払サイト　141, 182
資本参加　80
社会消費財小売総額　1
社会的制約条件　218
社史　10, 239
社隊企業　24, 56
射雕戦略　187
従業員持株制度　63, 173, 214, 226
集権的組織体制　232
集散地　172
集中仕入れ　143
重複投資　170
熟練工　65
出店ラッシュ　71
情緒訴求　49, 180
銷地産　127
賞罰制度　130
消費者ニーズ　9
消費習慣　8, 15, 140
消費地立地生産体制　127, 223
消費動向　219
消費の国際化　28
商標権紛争　152, 196
商標使用許可契約　134

商標侵害　152
情報化管理プロジェクト　85
情報技術　85, 227
情報共有　198
情報交換　89
情報システム　16, 86, 185, 225, 227
情報の集約化　198
奨励政策　123
職能部門　158
職能別組織　158, 214, 215
食品卸売市場　121
食品産業　5
所有構造　106
所有制改革　60, 62
新興国市場開発戦略　49
人材育成　109
進出環境　183
進場費　41, 182
水質汚染　38, 125
垂直的連携　45
垂直統合　55, 79
棲み分け　48, 140, 236
西装革履　27, 64
生活必需品　1
生産拠点の移転　68
生産計画サイクル　145
生産と販売のアンバランス問題　69
生産と販売の同期化　102
成長鈍化　140, 186
成長パターン　6, 239
成長ビジョン　68
制度環境　10
製品開発力　146
製品構造の調整　94, 190, 219
製品ラインの拡張　220
製品レベルの格上げ　219
西部大開発政策　195
接客サービス　73
セーフガード　29
繊維産業育成政策　25
繊維貿易の自由化　29, 79
全国販売研修会議　201
漸進的成長プロセス　232
専売コーナー　69

246　事項索引

専売商　201, 203
先発的行動　190
前方統合　79
専門経営者教育　239
専門人材の育成　109
戦略策定　68
戦略的行動　235
戦略的提携協定　82
双軌制　167
増産体制　94, 120, 180
総代理店　182
組織改革　119
組織学習　14
組織体制　15, 227
組織能力　11, 12, 233

た行

大衆消費社会　1, 10
大規模化プロセス　11
代金回収　216
大区　138
大区経理　138
体制転換　10
代替品　176, 191
ダイナミック・ケイパビリティ　13
代理商　184
代理商チャネル　192
大量生産体制　89
多角化　16, 62, 214, 221
多段階チャネル体制　184
多段階取引　136, 193
多地域展開　123
多頻度小ロット調達　95
多ブランド化　98, 99
短期雇用契約　138
短期的取引志向　122
地域格差　84
地域間競争　143
地域産業促進策　80
地域集積　26
地域性　8
地域代理分銷制　183
地域統括販売子会社　82
地域販売責任制　128

地域分権管理体制　83
地縁依存体制　189
チェーンストア　41, 50, 176, 193
地区経理制　129
知識青年　56, 116
知青安置費　56
チャネル管理　191, 195
チャネル政策　193
チャネル組織　130, 224
チャネル統制　136
中間在庫　82
中間組織　216
中間流通　15, 216
中国馳名商標　66
中国的商慣習　236
中山装　22
中小小売店　179
中長期発展目標　68
長期的提携関係　99
長距離輸送　123
直営店　71
直接投資　31
直接取引　41, 141, 181, 184, 235
通路精耕　138
低価格戦略　49, 191, 215
低級品市場　59, 219
提携効果　9
提携パートナー　175
低コスト構造　109
低品質・低価格　94
適正在庫量　185
出来高賃金制　57, 65, 166
テナント経営　27, 72
統括販売子会社　224
等級評定制度　103
董事会　63
董事長　63
同質化　147, 215
投資行動　15, 234
投資の失敗　189
独資化　49
特約卸　123
独立採算体制　107, 120
特許技術　196

特許経営　28, 72
トップダウン　143
トップ・マネジメント・チーム　240
取引価格体系　128
取引交渉　184
取引コスト　141, 222
取引制度　184

な行

内需拡大　239
内製化　131
内部請負制　57
内部統合　82, 216
軟飲料　30
南巡講話　4
南北対調　84
偽物　33
日用化学品産業　5
入場費　195
値引き交渉　50
農村市場開発戦略　140

は行

バイイング・パワー　41
パーソナルケア用品　43, 196
販売意欲　177
販売支援　129
販売支社　224
販売チャネル　118
販売ネットワーク　76, 174
引き締め政策　60, 168
非合弁子会社　152
ビジネスモデル　7
1人っ子政策　117
101計画　140
標準売場　195
費用徴収　42, 155
品質管理　66, 168
ファッション　59
物資調達　167
不動産開発　62
布票　22
フランチャイズ方式　72
ブランド・アイデンティティ　135

ブランド競争　73, 78
ブランド構築　27, 179
ブランド志向　28, 73
ブランドの入れ替え　48
不良在庫　60
分業構造　55, 85
分権的組織体制　146
分公司　70, 129, 177
分散的持株構造　106
併売店　130
漢麻　91
紡織事業の展開　80
保証金制度　122, 182
補償貿易　24
ボトラー方式　33, 34, 37
ボトリング工場　30, 31, 34
ボトルネック　79
ホームケア用品　43, 196
本業　68, 199
本業第一主義　98
本社機能　182
紅幇裁縫　26

ま行

マーケティング手法　4, 191, 201
マージン配分　182
マーチャンダイジング　73, 77, 101
末端の販売組織　137, 216
マネジメント人材　93, 240
マネジメント制度　15, 233
マルチチャネル政策　235
3つ又投資　11
民営企業　3
民族産業　34
無在庫型管理システム　76
無借金経営　154
持株会社　98
持株会社化　106
持株構造　63, 121
最寄品　37

や行

安売り　182
優遇政策　127

横向連営　44, 58, 167
輸出依存　29, 94
輸出振興　8, 25, 239
輸出税還付率　29
輸入割当制度　74
余剰生産能力　74
予測精度　89

ら行

ライセンス契約　58, 93
乱売　182, 184
離岸会社　134
リストラ　180
リーダー企業　91
リーダーシップ　142
リーディング産業　7, 8, 29
リベート　144
リーマン・ショック　29
流通改革　121
流通業の開放　41
流通近代化　41
流通系列化　130, 214
流通システム　216
量産体制　65, 125
両頭在外　24, 61
累積的成長　12
連鎖体　123, 193
連営契約　167
労働集約型　67
労働力不足　93

人名索引

あ行

袁建強　133
王慶淼　96
翁礼華　108
応鵬　207
オーブリー・マーティ　77

か行

何麗明　207
韓永生　85, 86
倪天堯　133
北村実敏　74
許奇剛　108, 227
金春庭　207
顧馥恩　118
項煥傑　207
呉海燕　99

さ行

施幼珍　133
謝慶健　108
沙高龍　207
朱寿民　118
庄啓伝　166, 214
邵根義　58
蒋衛傑　107, 108
蒋群　107

瀋陽　99, 102
宗慶後　116, 214

た行

田中三郎　102
張宏　99
張飛猛　108
張宏輝　118
張建春　91
鄭乙紅　99
丁培玲　133
杜建英　133
董麗瑛　207

は行

ピエール・カルダン　24, 27, 75
ファーベル　152
方霞群　133

や行

葉如裳　107

ら行

ラフリー　188
李如剛　64, 107, 108
李国光　108
李如成　214
盧蕾　99

企業名・組織名索引

英数字

AC ニールセン　135
AISA　191
ATP　73
Bountiful　134
CK　94
CTR 市場研究　189
Ever Maple　134
GAP　78
GFT　27
GGT　66
Givaudan Roure　170
Golden Dynasty　134
IBM　207
Impiric　75
JC ペニー　76
Junjie Investment　134
LLB　94
Lacoste　94
M&S　94
NEXT　94
P&G　179, 187, 190, 192
POLO　94
Platinum　134
SAP　144
TCL　7

あ行

愛華　59
安盛　77
アクス新雅綿紡績有限公司　109
アクセンチュア　143
安利（中国）日用品有限公司　51
アメリカ NOP　94
安徽全力集団　51, 178
安徽合肥好華食品廠　32
安徽蚌埠果糖飲料廠　32
伊藤忠　74, 75, 80
伊藤忠テクノソリューションズ　89
伊利　155
ウォルマート　49
蕪湖合成洗滌剤廠　178
雨潤　3
雲南砂糖公司　34
雲麻実業　92
衛生局　33
王家蜂業経営部　121

か行

滙源　152, 156
開開　58
開封矛盾　178, 180
海口罐頭廠　32
華源　7
華晶電子　7
華南理工大学　120
ガーバー　89
河北張洗　180
河北旭日　36, 37
河北露露　36, 37
夏蒙　27
カルフール　49, 195
広東医薬学院　120
広東今日　36, 37
広東健力宝集団有限公司　37
広東省高級人民法院　197
広東省三水県運動員飲料廠　33
広東太古可口可楽有限公司　43
漢麻産業投資控股有限公司　92
吉林遼源経編廠　57
吉林長白山葡萄酒廠　32

企業名・組織名索引　251

希望　7
教育局　116
共栄商事　48
旭日昇　42, 135
キリンビバレッジ　39
義鳥納愛斯商行　172
宜科旭陽紡織品有限公司　81
宜科科技実業股份有限公司　81
軍用漢麻材料研究センター　91
軽工業部　33
桂林罐頭食品廠　32
ケルウッド　92
科龍　7
健力宝　42
紅豆　3
コカ・コーラ　30, 31, 42, 131, 135, 140, 156
合金股份　189
康師傅広州飲品有限公司　43
杭州中萃食品有限公司　37
広州頂津食品有限公司　43
広州頂津飲品有限公司　43
杭州中萃食品有限公司　43
広州宝潔有限公司　47, 51
広州宝潔洗滌用品有限公司　47
広州浪奇宝潔有限公司　47
広州浪奇実業公司　47
広州潔銀日用化工廠　48
杭州保灵児童栄養食品廠　117
杭州缶頭廠　119
杭州上城区資産経営有限公司　133
広州亜洲汽水廠　32, 34
杭州工商信託投資公司　121
広州百年公司　198
杭州胡慶余堂　118
杭州可楽飲料総廠　32
杭州市上城区小学校　116
杭州市政府　119
広州石鹸廠　47
杭州中級人民法院　152
杭州東南化学廠　167
杭州微生物研究所　120
広州百事可楽飲料有限公司　37
杭州娃哈哈栄養食品廠　119
杭州娃哈哈保健食品有限公司　126

杭州娃哈哈百立食品有限公司　126
杭州娃哈哈速凍食品有限公司　126
杭州娃哈哈食品有限公司　126
杭州娃哈哈飲料有限公司　126
杭州娃哈哈集団有限公司　43
江西南豊県罐頭廠　32
江西油脂化工廠　167
江蘇隆力奇集団有限公司　51
校弁企業経銷部　116
光明乳業　152
光明食品　3
広博　106
広美食品有限公司　32
晃立　80
可口可楽装瓶商（東莞）有限公司　43
国営麗水五七化工廠　166
国際有機農推進協会　94
国内貿易信息中心　66
国貿物業公司　62
国家標準局　33
国家紡績工業局　29
コナカ　75
湖南麗臣実業総公司　178
湖南長沙酒廠　32
コルゲート　48

さ行

済寧市政府　45
済寧合成洗滌剤廠　45
沙市政府　45
沙市日用化工総廠　45
山西云河集団　95
山西礦務局　34
山東青島汽水廠　32
三笑集団　50
山水集団　199
サントリー　39
山東泰安罐頭廠　32
資生堂麗源化粧品有限公司　51
四川涪陵城区糖果廠　124
四川灌県獼猴桃廠　32
四川天府可楽公司　34
丝宝集団　48
杉杉　27, 64, 70, 72

上海梅林正広和（集団）有限公司　37
上海申美飲料食品有限公司　37
上海合洗　47
上海日化　47
上海牙膏廠　48
上海静安区百貨公司　58
上海新意網絡軟件開発有限公司　86
上海献捷信息科技有限公司　87
上海凱石投資管理有限公司　106
上海中百站　167
上海白猫　178, 179
上海異連信息技術有限公司　185
上海汽水廠　32
上海証券取引所　27, 70
上海製皂廠　167
上海百事可楽飲料有限公司　37
上海聯合利華有限公司　47
上海利華有限公司　47
重慶奥妮化粧品有限公司　48
重慶南岸区茶園新城区委員会　82
重慶奥妮化粧品有限公司　197
重慶飲料廠　32
重慶化粧品廠　197
重慶天府可楽集団公司　33
湘火炬　189
徐州漢高公司　178
漳州製薬廠　32
嵊州盛泰色織科技有限公司　108
ジョンソン＆ジョンソン　50
庄吉　27
吉利　7
新棉集団　81, 94
新棉集団澤普綿紡廠　95
新疆屯河　189
新疆徳隆集団　189
新疆農科所　94
新疆綿紡　95
新疆雅戈尓棉紡織有限公司　81
深圳益力　152
深圳罐頭食品公司　32
新達香港　80
スマート　92
西安啤酒廠　34
西安日化総公司　167

青春発展公司　63
青春服装廠　63
盛泰色織有限公司　109
盛達発展公司　63
成都宝潔有限公司　47
石碣鎮工業総公司　61, 63
浙江医科大学　118
浙江杭州啤酒廠　32
浙江省政府　195
浙江省テレビ局　189
浙江納愛斯日化有限公司　171
浙江納愛斯化工股份有限公司　173
浙江紡績服装職業技術学院　109
泉州万事可楽有限公司　32
陝西国際商貿学院　109
宗申オートバイ　7

た行
第二軽工業局　23
大連可口可楽有限公司　37
台湾明基　159
ダノン　126, 152
地質礦産部　33
長江制衣廠　64
頂新　39, 42, 135, 137
中央軽工業部　30
中央商標管理局　134
中華全国商業信息中心　85
中基寧波対外貿易股份有限公司　75
中国糧油食品進出口（集団）有限公司　131
中国飲料工業協会　156
中国科学院軟件中心有限公司　85
中国企業連合会・中国企業家協会　3, 237
中国人民大学　109
中国石油化工集団　3
中国男装研究センター　100
中国服装工業総公司　23
中国紡織品進出口総公司　24, 61
中国紡績工業協会　29
中信証券股份有限公司　106
中山医科大学　120
中山市楽百氏保健制品公司　120
中獅グループ　196
青島経済技術開発区経済発展有限公司　48

企業名・組織名索引　253

青島可口可楽有限公司　37
青島獅王日用化工　48
鄭州食品総廠　34
天津津達股份有限公司　27
天津合洗　47
天津宝潔有限公司　47
天津漢高　47
天津香皂廠　47
天津漢高洗滌剤有限公司　178
天津可口可楽有限公司　37
天津市地方国営合成洗滌廠　44
天津市藍天集団　51
天津合成洗滌剤廠　45
天津紡績集団　27
統一　39, 135
東雅芸術設計工程有限公司　73
東華大学　73, 100, 109
東莞太古飲料有限公司　39
東莞雀巣有限公司　43
トラヴィス　64

な行

納愛斯（ナイス）　3
納愛斯益陽有限公司　182
納愛斯集団有限会社　51, 182
納愛斯四平有限公司　183
納愛斯成都有限責任公司　183
納愛斯正定有限公司　183
納愛斯銷售総公司　205
納愛斯ウルムチ有限公司　195
中富証券　189
ナノテック　90
南京中萃食品有限公司　37
南京烷基苯廠　178
南光房地産公司　62
南寧康楽食品廠　32
南風化工集団股份有限公司　51
南風集団　179, 180
日清紡　80
寧波青春服装廠　56
寧波朝陽服装廠　58
寧波保税区盛誠国際貿易有限公司　62
寧波盛達発展公司　62, 63
寧波青春発展公司　62

寧波英倫服装輔料有限公司　74
寧波鰲牛服装衬材有限公司　81
寧波鰲牛黒炭衬廠　81
寧波中雅軟件有限公司　85
寧波宜科科技　92
寧波富盛投資有限公司　107
寧波市鄞州青春職工投資中心　107
寧波盛達発展公司　107
寧波市政府　80
寧波雅戈尓晃立服装水洗有限公司　80
寧波雅戈尓針織染色整理有限公司　80
寧波雅戈尓英成有限公司　90
寧波雅戈尓控股有限公司　107
ネスレ　42

は行

海尓（ハイアール）　6, 7
海信（ハイセンス）　7
海瀾　3
バイヤスドルフ　51
梅林正広和　152
ハチソン・ワンポア　47
ハートマークス　93
バーバリー　94
百富勤投資集団有限公司　126
ピエール・カルダン　60
ヒューレット・パッカード　185
涪陵市政府　124
涪陵枳城区百花潞酒廠　124
涪陵缶頭食品廠　124
武漢可口可楽有限公司　37
プラダ　94
プロクター・アンド・ギャンブル　47
北京漼源　36, 37
北京熊猫宝潔洗滌用品有限公司　47
北京浪涛高科技公司　75
北京中紡達軟件開発公司　87
北京飲料廠　32
北京可口可楽有限公司　37
北京北冰洋汽水廠　34
ベネトン　78
ペプシコ　31, 42, 131
百事（中国）有限公司　43
ヘンケル　47, 179, 180

254　企業名・組織名索引

華為　6, 7
報喜鳥　27
北大方正　7
香港奥妮　51, 196
香港中冠印染（日本）株式会社　74
香港青春国際控股有限公司　81
香港新馬　92
香港嘉里集団　131
香港太古集団有限公司　131
香港達利集団　136
香港麗康発展公司　171
香港奥妮新成豊貿易公司　196

ま行

マカオ南光国際貿易有限公司　61
松永　81
松澤化粧品（深圳）有限公司　51
マルゾット　82
万向　7
三菱商事　48
蒙牛　155

や行

雅戈尓（ヤンガー）　3
雅戈尓制衣有限公司　61
雅戈尓集団股份有限公司　63, 107
雅戈尓西服廠　64
雅戈尓松永製衣有限公司　74
雅戈尓福村裤有限公司　74
雅戈尓福村制服有限公司　74
雅戈尓福村製衣有限公司　74
雅戈尓針織服装有限公司　74
雅戈尓宜科輔科工業城　81
雅戈尓北方服飾有限公司　82
雅戈尓西部公司　82
雅戈尓置業公司　104
雅戈尓国際服装城　74
雅戈尓国際貿易公司　61
雅戈尓国内貿易公司　62

ヤンガージャパン株式会社　74
雅戈尓南方服飾有限公司　82
雅戈尓服飾有限公司　69
雅戈尓服装控股有限公司　98
雅戈尓紡織城　80
雅戈尓毛紡織染色整理有限公司　81
雅芳（中国）製造有限公司　51
椰樹　36, 37
椰風　36, 37
甬港服装廠　27
裕賜　51, 196
ユニリーバ　47, 169, 179, 188
陽光集団　79

ら行

ライオン　48
莱然　51, 196
楽天奥的利飲料有限公司　43
楽百氏　42, 152
羅蒙　27
藍星蘭州　180
立白　3, 51
柳州両面針股份有限公司　51
隆力奇　3, 52
遼寧大連渤海啤酒廠　32
麗水市中級人民法院　189
レクトラ　66
聯想（レノボ）　6, 7, 86
聯合利華（中国）有限公司　51
蓮星不動産　199
ロッテ　42
ロレアル　50

わ行

娃哈哈（ワハハ）　3
娃哈哈美食城股份有限公司　121
娃哈哈集団涪陵有限責任公司　124
娃哈哈長栄飲料有限公司　134

著者紹介

李　雪（り　せつ）
　1982 年　中国吉林省に生まれる
　2005 年　新潟経営大学経営情報学部卒業
　2013 年　早稲田大学大学院商学研究科博士後期課程修了
　　　　　博士（商学）早稲田大学学位取得
　2013 年　中京学院大学経営学部専任講師に就任，現在に至る
　専門分野　経営史，流通

中国消費財メーカーの成長戦略

2014 年 3 月 28 日　第 1 版第 1 刷発行　　　　　　　検印省略

著　者　李　　　　　雪

発行者　前　野　　　弘

発行所　株式会社　文　眞　堂
　　　　東京都新宿区早稲田鶴巻町 533
　　　　電話 03（3202）8480
　　　　FAX 03（3203）2638
　　　　http://www.bunshin-do.co.jp
　　　　郵便番号(162-0041)振替00120-2-96437

製作・モリモト印刷
© 2014
定価はカバー裏に表示してあります
ISBN978-4-8309-4819-0　C3034